헤지펀드

Getting Started in Hedge Funds

GETTING STARTED IN HEDGE FUNDS

Copyright © 2000 by Daniel A. Strachman.
Authorized translation from the English language edition
published by John Wiley & Sons, Inc.
All rights reserved.

Korean translation copyright © 2003 by Ahchimyisul Publishing Co.
Korean translation rights arranged with John Wiley & Sons, Inc.
through Eric Yang Agency, Seoul.

이 책의 한국어판 저작권은 에릭양 에이전시를 통해 John Wiley & Sons, Inc.사와 독점계약한 도서출판 아침이슬이 소유합니다.
저작권법에 의하여 한국 내에서 보호를 받는 저작물이므로 무단전재와 복제를 금합니다.

헤지펀드

초판 1쇄 발행 · 2003년 3월 17일
초판 3쇄 발행 · 2007년 11월 20일

지은이 · 다니엘 스트래치맨
옮긴이 · 박광수
펴낸이 · 박성규

펴낸곳 · 도서출판 아침이슬
등록 · 1999년 1월 9일(제10-1699호)
주소 · 서울시 마포구 합정동 411-2(121-886)
전화 · 02-332-6106
팩스 · 02-322-1740
이메일 · 21cmdew@hanmail.net

값 11,900원
ISBN 89-88996-34-8 03320

* 잘못 만들어진 책은 바꾸어 드립니다.

헤지펀드

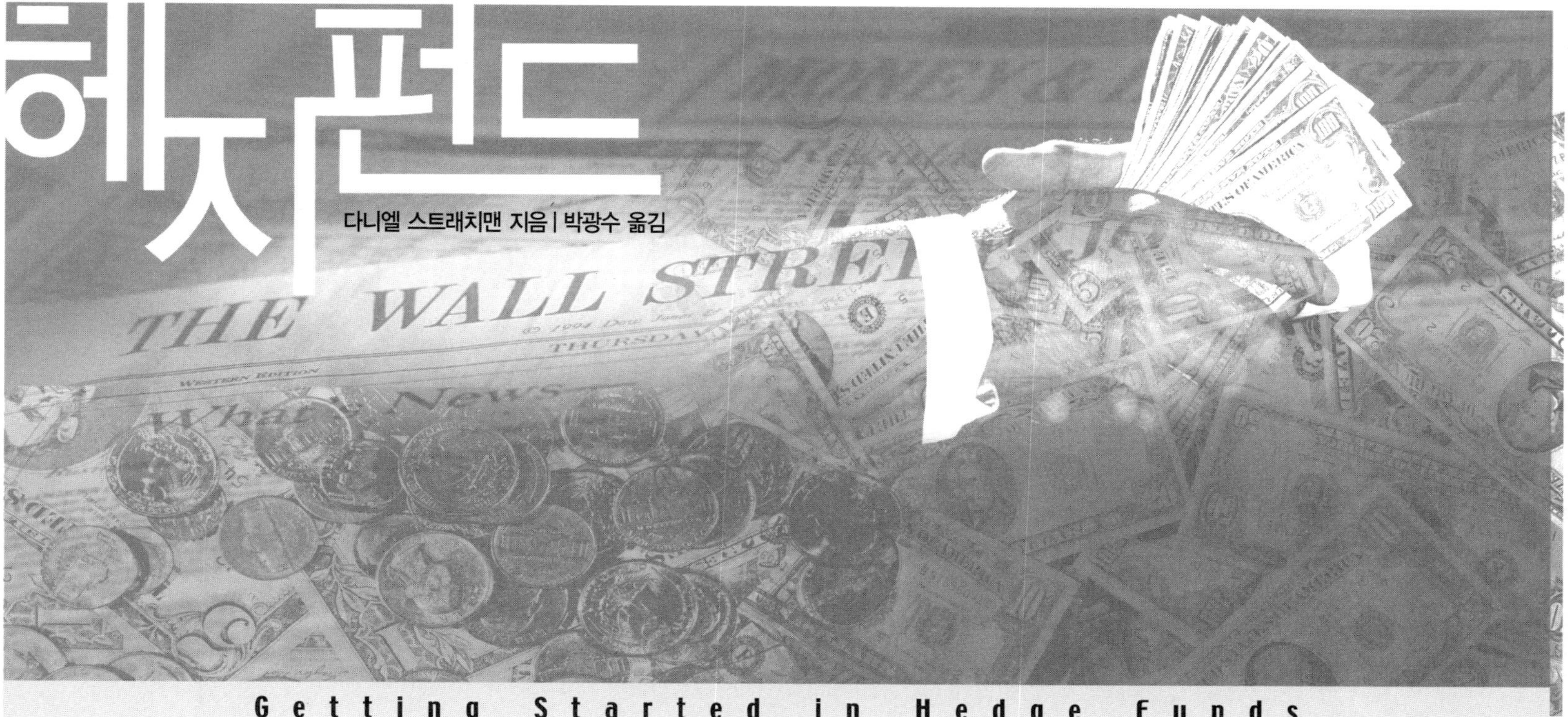

다니엘 스트래치맨 지음 | 박광수 옮김

Getting Started in Hedge Funds

아침이슬

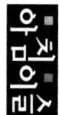

저자의 말

이런 책을 쓰겠다는 생각은 이미 5년 전부터 하고 있었다. 그러다가 아이비 슈메르켄$^{Ivy\ Schmerken}$이 《파이낸셜 트레이더$^{Financial\ Trader}$》라는 잡지를 창간하면서 나에게 이런 글을 쓸 기회를 주었을 때 비로소 그 생각을 실행에 옮기기로 결심했다. 약간은 과장 섞인 말도 하고 운도 따라서 나는 트레이더, 특히 헤지펀드매니저에 대한 칼럼을 쓰게 해달라고 아이비를 설득했다. 그녀가 리 몽고메리$^{Lee\ Mongomery}$에게 편집권을 넘겨주었을 때 몽고메리는 나에게 그 잡지의 세 번째이자 마지막 편집인이 된 로레 에드워드$^{Laure\ Edwards}$가 했던 것처럼 내가 원하는 글을 쓸 수 있도록 응원해 주었다. 안타깝게도 1998년 3월에 그 잡지는 폐간되었다. 나는 아이비와 리, 로레 모두에게 감사의 말을 전한다.

내가 잭 슈바거$^{Jack\ Schwager}$의 《*Market Wizard and The New Market Wizard*》라는 책을 다 읽고 났을 때 아이비는 나에게 칼럼을 쓰도록 제안했다. 나는 만약 슈바거가 트레이더에 대한 두 권의 책을 쓸 수 있었다면 나는 최소한 내가 쓴 칼럼을 엮어 헤지펀드매니저에 대한 책 한 권으로 만들 수 있지 않을까 하고 생각하였다. 이런 아이디어는 내가 그 칼럼을 계속 연재할 수 있는 힘이 되었다. 내가 신문과 잡지에 썼던 모든 글은 각기 나름대로 결론이 있었다. 그러나 지금은 칼럼을 쓰면서 책을 완성한다는 목표가 생겼다. 이것은 저널리스트로만 활동하던 나에게 완전히 새로운 시도였다. 3년 동안 칼럼을 연재하면서 나는 이 책의 골격을 충분히 만들 수 있었다. 1997년 10월에 나는 칼럼 연재를 중단하고 책을 발간하는 데 집중하기로 했다.

하지만 이것은 엄청나게 괴로운 일이었다. 1997년 가을에 나는 월스트리트에서 일할 때 알고 지내던 아이라 카왈러[Ira Kawaller]에게 이야기를 하였다. 그는 슈바거에게 한번 이야기해보라고 권했다. 나는 잠시 망설였으나 슈바거에게 전화를 걸었고 그는 나를 존 윌리 앤 선스[John Wiley & Sons]의 편집자인 파멜라 반 기센[Pamela van Giessen]에게 소개시켜주었다. 그녀는 나의 제안서를 검토한 후 조금만 수정하면 아주 좋은 책이 나올 것 같다고 용기를 주었다. 그 결과가 이 책이다. 나는 아이라, 잭, 파멜라 모두에게 정말 감사한다.

이 책이 세상에 나오기까지 정말 많은 사람들의 도움을 받았다. 가장 고마운 세 사람은 피터 테스타베르데[Peter Testaverde], 샘 그라페[Sam Graffe], 그리고 사라 테오도르[Sarah Theodore]이다. 피터는 당시 헤지펀드 업계에서 일하고 있었는데, 나로 하여금 헤지펀드 사업을 이해하고 업계에 있는 사람들을 만나게 해주었다. 나는 피터가 내 전화를 받고 내게 점심을 사주는 것이 정말 귀찮은 일이라는 것을 알고 있었으나 그는 기꺼이 나를 도와주었다. 진심으로 그의 도움에 감사한다. 샘은 내가 알고 있는 가장 진실한 신문기자이며 내가 지금까지 만난 사람들 중 가장 특출한 문장가이다. 이 책의 내용에 관한 그의 도움과 조언에 진심으로 감사한다. 사라는 세계에서 가장 모범이 되는 도서관 사서이다. 정보출처에 대한 이해와 정보를 찾는 그녀의 능력은 정말로 놀라운 것이었다. 내가 전혀 생각하지 못했던 이야기나 자료를 찾아준 사라에게 정말 고맙다는 인사를 하고 싶다.

만약 내가 하워드 라셔$^{Howard\ Lasher}$, 스티브 햄릭$^{Steve\ Hamrick}$, 그리고 제프 잭$^{Jeff\ Zack}$에게 고마워하지 않는다면 나는 월스트리트 어디에도 얼굴을 들고 다닐 수가 없을 것이다. 하워드는 진정한 월스트리트 사람이다. 나는 이 책을 위해 그가 준 도움에 진심으로 감사를 표한다. 스티브는 내가 필요할 때 항상 힘이 되었다. 또한 내 글에 대해 솔직하게 의견을 표시한 제프에게도 감사한다. 나는 그들 모두를 친구라고 부를 수 있는 것이 자랑스럽다.

나는 또한 발레리 가필드$^{Valerie\ Garfield}$에게도 감사한다. 그녀의 도움과 신뢰가 없었다면 이 책은 출간될 수 없었을 것이다. 인터뷰에 기꺼이 응해주었던 모든 마이더스의 트레이더와 업계 관계자들에게도 물론 감사한다. 그들의 적극적인 도움이 없었다면 이 책은 세상에 나오지 못했을 것이다. 나는 이 책이 그들의 생각과 의사를 제대로 파악하고 설명했기를 바란다. 또한 이 책을 내는 데 지원과 조언을 아끼지 않은 안네트^{Annette}, 스탠리^{Stanley}, 데이비드^{David}, 루스^{Ruth}, 아미^{Amy}, 앨리슨^{Alison}에게 진심어린 고마움을 전한다.

마지막으로 나는 이 책을 쓸 기회를 주고 정말 멋진 책을 출판할 수 있도록 도와준 존 윌리 앤 선스 출판사에 있는 모든 사람들에게 감사의 인사를 전한다. 이 무명 작가에 대한 그들의 전폭적인 신뢰에 진심으로 감사하며 이 책이 그들이 처음 기획했던 내용을 충실히 잘 담고 있기를 희망한다.

Contents

저자의 말 · 5

서론 마이더스의 트레이더들 · 11

1장 헤지펀드란 무엇인가
롱텀캐피털매니지먼트의 붕괴 · 27
헤지펀드의 역사 · 41
헤지펀드 산업의 현황 · 47
헤지펀드의 창시자, 알프레드 윈슬로우 존스 · 50

2장 헤지펀드는 어떻게 운용되는가
헤지펀드의 설립 · 70
헤지펀드의 규제와 구조 · 93
헤지펀드는 어떻게 레버리지를 사용하는가? · 105
헤지펀드 세계의 대가들 · 106
헤지펀드에 대한 비난 · 113
조지 소로스―세계에서 가장 위대한 투자자 · 118

3장 헤지펀드매니저와 운용스타일
스티브 왓슨 · 124
한나 김 · 134
피터 폴크너 · 141
리처드 반 호네와 거이 엘리어트 · 150

데일 제이콥스 · 162
거이 와이저 프라테 · 170
마틴 코에닉 · 180
빌 마이클첵 · 189
낸시 하벤스 해스티 · 198
스티브 코헨 · 207

4장 헤지펀드의 투자

투자조언자 · 220
기관투자가 · 224
제3자 마케팅 전문가 · 229
개인투자자 · 233
컨설팅 회사 · 237
펀드매니저 관리자 · 242

결론 · 249

부록 · 253
번역을 끝내며 · 258
찾아보기 · 261

서론 · 마이더스의 트레이더들
The Midas Traders

불과 몇 년 전만 하더라도 사람들은 헤지펀드에 대해 잘 알지 못했다. 그러나 이제 헤지펀드는 칵테일파티에서 화제에 오르거나 저녁뉴스에서 보도될 정도로 엄청나게 인식이 변하였고, 헤지펀드와 헤지펀드 투자자 및 헤지펀드매니저는 인터넷 주식공모(IPO) 이외에 가장 많이 이야기되는 대상이 되었다. 최근의 전성기 동안 보여준 천문학적인 수익률 때문에 헤지펀드는 베일에 싸인 신비한 것처럼 인식되었다. 그러나 지금은 정반대의 이유로 관심이 증대하고 있다. 즉, 1997년에서 1998년 상반기까지 헤지펀드 업계에서 가장 유명하고 선망의 대상이던 펀드매니저에 의해 발생한 엄청난 손실에 관심이 집중되고 있는 것이다. 1998년 초까지만 해도 투자자들의 관심은 "어떻게 투자할 것인가?" "얼마나 벌 수 있을까?" 하는 것이었다. 그러던 것이 1998년 후반에서 1999년 말까지는 "어떻게 돈을 빼낼 것인가?" 또 "남은 돈은 얼마인가?"가 화두로 떠오르면서 헤지펀드가 시장의 가장 큰 관심이 되었다. 1980년대에는 좋은 것으로 여겨졌던 탐욕이 투자자들 사이에서 다시 경계의 대상이 되었다.

투자 업계에서 가장 뛰어나고 명석한 스타들이 엄청난 손실을 냈을 때 그 충격은 월스트리트뿐 아니라 전세계를 휩쓸었다. 사람들은 이 마이더스의 트레이더들이 그런 엄청난 실수를 하리라고는 상상도 하지 못했다. 지금은 소문이 처음 터져나왔을 당시보다 시장상황이 많이 나아졌다. 예상된 것처럼 어떤 펀드는 상당히 큰 손실을 보고 나서야 출혈을 멈출 수 있었다. 반면 어떤 사람들은 자신의 펀드가 급속히 성장하고 있다는 것을 알게 되었다. 그 대재앙의 기간 동안 유식한 체하던 많은 전문가들은 헤지펀드 산업이 끝났다고 믿었다. 하지만 결과는 정확하게 반대로 나타났다. 헤지펀드는 여전히 번성하고 있다. 확실한 것은 어떤 헤지펀드는 휩쓸려 나가거나 자진해서 폐업을 할지도 모르지만 헤지펀드를 개업하려고 하는 또 다른 사람들이 항상 있을 것이라는 점이다.

헤지펀드뿐 아니라 헤지펀드에 서비스를 제공하는 프라임 브로커*, 변호사, 회계사들도 역시 번성하고 있다. 이유는 월스트리트는 돈을 버는 곳이고 헤지펀드를 운용하는 것은 돈을 버는 가장 좋은 방법 중 하나이기 때문이다.

이 책은 헤지펀드 산업을 개괄적으로 살펴보기 위해 기획되었다. 이 책은 헤지펀드라는 투자조직의 투자와 운용을 둘러싸고 있는 가장 중요한 주제들을 다루고 있다. 펀드마다 다른 투자전략과 철학을 가지고 있는 것처럼, 헤지펀드에 투자하는 방법 역시 한 가지만 있는 것은 아니다. 이 책의 가장 중요한 목적은 헤지펀드 산업에 대한 객관적인 견해를 제공하고, 1940년대 후반에 헤지펀드라는 개념이 생긴 이래 극적으로 변해온 복잡한 헤지펀드 세계에 대

프라임 브로커
prime broker, 헤지펀드를 위해 청산, 결제, 보관 등의 서비스를 제공하는 대형 증권사.

한 이해를 증진시키려는 데 있다.

그 중요성과 영향이 증가하면서, 헤지펀드는 이제 모든 투자자들이 이해해야 하는 필수적인 주제가 되었다. 그것은 특히 헤지펀드 산업에 대해 사람들이 많이 오해하고 있기 때문에 더욱 필요하다.

월스트리트 밖에 있는 많은 사람들은 롱텀캐피털매니지먼트와 조지 소로스가 헤지펀드 산업 전체의 대표자라고 믿지만 그렇지만은 않다. 정확한 숫자는 알 수 없지만 2002년 기준으로 약 5천억 달러의 자금을 가진 헤지펀드가 전세계적으로 6천 개 이상 있다고 추정된다. 소로스의 회사가 가장 큰 헤지펀드로 인정받고 있고 롱텀캐피털은 펀드 중에서 가장 악명을 날리고 있긴 하지만 그들이 헤지펀드 업계 전체를 대표한다고 생각하는 것은 무리이다. 헤지펀드 산업은 전세계에 뻗어 있으며 엄청난 규모의 자금을 운용하는 사람부터 상대적으로 작은 돈을 운용하는 매니저에 이르기까지 매우 다양하다.

헤지펀드에 대한 일반적인 인식은 사실과 매우 다르다. 사람들은 헤지펀드 업계를 수십억 달러를 맘대로 주무르는 악한이나 트레이더 정도로 미루어 짐작한다. 하지만 실제로 대부분의 헤지펀드들은 1억 달러에 훨씬 못 미치는 돈을 관리하고 있으며 대부분의 경우 실행되는 모든 개별 거래는 계산된 움직임이다. 매니저가 언론에 얼마나 자주 얼마나 많은 진실을 말하는가에 관계없이 그들은 비열한 악한이 되는 오명을 벗어버릴 수는 없는 듯하다. 그러나 주의깊게 살펴보면 보통의 뮤추얼펀드에 투자하는 것이 헤지펀드에 투자하는 것보다 더 위험하다는 것을 알 수 있다. 헤지펀드매니저들은 자신이 생각하는 바에 따라 자신의 돈을 자신의 펀드에 넣기 때문이다. 다시 말해 모든 헤지펀드에는 매니저의 재산 일부가 투자되어 있다. 따라서 펀드의 손익은 직접적으로 투자자들의 재산에 변동을 가져올 뿐 아니라 매니저 자신의 재산변동과도 직결된다.

헤지펀드가 어떠한 희생을 치르더라도 큰돈을 벌고자 하는 무자비한 사람들에 의해 운용되고 있다고 믿는 사람들은 헤지펀드 운용의 기본 개념을 이해하지 못하는 것이다. 그런 식으로 운용하는 매니저는 극소수에 불과하며, 대부분은 원금을 보존하고 파트너를 위해 돈을 버는 일 두 가지에만 관심을 집중하고 있다. 만약 당신이 매니저에게 사업에서 가장 중요한 것이 뭐냐고 묻는다면 그들은 '원금보존' 이라고 대답할 것이다. 돈을 버는 것은 돈을 지키는 것이다. 당신이 원금을 잃는다면 당신은 더 투자할 자원을 제한하는 것이고 머지않아 사업을 정리해야 할 것이다. 리스크를 줄이고 하나의 투자에 자산 전부를 걸지 않음으로써 그들은 나중에 살아남아 투자할 수 있는 것이다. 헤지펀드매니저는 승리하기 위해 느리지만 꾸준한 레이스를 펼친다. 헤지펀드를 운용하는 사람들은 세계에서 가장 헌신적인 자금관리자들이다. 이것은 시장을 지속적으로 이기는 그들의 능력에서 나타난다.

헤지펀드와 뮤추얼펀드는 커다란 차이가 있다. 첫째, 산업의 크기이다. 가장 큰 헤지펀드 조직은 관리하는 자산의 크기가 200억 달러 이하이지만 가장 큰 뮤추얼펀드는 1000억 달러 이상의 자산을 가지고 있다. 모든 뮤추얼펀드는 증권거래위원회[SEC; Securities and Exchange Commission]의 엄격한 감독을 받고 모든 투자자들이 최소투자요건을 충족할 수 있다고 가정하기 때문에 모든 투자자들에게 개방되어 있다. 반면 헤지펀드는 일반인에게는 공개되어 있지 않으며 인가받은 투자자나 기관에게만 공개되어 있다. SEC에 따르면, 인가된 투자자는 순재산이 백만 달러 이상이거나 과거 2년 동안 20만 달러 이상의 순소득을 가지고 있으며 그 수준에서 소득이 계속 유지될 수 있을 것이라고 합리적으로 예상되는 개인으로 정의된다. 심지어 헤지펀드는 광고조차 허용되지 않는다.

 SEC는 뮤추얼펀드매니저가 성과를 올리기 위해 파생상품*을 사용하거나 공매도하는 것을 허용하지 않는다. 하지만 헤지펀드는 성과를 내기 위해서는 합법적이라면 어떠한 수단도 사용할 수 있다. 대부분의 뮤추얼펀드매니저는 그들이 관리하는 자산의 규모에 비례해서 보수를 받지만 헤지펀드매니저는 성과에 대한 보상을 받는다. 뮤추얼펀드 투자와 다르게 헤지펀드 투자는 롱포지션*과 숏포지션*으로 구성된 투자전략을 사용하여 시장이 좋을 때나 나쁠 때나 상관없이 꾸준하게 성과를 내고 여기에 근거하여 보수를 받는다. 즉 뮤추얼펀드매니저는 주식과 채권에 대해 롱포지션만 취할 수 있으며 마이더스 트레이더들은 공매 및 파생상품 사용과 같은 훨씬 더 광범위한 투자전략을 사용할 수 있다. 그것은 모두 원금보존과 꾸준한 수익을 위해서이다. 다른 차이점도 있으나 나는 이러한 것들이 가장 중요한 차이점이라고 믿는다.

 조지 소로스나 줄리안 로버트슨 회사가 운용하는 대형 헤지펀드는 펀드에 대한 책임이 여러 명의 매니저와 애널리스트, 트레이더에게 달려 있지만 작은 헤지펀드 조직에서는 단 한 명의 개인이 모든 책임을 지는 경우도 있다. 대부분의 헤지펀드 조직은 대개 매니저와 함께 일하는 소규모의 스태프로 구성되어 있다. 헤지펀드 조직의 크기와 범위가 매우 다양한 반면 모든 헤지펀드는 투자자들에게 견실한 수익률과 결합된 원금보전이라는 값진 서비스를 제공하려고 노력한다. 모든 헤지펀드매니저의 공통된 관심사는 시장의 상황에 구애받지 않고 꾸준히 시장을 이길 수 있는, 다각화된 포트폴리오를 창출하는 투자전략을 사용하는 것이다.

 이 책의 목적은 이런 타입의 운용 방식을 찾아내 소개하는 것이다. 나

파생상품
derivatives, 다른 증권에 그들의 가치를 두고 있는 증권.

롱포지션
long posiition, 주식매수로 순포지션이 플러스가 되는 거래.

숏포지션
short position, 투자자가 가지고 있지 않은 주식을 파는 거래.

는 일부러 대중매체에 자주 나오는 매니저나 펀드는 조사하지 않았다. 대신에 월스트리트에는 알려져 있으나 바깥에는 알려지지 않은 매니저를 찾으려고 노력했다. 그들은 작게는 2백만 달러부터 크게는 20억 달러가 넘는 크기의 포트폴리오를 관리한다. 보조원이 한 명밖에 없는 작은 사무실에서 혼자 운용하는 사람이 있는가 하면, 어떤 사람들은 백 명 이상의 스태프를 거느리고 전세계에 여러 개의 사무실을 두고 있기도 하다.

이 책은 또 이들 매니저가 각각 다양한 시장에서 펀드를 어떻게 운용하는가에 대하여 좀더 분명하게 살펴볼 수 있게 한다. 매니저마다 다른 거래방법과 투자철학을 채택하기 때문에, 이 책은 당신에게 돈을 관리하는 사업에 대한 독특한 시각을 심어줄 수 있을 것이다. 이 책이 당신의 투자목표를 달성하기 위한 여러 수단을 발견하는 데 필요한 직관력을 줄 수 있기를 바란다.

모든 매니저들은 운용 대상, 레버리지*의 정도 등 여러 가지 면에서 하는 일이 각기 다르지만 두 가지 공통점을 지닌다. 헤지펀드 비즈니스 모델의 일부분을 이용하고 있으며 각각이 하나의 기업이라는 점이다.

이 책은 매니저의 경력 소개에 상당한 분량을 할애하고 있기는 하지만 헤지펀드 산업의 역사와 발전과정에 대해서도 자세히 설명하고 있다. 많은 사람들이 조지 소로스, 마이클 스타인하트, 줄리안 로버트슨이 헤지펀드를 만들었다고 생각하지만 사실은 그렇지 않다. 그들은 헤지펀드라는 개념을 발전시켰을 뿐이다. 헤지펀드라는 생각과 용어는 언론인 알프레드 윈슬로우 존스[Alfred Winslow Jones]에 의해 만들어졌다. 그는 사회학적 지식과 보도기법을 갖춘 통찰력 있는 사람이었는데, 1940년대 후반에《포춘

레버리지
leverage, 투자액을 증가시키지 않고 수익이나 가치를 올리는 수단. 증거금으로 증권을 사는 것이 레버리지의 예이다.

Fortune》지에 실을 한 논문을 검토하던 중 헤지펀드를 창안하였다.

존스의 기본적인 생각은 아주 단순하다. 즉 롱포지션과 숏포지션 사용을 레버리지의 사용과 결합시켜서 좋은 시기에는 시장을 이기고 나쁜 시기에도 손실을 제한할 수 있어야 한다는 것이다. 오늘날 대부분의 헤지펀드는 같은 개념을 사용하고 있다. 다른 일과 마찬가지로 각 매니저는 자신의 독특한 스타일을 사용한다. 그래서 어떤 사람은 다른 사람보다 높은 레버리지를 쓰는 반면 어떤 사람들은 전혀 숏포지션을 쓰지 않는다. 하지만 손실을 제한하면서도 시장을 이기려고 한다는 점은 공통적이다. 헤지펀드의 성과를 알아보는 가장 정확한 방법은 시장상황과 상관없이 절대수익률에 기초해 평가하는 것이다.

이러한 개념을 실행하기 때문에 헤지펀드는 앞으로도 계속 번성할 것이다. 헤지펀드를 지원하면서 성장해온 사람과 기업이 많다는 것이 그 증거이다. 이런 지원자 혹은 지원 단체는 헤지펀드에 재화와 서비스를 제공하는 것이 헤지펀드를 운용하거나 투자하는 것만큼 이익이 남는 장사라고 믿고 있다. 이들은 컨설턴트와 브로커, 변호사, 회계사에 이르는 다양한 직종의 사람들로 구성되어 있다. 매니저에게 잠재적인 투자자를 추천해줄 뿐 아니라, 사무실을 구해주고 전화까지 놓아주는 회사를 발견하기란 그리 어려운 일이 아니다. 월스트리트의 모든 분야의 사람들이 헤지펀드 사업에 투신하고 있는데, 덕분에 헤지펀드에 투자하거나 헤지펀드를 배우고 설립하는 일은 이제 손쉬운 일이 되었다.

헤지펀드가 어떻게 운용되는가를 이해하기 위해서는 헤지펀드매니저가 사용하는 스타일과 전략을 이해할 필요가 있다. 대부분의 전통적인 자금관리자는 가격이 오를 것을 기대하면서 증권을 보유하는 반면 헤지펀드매니저는 가격이 오르는 것에 의존하지 않는 전략, 즉 공매, 리스크 차익거래*, 파생상품 거래 등의 방법을 사용한다. 대부분의 헤지펀드는 시장이 어떤 방향으로 움직이든지 손실을 확실히 방어하기 위해서 리스크에 대한 헤지를 허용하는 전략을 채택한다.

헤지펀드에 투자하면 많은 혜택이 따른다. 나는 가장 현명한 자금관리 방법은 뮤추얼펀드와 증권사에서 헤지펀드라는 사적인 세계로 자금을 이동시키는 것이라고 믿는다. 매니저에게 성과보수를 지급하는 것은 투자자가 가장 공정하게 투자할 자세가 되어 있음을 나타내는 것이다. 또한 헤지펀드매니저가 자신의 돈을 펀드에 넣는 것은 투자자에게 투자한 돈이 아주 잘 관리되고 있다는 것을 충분히 인식시키는 것이다.

> **차익거래**
> arbitrage, 한 시장에서 사는 동시에 다른 시장에서 파는 것과 같은 금융거래.

그러나 투자자로서 당신은 헤지펀드에 투자하면 어떠한 상황에 처하게 되는지를 이해하고 매니저 및 사용되는 여러 전략을 기꺼이 연구할 자세를 갖추고 있어야 있다. 사람들이 투자할 때 범하는 가장 큰 실수는 충분히 연구하지 않는다는 것이다. 명석한 투자자는 열심히 연구하는 투자자이다. 만약 매니저가 전략, 기법, 경력 등에 대해 잘 논의하려 하지 않으면 투자자는 다른 곳으로 눈을 돌려야 할 것이다.

투자자가 범하기 쉬운 또 다른 실수는, 소위 한두 분기 동안 가장 좋은 성과를 냈다고 해서 쫓아다니는 돈, 즉 핫머니를 추구하는 것이다. 올바른 투자방법은 항상 일관성 있는 수익을 내는 매니저를 찾는 것이다. 투자자로서 당신은 어떤 기간은 오르고 어떤 기간은 내린다는 것을 예측한다. 더 중요한 것은 이 두 기간과 관련된 정보이다. 매니저의 성과가 어디서 나오는가 또는 나오지 않는가를 이해하는 것이 중요하다.

건전한 투자의 기본적인 신조 중 하나는 위험분산이다. 당신은 매니저가 그들의 포트폴리오에서 어떻게 위험분산을 실현시킬 것인가를 설명하도록 해야 한다. 롱텀캐피털의 붕괴에서 얻을 수 있는 가장 큰 교훈은, 투자자는 돈이 어디에 어떻게 투자되는지를 이해할 필요가 있다는 점이다. 펀드매니저가 투자자의 맹목적인 신뢰만을 원한다고 생각하는 것은 오산이다. 매니저는 책임감을 가져야 하고, 투자자는 자신의 돈으로 무슨 일이 이루어지는지 반드시 알고 있어야 한다.

이 책은 일부 매니저와 언론의 많은 관심 속에서 탄생되었다. 이 책을 쓰면서 나는 헤지펀드가 투자자나 매니저 모두에게 이익이 된다는 점을 더 분명하게 알게 되었다. 이 책을 다 읽고 났을 때 여러분 또한 이 말을 믿게 될 것이라고 확신한다.

1. 헤지펀드란 무엇인가

Hedge Fund Basics

1990년대에 헤지펀드가 언론에 거론된 경우는 헤지펀드가 파산했거나 어떤 위기가 전세계 시장에 충격을 주었을 때였다. 1998년 여름, 아시아의 통화위기는 러시아로 파급되고 유럽을 휩쓸었으며 7월 중순부터는 마침내 미국시장에도 영향을 주기 시작했다. 시장을 지켜보고 있던 많은 사람들은 일이 매우 어렵게 진행되고 있으며 이 위기가 오랫동안 계속될 것이라고 생각했다. 이렇듯 시장의 변동성이 커졌을 때 집중적인 관심을 받은 사람들은 물론 헤지펀드 업계 사람들이었다. 무슨 일이 진행되고 있는지, 누가 얼마만큼 손해를 보았는지 아무도 확실히 알지 못했지만 한 가지는 분명했다. 유명한 헤지펀드 대부분이 어려움을 겪고 있다는 것이었다.

억측과 루머 속에서 몇 주가 지난 후에야 마침내 진실을 들을 수 있었다. 세계에서 가장 위대한 투자자와 그의 동료들이 실수를 했다는 것이었다. 8월 26일 수요일 미국 동부표준시(EST) 기준 오후 4시 몇 분 전에 스탠리 드럭켄밀러Stanley Druckenmiller는 CNBC에서 사실보도 형식을 빌어, 소로스 펀드의 대표 펀드인 퀀텀 펀드가 러시아 통화위기로 말미암아 최근 몇 주 동안 20억 달러 이상을 잃었다고 발표했다. 그 펀드는 러시아 시장에 집중 투자되어 있었는데 시장이 그들의 포지션과 반대방향으로 움직인 것이다. 루블화가 폭락하자 유동성은 크게 떨어졌고, 휴지나 다름없는 채권을 들고 있는 상황에서 그들은 더 이상 손을 쓸 수 없었다.

인터뷰 중에 드럭켄밀러는 그 펀드가 러시아 투자에서 상당한 손실을 보기는 했지만 한때 19%까지 상승했던 1년 동안의 총수익은 아직 플러스라고 말하였다. 그러나 몇 달 후에 소로스 펀드는 30% 이상의 손실을 본 펀드를 정리하는 것을 포함해서 운용조직을 대폭 개편한다고 발표했다.

CNBC의 리포터가 손실이 어디서 발생했느냐고 물었을 때 드럭켄밀러는 구체적으로 밝히지 않았다. 아마도 하나의 거래 때문에 발생한 것이 아니라 여러 거래에서 손실을 본 것으로 보였다. 다음 날 《뉴욕타임즈》는 그 펀드가 달러채권거래에서도 손실을 입었다고 보도했다.

드럭켄밀러의 발표 당시 러시아 주식시장은 80% 이상 하락하였고 러시아정부는 국채에 대한 이자 지불을 정지했을 뿐 아니라 통화거래를 동결했다. 아시아의 위기는 더욱 확산되었고, 러시아와 많은 옛 소비에트연방 국가들이 어려움을 겪고 있는 것으로 보였다. 문제는 러시아와 주변국들의 상황이 동아시아보다 훨씬 더 나빠 보인다는 것이었다.

이 지역에서 헤지펀드가 매우 어려운 상황에 처해 있고 막대한 피해를 보았다는 소문은 있었으나, 누구도 손실의 정확한 규모나 범위에 대해 알지 못하였다. 드럭켄밀러의 발표는 빙산의 일각이었고, 헤지펀드 업계에서 줄줄이 이어지는 발표의 시작이었다. 이 사건 이후 헤지펀드매니저들은 한꺼번에 심판대에 올라가서 그들의 실수로 상당한 손실을 보았으며 공개적으로 잘못을 인정한다는 발표를 해야 했다.

소로스 펀드의 발표 다음 날 많은 다른 헤지펀드매니저들이 비슷한 내용을 공시했다. 드럭켄밀러의 인터뷰는 유명한 펀드매니저가 손실을 입었다고 인정한 첫 케이스였다. 그리고 그 손실은 엄청난 것이었다.

한 펀드는 3억 달러가 넘던 관리자산이 2천5백만 달러로 줄어들어 자산의 85%를 잃었다. 다른 펀드는 2억 달러 이상 잃었다고 말하였다. 또 다른 펀드들은 자산의 10~20% 정도 손해를 보았다. 그들 모두는 큰 피해를 보았다고 공개적으로 인정함으로써 피해를 복구하고자 하였으며 이는 일종의 월스트리트의 자기반성이었다.

대살육이 처음 시작되었을 때 손해를 보았다고 발표하지 않은 유일한 펀드매니저는 세계에서 두 번째로 큰 헤지펀드인 타이거 펀드의 막후 지도자 줄리안 로버트슨이었다. 그러나 결국 로버트슨조차도 손실을 입은 것으로 판명되었다.

1998년 9월 16일, 로버트슨은 발표문을 통해 그의 펀드가 21억 달러의 손해를 보았다고 밝혔다. 이는 그가 관리하는 200억 달러가 넘는 자산의 10%에 해당하는 액수였다. 그 손실은 9월 초에 나온 것이었는데, 달러에 대하여 엔의 지속적인 하락에 롱배팅한 데서 발생되었다. 반대로 엔이 절상되었기 때문에 로버트슨의 많은 거래에서 손실이 발생하였다. 그 펀드는 또한 홍콩에서 정부 당국이 외국인 투기세력을 막기 위해 주식과 선물시장에 개입할 때 실행한 거래에서도 손실을 보았다.

소로스와 마찬가지로 타이거 펀드는 1998년 8월까지는 상당한 수익을 올리고 있었다. 이것은 1996년 38%, 1997년 56%의 수익을 잇는 훌륭한 성과였다. 당시 발생한 손실을 설명하기 위해 투자자들에게 보낸 편지에서 로버트슨은, 시장의 변동성이 커져 월별로 플러스의 수익을 지속적으로 내기 어려울 것이라고 우려하였다. 그는 이렇게 적고 있다.

"때때로 실적이 아주 안 좋은 기간도 있을 것입니다. 러시아와 미국 주식의 롱포지션에서도 돈을 잃을 것입니다. 여타 지역의 분산투자가 그것을 상쇄해주지 못할 것이며 적어도 당장은 어렵습니다. 이에 대비해주십시오."

익명을 요구한 로버트슨의 투자자 한 명은 로버트슨이 손실을 인정하는 뉴스를 도저히 믿을 수가 없었다고 말했다. 그러면서 그 투자자는 자기들이 헤지펀드에 관해 말하는 것을 기자가 제대로 이해하고 있는지 의심스러워했다.

"로버트슨은 약간 손실을 보았다. 그러나 연간으로는 아직 매우 좋은 성과를 내고 있다. 언론은 그가 하고 있는 일과 방법을 이해할 수 없기 때문에 그를 불공평하게 다루고 있다. 기자들은 자신이 투자하는 뮤추얼 펀드는 성과를 잘 내지 못하는데도 어떻게 로버트슨은 그렇게 많은 수익을 올릴 수 있는지 이해할 수 없을 것이다."

그러나 일반인이 믿는 것과 달리 타이거 펀드의 상황은 악화되었다. 1998년 11월 2일자 《월스트리트 저널》은 〈로버트슨의 펀드, 불운한 10월 때문에 98년 적자로 전환. 종이호랑이가 되다〉라는 제목의 기사를 실었다. 그 기사에 따르면 타이거 펀드는 10월에 관리자산의 17%, 금액으로는 34억 달러의 손실을 보았는데, 이는 그해 벌었던 펀드 수익 모두를 날려버리는 금액이었다. 10월 말 타이거 펀드의 총 손실은 대략 55억 달러에 이르렀고 약 170억 달러의 자산이 남았다. 그리고 11월 한 달 동안 3%의 손실이 예상되고 있었다. 결과적으로 타이거 펀드는 1998년 한 해 동안 약 4%의 손실을 보았고, 손실의 정점에 미국과 해외에서 많은 투자자들의 환매에 직면했다. 많은 업계 관계자들은 타이거 펀드가 상당한 환매를 당했다고 믿고 있으나 그 회사의 홍보실은 그렇지 않다고 완강하게 부인했다. 홍보실 대변인은 "약간의 환매가 있었으나 그리 크지 않다"고 말하였다.

헤지펀드 업계의 대살육이 확산됨에 따라 로버트슨이 투자자에게 보낸 편지는 투자자와 트레이더, 그리고 브로커들이 마음에 품을 수 있는 유일한 지혜의 말인 것처럼 보였다. 4~5주 동안 신문의 금융란은 매일 로버트슨이나 소로스의 경우와 비슷한 기사들로 꽉 채워졌다.

롱텀캐피털매니지먼트의 붕괴

상황이 8월 초만큼 혼미했음에도 불구하고, 금융계는 1998년 9월 21일 주요 헤지펀드의 붕괴뉴스가 나올 때까지 일이 어떻게 돌아가는지 알지 못했다. 그날 이전 몇 주 동안 30억 달러 이상의 자산을 가지고 있는, 월스트리트에서 가장 명석한 트레이더 중 한 사람이 운용하고 있던 롱텀캐피털 헤지펀드가 붕괴 직전에 있다는 루머가 나돌았다. 여름이 되기 전에 롱텀캐피털은 자산의 44%를 잃었다고 발표했고, 마진콜*을 채우지 못하고 있다는 루머가 월스트리트에 횡행하였다.

무언가 엄청나게 잘못되고 있다는 첫 번째 진짜 징후는 뉴욕증권거래소에서 그 펀드가 브로커로부터 마진콜을 충족시키고 있는지에 대한 조사에 착수했다는 이야기가 언론에서 터져나왔을 때 나타났다. 일부 브로커가 롱텀캐피털에 특별대우를 하고 있고 증거금 의무를 충족시키지 않고 있다는 의혹이 있었으며 뉴욕증권거래소는 그것이 사실인지 알아내려고 했던 것이다.

마진콜
margin call, 투자자가 최소유지 증거금까지 증거금 계좌에 충분한 돈이나 증권을 예치할 것을 요구하는 것.

사람들은 펀드에서 일어나는 일은 기본적으로 매니저에 의해 통제된다고 믿는다. 펀드매니저들이 손실을 막고 현상태를 유지한다는 것이다. 이런 막연한 추측 중 일부는 사실이고 일부는 사실이 아니다. 트레이더, 브로커, 롱텀캐피털에 돈을 빌려주었던 모든 기업들 중 월스트리트에 있는 누구도 롱텀캐피털이 극심한 궁지에 몰려 있다고 믿으려 하지 않았다. 이것은 MBA를 막 졸업한 풋내기 트레이더도 아니고 간신히 현직을 유지하고 있는 사람에 관한 이야기도 아니다. 바로 리스크를 제한하면서 상당한 수익을 창출하는 '로켓 사이언스$^{rocket\ science}$'를 발명한 사람, 존 메리웨더$^{John\ Meriwether}$였던 것이다.

롱텀캐피털 펀드는 메리웨더를 능가하는 어떤 것이었다. 그 펀드는 월스트리트의 트레이딩 데스크 주변에서 가장 명석한 두뇌를 가진 몇 사람에 의해 운용되었다. 당시 롱텀캐피털의 파트너 명단은 월스트리트 엘리트들의 인명사전과 같았다. 전 FRB 부의장이었던 데이비드 멀린스뿐 아니라 노벨경제학상 수상자인 로버트 머튼과 마이론 숄즈 등이 포함되어 있었는데, 그들은 트레이딩 의사결정을 하는 사람들이었다. 그리고 메리웨더가 개인적으로 관리하고 있던 몇 명의 박사들을 포함해 많은 전직 살로몬 브라더스의 트레이딩 전문가들이 거기에 있었다.

어떻게 롱텀캐피털 펀드가 파산할 수 있었을까? 그런 질문은 우스운 것으로 보였다. 특히 당시의 시장 여건은 이런 종류의 펀드가 번성할 수 있는 최적의 여건이었기 때문에 더욱 그러하였다.

월스트리트는 메리웨더가 1990년대 중반 펀드의 파산으로 막대한 손실을 본 고위험 헤지펀드매니저인 빅터 니더호퍼$^{Victor\ Niederhoffer}$나 데이비드 아스킨$^{David\ Askin}$과 같은 길을 가는 것은 불가능하다고 생각했다. 메리웨더가 계량적인 분석과 수학을 사용하는 계량분석■의 왕이며 그 세계의 진정한 달인이라는 것은 자타가 공인하는 사실이었던 것이다. 사람들은 언론이 일을 잘못되게 만들고 있으며 펀드는 당연히 어려움을 극복해 나갈 것이라 믿었다. "메리웨더는 이전에도 계량분석을 해왔고 앞으로도 당연히 그것을 다시 할 것이다." 그러나 1998년 9월 말 이전의 상황을 설명하는 한 가지 단어는 '틀렸다'였다.

계량분석
quantitative analysis, 언제 증권을 사고 팔아야 할지를 결정할 때 객관적인 통계정보를 사용하는 증권분석.

메리웨더와 그의 파트너들은 시장에 패배했다. 메리웨더와 그의 박사팀과 노벨상 수상자들은 돌이킬 수 없는 실수를 했다. 그들은 회사 전체를 내기에 걸었고 그것 모두를 잃기 직전이었다. 문제는 레버리지, 리스크, 그리고 탐욕 이 세 가지가 결합하여 만들어낸 단 하나, 바로 '버틸 수 없는 막대한 손실'이었다.

메리웨더가 고객에게 보낸 편지에서 자산의 상당 부분을 잃었다고 공표한 이후 8월 말과 9월 초에 걸쳐 첫 뉴스가 나왔다. 블룸버그 뉴스단말기를 통해 공표된 편지에서 메리웨더는 막대한 손실을 수많은 시장환경의 탓으로 돌렸다. 아직도 그와 그의 동료와 파트너들은 시장이 그들에게 유리하게 바뀔 것으로 믿었고 그들이 현재의 포지션을 유지하는 한 투자자들은 결국 캄캄한 터널의 끝에서 빛을 볼 수 있을 것이라고 믿었다.

편지에서 메리웨더는 "여러분처럼 우리도 손실이 이렇게 클 줄 전혀 예상하지 못했다"라고 말했다. 롱텀캐피털매니지먼트는 전세계 채권, 주식, 외환시장에서 시장상황과 상관없이 수익을 내는 능력에 자부심을 가지고 있었지만 너무나 많은 일이 너무나 급작스럽게 일어나서 일을 제대로 처리할 수가 없었다. 투자자들과 이야기를 나눌 때처럼 메리웨더는 그 편지에서 펀드가 투자하는 시장이나 거래 타입에 대해서는 자세히 언급하지 않았다. 그 편지는 또한 롱텀캐피털이 아주 작은 상승으로도 엄청난 이익을 얻기 위해 사용하는 레버리지의 크기를 언급하지 않았다. 더욱이 자신의 전공인 채권과 통화거래와는 완전히 다른 주식차익거래 같은 것을 시작했다는 것도 밝히지 않았다. 그 편지는 또한 운용비용을 충당하기 위해 다른 펀드로부터 돈을 차입했다는 점도 밝히지 않았다.

롱텀캐피털이 붕괴한 이유를 한마디로 설명하면 금융위기가 여러 시장에 동시에 충격을 주었기 때문에 롱텀캐피털이 거래하던 여러 시장에서 이익을 얻을 수 있는 상황이 존재하지 않게 되었다는 것이다. 기본적으로 잘못될 수 있는 모든 일이 일어났다. 롱텀캐피털이 시장의 상황과 상관없이 이익을 내는 독특한 기회를 발견하는 데 전문이고 '만약 그럴 경우'라는 시나리오를 채택하고 있다고는 하지만, 파트너들이 도저히 생각할 수 없었던 한 가지는, 만약 그들이 계획했던 모든 일이 동시에 일어난다면 무엇을 해야 하는가 하는 점이었다. 롱텀캐피털의 운용능력은 여러 가지 다양한 사건이 시장에 충격을 줄 때에도 롱텀캐피털의 매니저는 여러 증권가격에 무슨 일이 일어날 것인가를 예측할 수 있는 능력이 있다는 점에 의존하고 있었다. 그러나 그들의 블랙박스는 만약 그들이 가능하리라 생각했던 모든 일이 동시에 일어나면 어떤 상황이 발생할지에 대해서는 알려주지 못했다.

롱텀캐피털 펀드는 미국 국채를 팔고 고수익 채권 및 다른 위험성 있는 비유동성 투자를 늘리는 거래를 했다고 널리 알려져 있었다. 국채 가격이 떨어짐에 따라 수익률이 오를 것이고 다른 종류의 부채자산의 가격도 오를 것이라고 생각했기 때문이었다.

하지만 정확히 반대현상이 나타났다. 충격이 시장을 휩쓸 때 자금이 우량자산으로 즉각적으로 이동하면서 국채 가격이 크게 오르는 동시에 고위험 투자자산의 가격은 크게 떨어지는 현상이 나타났다. 무위험자산과 위험자산 사이의 수익률 격차가 줄어드는 대신 오히려 확대된 것이다.

국채 가격이 오르고 수익률이 떨어지는 것과 마찬가지로 고수익채권의 가격이 떨어지고 수익률이 올랐다. 유동성이 떨어지는 시장은 유동성이 더 떨어졌으며 항상 엄청난 유동성을 지니고 있던 국채시장은 몇십 년 만에 가장 낮은 수익률을 보였다.

롱텀캐피털이 어떻게 그렇게 많은 돈을 그렇게 빨리 잃을 수 있었는지, 또한 그렇게 엄청난 리스크를 지고 어떻게 세계시장에 참여했는지를 이해하기 위해서는 먼저 그 회사가 어떻게 운용되었는지를 알아볼 필요가 있다. 롱텀캐피털은 메리웨더가 1980년대 살로몬 브라더스에서 일할 때 완전히 섭렵한 거래전략인 채권차익거래를 전문화하고 있었다. 매우 복잡한 수학공식을 사용하는 트레이더들은 여러 개의 시장에서 증권간의 작은 가격 격차를 이용하여 이익을 얻고 있었다. 현재 시장가치가 아닌 본질가치$^{perceived\ value}$에 근거하여 증권을 사고 팖으로써 특정 채권의 가격에서 이익을 얻자는 아이디어였다. 메리웨더는 살로몬에서 일할 때 이 전략을 선구적으로 사용했다. 월스트리트에 있는 사람들은 그 전략이 잘 맞다는 것을 알게 되었고, 워낙 복잡했기 때문에 그것을 '로켓 사이언스'라고 불렀다.

펀드를 시작할 때부터 롱텀캐피털의 생각은 아주 적은 리스크로도 상당한 수익을 얻을 수 있도록 이 전략을 사용한다는 것이었다. 메리웨더와 그의 파트너들은 단일 거래에 목매달기보다는 여러 건의 거래로부터 상대적으로 작은 시장 변동에 따라 생기는 작은 이익을 모으는 데 더 관심이 있었다. 그 생각은 심지어 아주 사소한 시장 움직임도 그 회사에 상당한 양의 이익을 낼 수 있도록 충분한 레버리지를 취한다는 것이다.

만약 주식 하나를 100달러에 샀다면 그들은 주가가 120달러나 180달러로 오를 때까지 기다리지 않고 101달러가 될 때 팔아치운다. 1달러를 버는 것은 그리 커보이지는 않지만 레버리지가 20배라면 그들은 1% 정도의 아주 작은 가격움직임으로도 커다란 수익을 얻을 수 있을 것이다. 100달러어치 지분으로 그 펀드는 2,000달러어치의 주식을 통제할 수 있을 것이다. 따라서 이런 가정하에서는 이익은 거의 20%가 될 것이다. 만약 20배로 레버리지된 투자에서 10%가 오른다면 그 거래는 200달러의 이익을 얻거나 원금 100달러 대비 200%의 수익을 내서 원금이 3배로 불어나는 것이다.

롱텀캐피털 펀드의 붕괴 소식은 무엇이 잘못되었는지에 대한 설명은 별로 없이 그저 월요일 아침의 화젯거리로만 이용되었다. 《뉴욕타임즈》는 그 상황에 대해 다음과 같은 독특한 색채의 글을 실었다.

> 살로몬 브라더스의 한 베테랑이 말한 바에 의하면, 메리웨더의 펀드는 붉은색에 배팅하면서 휠이 검은색에 멈추게 되면 배팅 금액을 두 배로 올리는 룰렛 경기자와 같았다고 한다. 1,000달러를 가진 경기자는 아마 돈을 잃을지도 모른다. 10억 달러를 가진 경기자는 이길 것이다. 왜냐하면 붉은색이 결국 나올 것이라는 것은 수학적으로 확실하기 때문이다. 그러나 붉은색이 나올 때까지 경기에 참여할 수 있는 충분한 칩을 가지고 있어야 한다.

한 가지 확실한 것은 경기에 참여하기 위해 메리웨더가 상당한 양의 레버리지를 사용했다는 점이다. 문제는 롱텀캐피털이 레버리지를 더 이상 사용할 수 없게 되었다는 것이었다.

일이 더 악화되고 있음을 보여주는 첫 번째 징후는 1998년 7월에 나타났다. 메리웨더는 롱텀캐피털 펀드가 6월 한 달 동안 약 3억 달러의 손실을 입었다고 공표했다. 그것은 설립 이래 월별로 처음으로 손실이 난 경우였다. 당시 언론은 그 펀드의 거래를 둘러싼 비밀의 장막에 대해 의문을 표시했는데, 손실이 어디서 발생했는지 모호했다. 롱텀캐피털 펀드는 전략이나 포지션에 대해서는 철저히 함구하면서 펀드를 운용했다. 일단 사람들이 돈을 어디서 버는지 알게 되면 다음 움직임이 어디서 있을지 알게 되고, 자신의 전략을 따라할 것이라고 믿었기 때문이다. 메리웨더 회사 내에서도 그 펀드가 어느 시장에서 거래되는지, 어디서 수익과 손실이 발생하는지를 아는 사람은 극소수에 불과했다. 사건 초기에는 저당증권담보부 시장$^{MBS; Mortgage-Backed Securities markets}$의 혼란에서 손실이 발생하였다고 보도되었다. 사람들은 아직도 손실의 크기로 보아 그 회사가 통화와 미국 국채시장을 포함한 여타 시장에서도 손실을 입었을 것이라고 추측하고 있다. 손실이 발생했다고 공표되자 월스트리트에 있는 많은 사람들은 충격을 받았다. 몇 년 동안 롱텀캐피털은 아주 좋은 성과를 냈으며 그 펀드의 운용자들은 워낙 명석한 사람들이어서 실수를 할 리 없다고 믿었기 때문이었다.

다른 사람들은 실수도 하고 실패도 할 수 있으나 존 메리웨더와 그의 계량적 분석은 결코 그럴 리 없다는 생각이 일반화되어 있었다. 월스트리트는 존 메리웨더와 그의 파트너들이 물위를 걷는 것과 같은 기적을 일으킨다고 믿었다. 메리웨더의 회사는 시장 상황이 어떻게 되든 상관없이 강력한 수익을 창출함으로써 신화를 굳건히 지켜왔던 것이다.

1995년 롱텀캐피털은 수수료 공제 후 42%를 초과하는 수익을 올렸고

1996년과 1997년 각각 41%, 17%의 수익률을 실현하였다. 평균을 겨우 넘는 수준이 아니라 평균을 크게 초과하는 실적을 보였던 것이다. 그러나 1998년 여름만큼 "과거의 성과가 미래의 결과를 설명하지 못한다"는 말이 딱 들어맞는 경우는 없었을 것이다.

 8월 매우 더운 날에, 이 책을 위해 인터뷰를 하고 있던 나에게 어떤 사람이 지난 6월 한 달 동안 롱텀캐피털의 손실은 빙산의 일각이라고 말해주었다. 그는 또 사람들이 회사채를 헐값에 팔아치우고 국채를 사는 바람에 국채수익률이 20년 만에 최저수준까지 내려갔던 지난 주 금요일에 그 회사는 엄청난 손실을 보았다고 알려주었다. 그 사람은 자기 친구가 롱텀캐피털에서 돈을 빼내려고 하는 뉴욕투자자를 방금 만나고 왔으며 메리웨더는 파산 직전이라고 말했다. 나는 충격을 받았다. 인터뷰를 마치고 가는 길에 나는 즉시 그 이야기가 사실인지 확인하려고 신문사에 있는 친구에게 전화를 하였다. 다른 수퍼스타들이 파산하거나 경험 없는 매니저에 의해 운용되는 작은 헤지펀드가 실패하는 것은 가능하다. 그러나 롱텀캐피털은 아니다. 그곳의 매니저는 월스트리트가 조지 소로스, 줄리안 로버트슨, 마이클 스타인하트, 그리고 폴 튜터 존스 다음으로 인정하는 가장 명석한 사람이었다.

 그날 아침 누구도 그 이야기를 확신할 수 없었으나, 오후가 되어 나는 똑같은 말을 하는 어떤 사람과 선이 닿았다. 롱텀캐피털이 상당한 손실을 입었다는 것이 사실이었던 것이다. 다음 날 메리웨더가 상당한 양의 돈을 잃었으며 그 펀드가 유지되기 위해서는 대규모의 자본유입이 필요하다는 기사가 신문에 실렸다. 상황이 코네티컷 그린위치에 있는 마이더스의 트레이더에게는 무자비한 것으로 보였다. 그것은 1998년 9월이 롱텀캐피털의 경영진과 투자자, 트레이딩 파트너들, 그리고 헤지펀드 업계 전체에게 매우 힘겨운 기간이 되고 있다는 첫 번째 신호였다.

그 이야기는 메리웨더가 투자자에게 당시 상황을 설명하면서 새로운 자본을 요청하는 편지 내용을 누군가 누설하면서 터져나왔다. 메리웨더는 투자자에게 보낸 편지에서, 인내심을 가지고 좀더 기다려달라고 말하고는, 아주 좋은 환경을 완벽하게 이용하는 데 필요한 자본을 지원해달라고 요청하였다. 그 내용을 누설한 투자자는, 새로운 자본을 모집함으로써 메리웨더가 손실을 통제할 수 있을 것이고 곧 다가올 시장의 필연적인 방향 전환을 이용할 수 있을 것으로 확신하고 있다고 했다. 메리웨더와 가까웠던 한 헤지펀드매니저는 "존 메리웨더는 이전의 성공적인 전략을 계속 시행함으로써 이 절망적인 상황을 극복할 수 있을 것으로 믿었다. 문제는 사람들의 신뢰를 잃었다는 점이다. 메리웨더가 시장의 신뢰를 얻고 있다는 말은 이제 옛말이 되어버렸다"라고 말했다.

이제 문제의 인식이 너무 늦어 출혈을 멈출 수 없었다. 메리웨더가 더 많은 돈을 요청할 당시 손실은 이미 너무 커져 있었다. 만약 투자자가 추가로 돈을 완납했다 하더라도, 필요한 현금이 너무 많았기 때문에 아주 잠깐 동안만 시간을 끌 수 있었을 것이다. 우물은 완전히 말라버렸으며 기회는 더 이상 존재하지 않은 것처럼 보였다.

메리웨더가 투자자들에게 편지를 썼을 때 그는 회사를 구제할 돈이 어디서 나올지, 구제조치에 들어가는 비용이 얼마나 큰지에 대해서는 생각도 하지 못했을 것이다. 메리웨더는 워렌 버펫, 조지 소로스 등을 포함한 외부인에게 도움을 요청했으나 그들은 모두 거절하였다.

버펫은 투자자로서가 아니라 그 운용사의 잠재적인 구매자로서 그 문제를 재검토하였다. 버펫은 골드만 삭스 그룹^{Goldman Sachs Group LP}과 아메리칸 인터내셔널 그룹^{American International Group Inc.}과 연계하여 메리웨더의 회사

전체를 사고 그 펀드의 포트폴리오 전체를 떠맡겠다고 제안했다. 하지만 메리웨더는 펀드에 대한 통제권을 포기하고 싶지 않았기 때문에 거절하였다. 언론은 메리웨더의 자존심이 버펫과의 거래를 성사시키는 데 걸림돌이 되었다고 믿는 듯했다.

1998년 9월 21일 월요일, 월스트리트의 가장 영향력 있는 기관들은 뉴욕 연방준비은행(FRB)의 대표부의 전화를 받고서 직접적인 통제수단을 가지고 있지 않은 상황에 연방은행이 개입하려 하는 것을 알고 놀랐다. 헤지펀드의 독특한 구조 때문에 헤지펀드는 연방은행이나 SEC의 규제를 받지 않으며 기본적으로는 어떠한 감독도 없이 자유롭게 운용되고 있었던 것이다.

뉴욕 연방은행의 총재는 월스트리트의 엘리트들에게 그들 엘리트 중 한 사람의 운명을 판가름할 논의를 부탁하였고, 곧바로 J. P. 모건$^{J.P.Morgan}$을 비롯한 월스트리트의 거물급 기관들이 그들 자신뿐 아니라 한 기관을 구제하는 계획을 세우기 위해 모여들었다.

사람들은 뉴욕 연방은행이 그 구제조치의 중심적 역할을 담당할 것으로 생각했으나, 뒤이은 보도는 골드만 삭스의 공동대표인 존 코르진$^{John\ Corzine}$에게 그 구제조치를 맡긴다는 것이었다. 롱텀캐피털이 연방은행의 감독하에 있는 회사들에게 진 빚의 규모에 대한 의혹이 커지기 시작하자 연방은행이 그에게 일을 맡도록 종용했다고 알려져 있다. 골드만 삭스와 메릴린치$^{Merril\ Lynch\ \&\ Co.\ Inc}$ 모두 롱텀캐피털의 지불불능 때문에 엄청난 돈을 잃을 위기에 처해 있었으며, 연방은행은 롱텀캐피털이 파산할 경우 다른 회사들도 지급불능 상황으로 내몰릴지도 모른다고 걱정하였다. 다른 파산과는 다르게 헤지펀드가 사업을 정리할 때는 대부분의 경우 그들의 포지션 모두가 폭탄세일 가격으로 즉각 청산된다. 정확히 얼마의 돈이 걸려 있었는지는 알 수 없지만 만약 강제청산되었다면 몇조 달러가 날아갔을 것은 명확하다.

롱텀캐피털 펀드가 진퇴양난에 빠졌다는 것은 명확하다. 롱텀캐피털 펀드는 증거금 의무를 충족시킬 돈이 필요했는데, 만약 돈을 대지 않았다면 이미 혼란에 빠진 전세계 시장에 대재앙이 또 한번 덮쳤을 것이다. 그러나 근래에 들어 처음으로, 연방은행은 롱텀캐피털이 망하기에는 너무 크다는 결론을 내리고 파산을 막기 위한 모든 조치를 취했다.

연방은행이 올바른 일을 한 것일까? 내가 이야기를 나눈 사람은 이 문제에 대해 의견이 나뉘었다. 그 논쟁이 한동안 계속될 것임에도 불구하고 한 가지는 확실하다. 그 콘소시엄에 의한 인수에 의해서 롱텀캐피털은 다시 일어설 수 있었으며, 1998년 4분기에 다시 돈을 벌기 시작했다는 것이다.

연방은행은 골드만 삭스에게 그 펀드를 매입할 사람을 찾아보도록 했지만, 그것이 실패하자 연방은행은 열두어 개의 회사들에게 이 중차대한 문제에 대한 실현성 있는 해결책을 내도록 요청하였다.

잠재적인 구매자가 결정되었다고 발표할 당시, 메릴린치의 사장이었던 데이비드 코만스키는 콘소시엄 참여 회사가 롱텀캐피털도 살리고 자기들 스스로도 붕괴되는 것을 막기 위해 어느 정도 분담금을 내야 한다고 주장하였다.

처음에는 대부분 주저하였으나 모든 상황을 고려해보니 그들 모두는 함께 행동하여야 한다는 점을 재빨리 깨달았다. 결과적으로 14개의 회사들이 그 구제조치에 참여하여 1억 달러에서 3억 달러에 이르는 분담금을 내게 되었다. 참여하지 않은 기관은 베어 스턴스$^{Bear\ Sterns\ \&\ Co.\ Inc.}$ 증권사 하나였다. 베어 스턴스는 롱텀캐피털의 청산 브로커로서의 리스크가 다른 분담자들이 지는 리스크에 비해 상당히 과중하다고 판단되어, 그 구제조치에 분담금을 내지 않는 쪽으로 의견이 모아졌다. 〈표 1-1〉은 각 회사가 그 구제조치에 어느 정도의 분담금을 냈는지를 보여준다.

〈표 1-1〉 롱텀캐피털의 구제조치 참여기관과 분담금

1억 달러	3억 달러
빠리바 은행	뱅커스 트러스트
크레디 아그리콜	바클레이
리만 브라더스	체이스 맨해튼
	크레디 스위스 퍼스트 보스턴(CSFB)
1억 2천5백만 달러	도이치 방크
소시에떼 제네랄	골드만 삭스
	JP 모건
	메릴린치
	모건 스탠리
	살로몬 스미스 바니
	스위스 유니온 뱅크(UBS)

출처 : 월스트리트 저널, 1998년 11월 16일

운용과 관련된 비밀 때문에 누가 무엇을 잃었는지가 명확하지 않음에도 불구하고, 월스트리트의 많은 경영진들이 롱텀캐피털이 무너졌을 때 매우 큰 타격을 받았다는 점은 명확하게 나타났다. 그 구제조치는 투자자들의 투자액 모두를 이전에 가지고 있던 금액의 10% 이하로 줄여버렸다. 메릴린치, 베어 스턴스, 페인 웨버 그룹$^{PaineWebber\ Group\ Inc.}$ 등 월스트리트에서 가장 독점적 지위를 누리던 회사의 임원은 개인적인 손실을 보았다. 맥킨지 같은 유명한 컨설팅 회사에 있는 많은 파트너들 또한 돈을 잃었다.

아이러니한 상황은, 붕괴에 뒤이어 《월스트리트 저널》, 《뉴욕타임즈》,

《뉴욕포스트》 등은 한결같이 많은 투자자들이 1998년 이전 롱텀캐피털이 투자자들에게 돈을 돌려준 데 대해 매우 만족했다고 보도했다는 것이다. 그러나 돈을 돌려받은 대부분의 투자자들은 그 당시에 매우 불쾌했다고 한다. 1997년 12월에 롱텀캐피털은 작은 자금관리자부터 페인 웨버와 뱅크 오브 차이나$^{Bank\ of\ China}$에 이르기까지 약 20억 달러를 돌려주었다.

월스트리트에서 롱텀캐피털과 거래를 가장 잘한 회사는 페인 웨버였다. 페인 웨버와 페인 웨버의 사장이자 대표이사인 도널드 마론$^{Donald\ Maron}$은 각각 롱텀캐피털에 1억 달러와 천만 달러를 투자하였다. 그러나 1997년에 양쪽 모두 돈을 돌려받았다. 여러 소식통에 따르면 페인 웨버는 투자액을 2배 이상으로 부풀렸고 마론은 최소한 손실이 없는 선에서 충분한 돈을 돌려받았다고 한다.

다른 월스트리트 사람들은 그렇게 운이 좋지 못했다. 베어 스턴스의 대표이사인 제임스 케인$^{James\ Cayne}$과 부사장인 워렌 스펙터$^{Warren\ Spector}$는 각각 9백만 달러 이상을 잃었다고 알려져 있다. 메릴린치의 코만스키는 백 명이 넘는 동료들과 함께 롱텀캐피털에 2천2백만 달러를 투자하고 있었는데, 그 구제조치가 완결되었을 때 포지션이 2백만 달러도 채 되지 않는다는 것을 알았다.

헤지펀드가 너무 커서 망할 수 없다는 생각은 상당한 논란을 빚었다. 구제조치가 합의에 도달할 때까지 롱텀캐피털은 마진콜을 충족시키고 운용비용을 충당하는 데 34억 달러가 넘는 금액을 지원받았다. 그 구제조치 덕분에 롱텀캐피털은 붕괴되지 않았고 보유증권 모두를 헐값으로 팔지 않아도 되었으며 전세계 시장에서 확실하게 신뢰를 받을 수 있었다. 만약 롱텀캐피털이 강제로 청산되었다면 아마도 1조 달러 이상의 자산이 위협을 받았을 것으로 추측된다.

이런 경험으로 볼 때, 1990년대 중후반의 상승장은 통제 밖에 있었으며 일단 다시 엄청난 수준의 탐욕이 월스트리트를 휩쓸었다는 것은 명확하다. 롱텀캐피털이 그렇게 클 수 있었던 이유는 자금대여자들이 상환능력을 따지지 않고 돈을 빌려주었기 때문이다. 자금대여자들은 롱텀캐피털과의 거래와 관련된 수수료 및 자신의 주머니로 지속적으로 들어오는 수익에만 관심을 쏟았다. 결국 모든 자금대여자들은 그들이 거래했던 것 이상의 것 즉, 그들의 생명을 잃는 리스크를 지게 되었다. 이것이 바로 롱텀캐피털 사건의 진실이다.

롱텀캐피털 파산의 결과로 헤지펀드에 대한 개혁과 규제의 목소리가 미국 전역, 나아가 전세계를 휩쓸었다. 의회는 청문회를 개최하고 업계 관계자는 잘못되었다고 부르짖었으나 백악관을 동요시켰던 그 스캔들과 험담의 결과는 헤지펀드가 조용히 뒷자리에 있는 것이었다. 청문회에서는 어떤 것도 나오지 않았고 어떠한 새로운 규제도 부과되지 않았다.

구제조치 협상에 참여하였던 한 증권회사 이사가 롱텀캐피털에 대한 자기 회사의 포지션 위험을 검토한 이후 회사 운영에 관해 한 가지 교훈을 얻었다고 고백한 기사가 《뉴욕타임즈》에 실린 적이 있다. "우리는 두 번 다시 하나의 거래 상대방에 대한 포지션 위험을 이 정도 수준까지 높이지 않을 것이다. 메리웨더는 시장에 비해 너무 컸다. 모든 사람이 그에게 너무 많은 돈을 주었다."

그러나 몇 달 후에 일이 롱텀캐피털과 메리웨더에게 유리하게 돌아가기 시작했다. 롱텀캐피털은 우선 이익을 냈다고 보고했고 컨소시엄의 출자지분을 사려고 하고 있으며 만약 회사가 우호적으로 정비되지 않으면 메리웨더는 새로운 투자회사를 시작할 것이라는 추측이 나왔다. 출자지분 매수가 현실화되지는 않을 것으로 보이지만 그 펀드의 재정적 상황은 1999년 봄까지 완전히 변모했다. 메리웨더와 그의 파트너들은 그 구제조치의 상당 부분을 갚았으며 새로운 펀드 발매도 계획하고 있다고 이야기하기 시작했다.

1999년 초가을, 롱텀캐피털은 1년 전 금융기관 콘소시엄에 의한 구제조치로 받았던 금액의 75%에 육박하는 돈을 상환했다. 9월 말 콘소시엄은 포트폴리오가 아주 좋은 상태이며 롱텀캐피털의 리스크 자산이 거의 90%까지 감소했다는 성명서를 발표했다. 그 구제조치는 한 가지 약점을 지니고 있었는데, 롱텀캐피털의 매니저들은 새로운 펀드를 운용하기 전에 은행들이 거기에 집어넣었던 돈의 90%를 갚아야 한다는 것이다. 콘소시엄의 대변인은 2000년 1분기 말까지 빚을 완전히 갚을 것으로 기대한다고 말했다. 뉴욕 연방은행의 총재인 윌리엄 맥도나우$^{William\ McDonough}$는 "롱텀캐피털매니지먼트는 거의 영업을 그만둔 상태다. 그 펀드에 자본을 확충하는 데 참여했던 은행들은 모두 대부분의 돈을 회수해갔다"고 말했다.

메리웨더는 새로운 펀드의 상황에 대해 언급하려 하지 않았다. 그러나 업계에 따르면 2000년 11월까지 그가 거의 10억 달러의 자금을 운용할 것으로 기대하고 있으며, 그것은 'JWM 파트너'라고 불릴 것이라고 한다.

헤지펀드의 역사

과거에는 MBA 학생들에게 졸업 후에 어디서 일하고 싶으냐고 물으면 대개 제너럴 모터스, 코카콜라, IBM이나 살로몬 브라더스, 골드만 삭스,

모건 스탠리 같은 대답이 나왔다. 그러나 요즘 학생들은 오메가 어드바이저$^{Omega\ Adviser}$, 타이거 매니지먼트$^{Tiger\ Management}$, 소로스 펀드 매니지먼트$^{Soros\ Fund\ Management}$ 등, 롱텀캐피털이 몰락하기 전에는 미국 중심지의 레이더에는 잡히지도 않았던 헤지펀드의 이름을 말한다. 아직도 월스트리트에는 많은 사람들이 항상 경외심을 가지고 이런 회사들을 바라보고 있다. 이 회사들은 일단 눈에 띄지 않을 정도로 적은 자금규모를 가지고 있지만 금융계에서 가장 빨리 성장하는 회사 중 하나로 손꼽힌다. 그들의 본질적 특성 때문에 헤지펀드는 시장의 상황과 관련없이 돈을 버는 것으로 인식된다.

어떻게 헤지펀드 업계가 발전해왔는가를 이해하기 위해서는 먼저 어디서 그 개념이 나왔는지를 알아야 한다. 헤지펀드가 무엇이며 어떻게 작동하는가를 알아보자.

헤지펀드라는 용어는 알프레드 윈슬로우 존스에 의해 처음 만들어졌다. 사회학자이자 작가였던 존스는 1940년대에 《포춘》지에 주식 관련 글을 기고하면서 그 개념에 관심을 가지게 되었다.

존스는 1949년에 최초의 헤지펀드를 시작했으며 자신의 투자스타일과 운용, 그리고 조직 구조를 바탕으로 그 용어를 정의하였다. 존스가 헤지펀드 산업의 기초를 놓은 것을 인정하기는 하지만 월스트리트의 많은 사람들은 노이버거 베르만 증권사의 설립자인 로이 노이버거$^{Roy\ Neuberger}$가 헤지펀드란 개념을 창조했다고 믿고 있다. 그리고 많은 사람들은 매니저에게 보상을 주는 방법과 공식을 고안한 사람은 증권분석의 아버지인 벤자민 그라함$^{Benjamin\ Graham}$이라고 알고 있다.

그렇지만 헤지펀드의 역사와 헤지펀드가 어디서 나왔는가를 따질 때 사람들은 항상 알프레드 윈슬로우 존스를 생각한다. 문제는 많은 사람들이 존스의 회사, 투자스타일 그리고 그가 헤지펀드를 어떻게 정의했는지에 대해 알지 못한다는 것이다. 사실 1998년 11월 롱텀캐피털의 붕괴에 뒤이어, 존스에 대한 의미 있는 이야기가 실린 《그랜트의 이자율 옵저버 Grant's Interest Rate Observer》가 발간되기 전에는 거의 20년 이상 존스에 대한 이야기가 실린 글이 없었다.

존스가 그의 펀드 A.W.Jones & Co.를 시작한 이래 헤지펀드 업계는 상당히 많이 변화했다. 가장 중요한 변화는 그가 창조한 헤지펀드에 대한 정의이다.

오늘날 대중매체는 헤지펀드를 '부유한 개인과 가족, 그리고 기관이 자산을 보전하고 뮤추얼펀드나 다른 투자에서 얻는 수익률보다 높은 수익률을 얻기 위해 투자하는 자금의 사적인 투자집합체investment pools' 라고 정의한다. 그 말의 대부분은 정확하다. 언론이 틀리는 부분은 노련한 투자자들을 위한 이런 사적인 투자기관의 개념과 방법론을 정의할 때이다.

우리는 앞으로 누가 어떠한 이유로 헤지펀드에 투자하는가, 그리고 어떻게 헤지펀드가 운용되는가 하는 것을 상세하게 논의할 것이다. 헤지펀드라는 용어를 이해하려면 월스트리트의 다른 것과 마찬가지로 고도의 기술이 필요한 것처럼 들리기는 하나, 몇 단계로 나누어서 보면 이해하기 매우 쉽다.

존스의 동료, 친척, 친구들과 이야기를 나누어본 결과 존스는 이해하기 어려운 것을 만들 의도가 없었다. 또 나는 존스가 리스크를 최소화하기 위해 헤지를 사용한다는 그의 생각을 대중들에게 잘 이해시키고 싶어 했으며, 투자세계에서 광범위하게 사용되기를 희망했을 것이라고 믿고 있다.

헤지펀드의 개념이 롱텀캐피털 사건 때까지 모호했던 이유 중 하나는 언론이 헤지펀드의 거래 과정과 스타일에 대해 기술한 방식에 문제가 있었기 때문이다. 기자들은 피상적인 것 이상을 다루는 것을 두려워하지만 실제로는 '소로스, 러시아에서 20억 달러를 잃다', '로버트슨의 호랑이 덤벼들다' 같은 헤드라인으로 사람들에게 충격을 줄 목적으로 그 용어를 사용하는 것을 즐기는 것 같다.

이것은 그 운용과정에 대해서는 별로 설명하지 않고 주의를 끌 수 있는 단순한 말이다. 헤지펀드의 개념이 모호하게 된 것이 전부 언론의 탓은 아니다. 그것은 마케팅이나 고객모집과 관련된 SEC의 규정을 핑계로 헤지펀드매니저들이 외부에 노출되는 것을 꺼렸기 때문이기도 하다. 현재 SEC는 매니저가 펀드를 마케팅하는 것과 마케팅으로 연결될 수 있는 언론대담, 자격미달인 투자자의 유인 등을 금지하고 있다. 그래도 정보는 계속해서 흘러나오는데 나는 매니저가 어느 정도는 입을 여는 것이 헤지펀드 업계에 유리할 것이라고 믿는다.

이 책의 서문에서 쓴 바와 같이, 대부분의 경우 내가 헤지펀드와 헤지펀드 업계에 대해 인터뷰를 요청한 사람들은 모두 솔직하게 이야기해주었고 나는 그 이야기를 모두 믿는다. 또한 과거 몇 년 동안 많은 금융위기 때문에 매니저가 더 많이 비밀을 털어놓고 있는 것으로 보인다. 이것은 헤지펀드 산업에 도움이 될 것이다.

헤지펀드 산업이 발전해온 50년 동안, 헤지펀드의 실질적인 장점이나 가치를 다루고 있는 글은 단 세 편이 있다. 그 중 둘은 같은 사람이 《포춘》지에 게재한 글이며, 다른 하나는 《기관투자가 *Institutional Investor*》에 게재된 글이다. 이 글들이 헤지펀드 산업에 얼마나 중요한 역할을 하는지를 이해하기 위해 우리는 먼저 존스의 모델을 탐구할 필요가 있다. 그 모델은 매우 단순하지만 헤지펀드에 대한 가장 정확한 정의를 담고 있다.

오늘날 헤지펀드매니저들은 원래의 헤지펀드의 정의에서 조금씩은 벗어나 운용하고 있지만 그 각각은 모두 존스 모델의 독창적인 특징을 담고 있다. 최근까지도 존스와 헤지펀드 산업에 대한 가장 정확한 글이라고 인정받는,《포춘》지에 실린 〈헤지펀드에 어려운 시기가 오고 있다$^{Hard\ Times\ come\ to\ the\ Hedge\ Funds}$〉라는 제목의 기사에서 캐롤 루미스$^{Carol\ Loomis}$가 언급한 것처럼, 존스는 헤지펀드란 제너럴 파트너(펀드매니저)에게 유한책임의 파트너의 돈으로 번 이익에 대한 지분을 주도록 짜여진 합병회사(유한책임의 파트너십)▪라고 정의하고 있다. 또한 헤지펀드는 항상 레버리지를 사용하고 항상 일정한 숏포지션을 수반한다. 존스는 그의 투자기관을 '헤지된 펀드$^{hedged\ fund}$'라고 불렀는데, 그것은 롱포지션과 숏포지션을 결합하여 시장의 변동으로부터 보호되는 헤지된 펀드라는 의미이다. 월스트리트의 큰 기관들이 'd'를 떼고 쓰는 관행에 따라 '헤지펀드$^{hedge\ fund}$'가 된 것이다.

합병회사
limited partnership, 대부분의 헤지펀드와 사적인 투자 기관의 구조를 기술하는 데 사용되는 법적 용어.

  이익을 나누는 방법은 헤지펀드의 수수료 체계에서 정의된다. 존스의 시나리오 하에서 매니저는 포트폴리오 이익의 20%를 받고 다른 것은 아무것도 없다. 따라서 그들은 승리자가 되어야 할 강력한 동기를 가지고 있다.

  최근 헤지펀드매니저는 20%의 성과보수▪에 1~1.5%의 관리보수를 추가했다. 수수료를 추가하는 것을 누가 처음 시작했는지는 불명확하나, 이는 곧 월스트리트의 관행이 되어 다른 사람들도 관리보수▪를 추가했다. 이 수수료는 기본적으로 매니저에게 약간의 봉급을 줄 뿐 아니라 펀드운용 유지비를 충당하는 데 사용된다. 존스의 회사는 파트너에게 관리보수를 부과하지 않았다.

성과보수
performance fee, 얼마나 좋은 성과를 냈느냐에 기초하여 매니저에게 지급되는 수수료.

관리보수
management fee, 매일매일 헤지펀드를 운용하는 대가로 매니저에게 지급되는 수수료.

1. 헤지펀드란 무엇인가

존스의 사위이며 현재 A.W.Jones & Co.의 운용자인 로버트 버취[Robert Burch]에 따르면 존스는 관리보수에 대해서는 관심이 없었다고 한다.

"아버지는 관리보수가 단지 자산을 더 많이 늘려줄 뿐이라고 믿었다. 수익모델에 의해 성과를 내는 것보다 더 많은 자산을 모을 수 있다는 생각 쪽으로 자꾸만 유도하여 성과 개념에서 멀어지게 한다고 보았던 것이다. 아버지는 성과에 관심이 있었고 운용자산의 규모를 키우는 데는 별 관심이 없었다."

대부분의 경우 존스의 모델은 상승장과 하락장 모두에 잘 작동하였으며 그렇게 되도록 구성되었다. 20년 동안의 운용기간에도 그 시스템은 잘 작동했으므로 존스의 펀드는 결코 연간 손실을 내지 않았다. 손실을 낸 것은 1960년대 후반과 1970년의 하락장에서였다.

헤지펀드 산업은 너무나 크게, 너무나 빨리 성장해왔다. 자금관리 비즈니스에 몸담고 싶어하는 사람들은 모두 자신의 헤지펀드를 가지거나 헤지펀드에서 일하고 싶어한다. 실제로 많은 뮤추얼펀드매니저와 트레이더, 애널리스트가 자신의 헤지펀드를 시작하기 위해 이동하고 있다. 이들은 자신이 헤지펀드라고 부르는 회사를 세우고 그 업계에 있는 것을 다행으로 생각한다.

문제는 많은 사람들이 헤지펀드매니저라고 자칭하지만 실제로는 아니라는 점이다. 헤지펀드가 되기 위해서는 헤지를 해야 한다. 따라서 자칭 헤지펀드라고 하면서 헤지하지 않는 회사들은 매우 비싼 뮤추얼펀드에 불과하다.

많은 매니저들은 아직도 레버리지를 사용하고 상승장-하락장 모두에서 리스크를 제한하면서 수익을 극대화하도록 롱-숏 포지션을 가지는 전통적인 존스의 모델을 따르고 있다. 오늘날 존스의 모델을 가장 잘 따르는 예는 줄리안 로버트슨일 것이다.

2장에서 언급하겠지만, 로버트슨은 헤지펀드 업계의 최고참자로서 존스의 자리를 넘겨받은 사람으로 인정받고 있다. 그의 펀드조직이 규모가 가장 큰 것도 아니고 운용과정도 상대적으로 모호하지만, 존스가 헤지펀드를 정의하고 그 개념을 발전시킬 때 마음에 두고 있었던 것을 가장 잘 구현한 사람은 바로 로버트슨이다.

키더 피버디^{Kidder Peabody}에서 일하는 동안 존스를 따랐던 로버트슨은 한때 200억 달러가 넘는 자금을 관리했던 엄청나게 성공한 사업체를 세웠다. 대부분의 다른 헤지펀드매니저처럼 로버트슨은 1998년 혼란기에 관리 자산의 10% 이상을 잃는 상당한 손실을 보았다. 역사상 가장 위대한 자금관리자로 손꼽히는 로버트슨은 거만하고 독선적인 일중독자로 알려져 있다. 버취는 이렇게 말한다.

"줄리안은 존스의 가장 적합한 후계자이다. 그는 존스가 사업을 일으킬 때 사용했던 원칙과 규율을 벗어나지 않으면서 사업을 벌여왔다. 그는 존스 모델을 이해하고 있으며 시장상황에 관계없이 우월한 성과를 얻기 위해 그 모델을 사용한다."

헤지펀드 산업의 현황

개략적으로라도 헤지펀드 업계 전체가 관리하는 자산의 정확한 규모나 헤지펀드의 수가 얼마나 되는지를 알기는 불가능하다. 이 두 가지 데이터는 이런 정보를 추적하는 사람들에게 직접 전화를 해야 겨우 얻을 수 있을 만큼 빠르게 변한다. SEC는 뮤추얼펀드와 상장회사에 대해서 분기별로 금융정보를 보고하도록 의무화하고 있어 이런 데이터들은 문자 그대로 클릭만 하면 쉽게 얻을 수 있다.

하지만 헤지펀드는 그렇지 않다. 펀드매니저는 데이터를 보고할 의무가 없다. 많은 펀드매니저들은 이익이 크게 났을 때는 데이터를 보고하는 것이 기쁘겠지만 일이 잘 안 될 때는 그런 정보를 유통시키지 않는다. 펀드매니저는 펀드가 투자자 한도(100명 또는 500명)에 육박하여 더 이상 외부 투자자의 자금을 받을 수 없게 될 때 종종 수익률을 평가하는 회사를 무시하게 된다. 이런 경우에 새로운 투자자는 외면당할 수밖에 없는 상황이기 때문에 펀드매니저는 더 이상 과거 수익률을 보증하는 서비스를 필요로 하지 않게 된다. 파트너가 실제로 그 산업에 대한 회계자료를 얻는 유일한 경우는 펀드투자펀드*가 파산하는 경우이다. 그러나 그러한 데이터조차 법적으로 회계자료 전체를 공표할 의무가 없기 때문에 정확한지 의심할 필요가 있다.

펀드투자펀드
fund of fund, 다른 헤지펀드에 투자하는 투자펀드.

이 책에서 나는 헤지펀드의 크기와 범위를 다음과 같이 한정하려고 한다. 2002년 현재 업계에는 약 30년 동안 폭발적으로 성장하여 전체적으로 약 5천억 달러의 자금을 관리하고 있는 6천 개 이상의 헤지펀드가 있다고 추정된다. 1971년에 작성된 기관투자가에 대한 SEC 보고서는 헤지펀드가 약 10억 6백만 달러의 자금을 가지고 있는 것으로 추정하였다. 당시에 SEC는 알프레드 윈슬로우 존스의 조직이 헤지펀드 전체 관리자산의 23%를 약간 밑도는 자산을 보유하고 있다고 보았다.

오늘날 헤지펀드는 유한책임 파트너십 또는 유한책임회사로 설립된 일종의 사적인 투자기관이다. 어떤 경우든지 그 기관은 몇 가지 안 되는 SEC와 미 국세청(IRS; Internal Revenue Service)의 규제와 감독을 받는다. 얼마나 많은 투자자를 받을 수 있는가는 헤지펀드의 구조에 따라 다른데, 대개 100명이나 500명으로 한정된다. 헤지펀드의 구조에 따라 받아들일 수 있는 투자자의 수는 투자자 타입이 투자적격(SEC의 정의에 의하면 적격투자자$^{accredited\ investor}$는 과거 2년간 각각 20만 달러 이상의 소득을 가진 개인이나 30만 달러 이상의 소득을 가진 부부이며, 다음 해에도 그러한 소득이 유지되거나 백만 달러 이상의 순재산을 가지고 있는 개인 또는 부부이다)인지 초적격(초적격투자자$^{super\text{-}accredited\ investor}$는 5백만 달러를 초과하는 순투자가능자산을 가지고 있는 개인이나 가족이다)인지에 따라 결정된다. 비금융회사를 포함하는 기관은 어떤 타입의 펀드에도 투자할 수 있다.

1998년 헤지펀드의 혼란 이후 의회를 비롯한 미국의 관료들은 헤지펀드 산업에 더 많은 통제와 감시시스템을 도입하려고 압력을 넣어왔지만 아직까지 어떠한 조치도 나오지 않았다. 사람들은 만약 헤지펀드에 투자할 충분한 돈이 있다면 정부에 의해서 손이 묶일 필요가 없기 때문에 앞으로도 어떠한 조치도 없을 것으로 믿고 있다.

월스트리트의 마이더스 트레이더와 그 주변사람들이 떼를 지어 헤지펀드를 세우고 일하는 이유는 헤지펀드를 자본주의의 마지막 보루로 인식하기 때문이다.

10년 이상 조지 소로스의 파트너였던 짐 로저스$^{Jim\ Rogers}$는 "우리가 처음 일을 시작할 당시에는 문서작업을 마무리하고 자본을 모으는 것이 매우 어려웠다. 그러나 지금은 매우 쉽다. 사람들은 펀드를 시작하고 자본을 모으는 데 전문화되어 있다. 그것은 아마도 금융계에서 돈을 버는 가장 효율적인 방법일 것이다"라고 말한다.

로저스의 생각은 1998년 6월 8일의 《포춘》지에 베타니 맥린$^{Bethany\ Mclean}$이 기고한 헤지펀드에 대한 글에서도 잘 나타난다. 그 글은 많은 초기펀드와 펀드매니저에 대해서 기술하고 있다. 왜 그들은 대우 좋고 일하기도 편한 투자회사를 스스로 박차고 나왔을까? 대답은 자유와 돈이다.

베타니 맥린은 그 글에서 "스스로 보스가 되어 돈이 벌리는 곳이면 어디라도 마음대로 투자할 자유를 누리고, 또한 그렇게 젊은 나이에 그렇게 많은 돈을 그렇게 빨리 벌 수 있는 곳은 이 분야 말고 금융계 어디에도 없을 것이다"라고 말하였다.

또한 맥린은 한 매니저의 경고성 발언을 인용하였다. "나는 만약 내가 원한다면 NBA 뉴욕 닉스의 경기에 당신의 돈을 걸 수도 있다. 그것은 사실이고 합법적인 동시에 매우 무서운 일이다."

과거 존스 회사 직원들은 헤지펀드를 시작하지 않았더라면 많은 사람들이 그들의 회사에서 일할 수도 없었을 것이고 존스의 회사가 돈을 벌었던 그 시장에서 성공하지도 못했을 것이라고 말한다.

분명한 점은, 위에서 매니저가 한 말과 같은 생각은 존스가 헤지펀드를 발전시킬 때 가슴에 지니고 있었던 것은 아니라는 점이다. 아직도 헤지펀드라는 아이디어가 어디에서 나왔으며 그 비즈니스가 어떻게 탄생되었는지를 이해하기 위해서는 헤지펀드의 아버지인 존스에 대해서 더 배울 필요가 있다.

헤지펀드의 창시자, 알프레드 윈슬로우 존스

1949년 알프레드 윈슬로우 존스는 이후에 '헤지펀드'라고 알려지게 된 것을 처음 시작하였다. 그의 기본적인 투자전략은 시장이 그에게 불리하게 바뀔 때 리스크를 헤지하기 위해서 롱-숏을 레버리지와 결합하여 사용한다는 것이다.

존스는 1949년 3월호 《포춘》지에 〈예측에 있어서의 유행 $^{Fashion\ in\ Forecasting}$〉이라는 제목으로 게재되었던 자유기고가의 글을 연구하는 과정에서 헤지펀드 공식을 고안했다. 그 글을 연구하기 위해서 그는 월스트리트의 위대한 트레이더 및 브로커들과 수많은 이야기를 나누었다. 그들의 방법을 배우면서 존스는 당시에는 극히 적은 사람들만이 하던 헤징^{Hedging}이라는 개념에 기초해서 투자한다는 자신만의 아이디어를 고안하였다. 마침내 그는 49세의 나이에 3명의 파트너와 함께 헤지펀드를 출범시켰다.

"아버지는 자신을 발견하는 데 오랜 시간이 걸렸다. 아버지는 오늘날의 무수한 대졸자들처럼 평범한 생각을 가지고 대학을 졸업하였고, 자기가 무엇을 하고 싶은지 깨닫기까지 여러 일을 전전하였다"라고 존스의 두 아들 중 한 명이 말했다.

부정기 화물선의 사무장이 되어 전세계를 여행한 후에 외무부 직원으로 들어갔을 때, 존스는 자신을 발견했다고 믿었다. 아들 토니 존스는 "아버지는 30대 초반 독일에 있을 때 히틀러의 등장을 목격했으며, 후에 베네수엘라로 파견되었지만 베를린에서 베네수엘라로 간다는 것이 너무 실망스러워서 외무부를 그만두었다. 이후에 아버지는 미국으로 왔고 사회학에 몰두하였다"라고 말하였다.

존스는 사회학과 사회운동의 발전과정을 공부하고 싶어 콜롬비아 대학에 들어갔다. 그는 1941년에 사회학 박사학위를 받았는데, 그가 벤자민 그라함을 만난 곳이 바로 콜롬비아 대학이었다.

"아버지의 졸업논문은 결혼과 동시에 중단되었고 신혼여행에 가서 스페인 시민전쟁에 휩쓸리게 되었다. 스페인에서 아버지는 소총도 들지도 않고 앰뷸런스를 몰지도 않는 퀘이커교도를 연구했다. 또한 민간구호활동을 기록하는 사람들에 흥미를 가지고 여러 지역을 돌아다녔다"라고 토니 존스는 말한다.

미국으로 돌아온 존스는 1946년까지 《포춘》지에서 일했다. 존스가 알든 알지 못하든 간에 그가 인생 전체의 경력을 위한 밑바탕을 쌓은 곳이 바로 여기였다. 《포춘》을 떠나면서 그는 프리랜서로 일했는데, 금융뿐 아니라 사회적·정치적 문제에 대한 글을 썼다. 존스는 〈예측에 있어서의 유행〉에 대한 연구를 진행하고 보고서를 쓰는 동안 월스트리트에서 일하는 것이 많은 사람들이 생각하는 것만큼 어렵지 않다는 것을 확실히 알게 되었다. 존스의 미망인 마리는 다음과 같이 회상한다.

"당시 남편은 그 문제에 대해 보고서를 쓰면서, 매일 집에 와서는 새로운 것을 하나도 배우지 못했다고 말하곤 했다. 그러던 어느 날 하나의 아이디어에 착안해 일을 시작했고, 마침내 성공을 확신했던 일을 이루었다."

그 보고서는 주식시장의 행태가 어떻게 통계학, 차트, 추세에 관한 전문가에 의해서 해석될 것인가를 검토하는 글이었다. 다음은 그 글에서 발췌한 것이다.

주식시장의 방향을 예측하는 전통적인 방법은 먼저 주식시장 외부에 있는 사실과 데이터들을 살펴보는 것이다. 그리고 나서 주가가 너무 높은지 낮은지에 대해 조사하는 것이다. 화물차의 화물량, 상품가격, 은행의 결제, 조세법 제정 전망, 정치적 전망, 전쟁의 위험 및 기업의 수익과 배당을 결정하는 수많은 요인은 이자율과 결합되어 장기적으로 볼 때 주식의 가격을 결정한다고 추론된다. 그러나 그 과정에서 비정상적인 일들이 일어난다. 그래서 케인즈는 장기적으로는 우리가 모두 죽을 것이라고 말했다.

예를 들어 1946년 늦여름에 다우존스산업평균지수는 5주 만에 205포인트에서 163포인트까지 떨어졌고 이는 소규모 패닉 현상에 해당하였다. 이런 주식시장의 상황에도 불구하고 경기는 그 이전에도 괜찮았고 하락장 중에도 괜찮았고 그 이후에도 별 문제가 없었다.

많은 시장 애널리스트가 있음에도 불구하고 그들의 관심은 시장의 내부적인 특성이고 그들은 하락이 오고 있다는 것을 알 수 있었다. 이런 예측력을 얻기 위해서 그들은 매일매일 주식시장 자체가 만들어내는 통계자료를 연구한다. 정교하고 다양한 방법으로 새로 구성되고 해석된 이런 데이터들은 20개의 주식시장 서비스만큼 많이 팔리고 있고 수백 수천 명의 개인들이 독자적으로 사용하고 있다. 증권사는 이들 데이터를 엄청나게 많이 사용하고 있는데, 자료의 사용자들이 자료를 신뢰하기 때문이기도 하고 그것을 사용하는 것이 영업에 도움이 되기 때문이기도 하다.

"아버지가 사업을 처음 시작할 당시 나는 어린아이였다. 그래서 나는 아버지가 《포춘》지에서 일할 때나 글쓰는 것을 그만두고 당신의 사업에 몰두할 때에 대한 기억이 없다. 나는 월스트리트의 중심지 80번가에 있는 아버지의 사무실로 가던, 상당히 기분좋은 기억을 가지고 있다"고 아들 토니 존스는 말한다.

펀드에 대한 존스의 모델은 매우 단순한 공식을 가지고 있었다. 그는 기본적으로 마켓타이밍보다는 주식선택에 집중하게 하는 시스템을 만들기 위해 레버리지와 숏세일(공매)을 사용했다. 토니 존스에 따르면, 존스는 주식선택에 재능이 별로 없다는 점을 매우 일찍 깨달았다고 한다. 그의 파트너들의 돈을 운용하기 위하여 월스트리트의 신진 스타들을 데리고 오는 등 제 기능을 발휘할 때까지 조직을 확장하도록 만든 것은 바로 이런 깨달음이었다고 토니 존스는 믿고 있다. 그는 "아버지는 돈을 모을 수 있는 사람들을 알고 있는 훌륭한 세일즈맨인 동시에 좋은 조직전문가였고 행정가였다. 그러나 주식을 선택할 때는 어떤 재능도 발휘하지 못했다. 이것은 그의 능력이 재능이 있는 사람을 발견하는 데 있다는 것을 의미한다"고 말한다.

존스의 회사와 같이 일하거나 그 회사를 위해 일하는 것은 매우 수익이 남는 일이었다. 모든 파트너는 투자자들이 존스에게 지불한 성과보수 20% 중 일부를 받았다. 그들은 그것을 존스의 펀드에 투자할 수 있었다. 브로커들은 아이디어만 있고 존스 회사가 그 아이디어에 관심을 가지면 그것을 전화 한 통화만으로 팔 수 있다는 것을 알고 있었다. 한 브로커는 다른 고객들에게 전화하기 전에 존스 회사가 먼저 그 아이디어를 실행하기를 원했다고 말했다. 그는 존스 회사가 만약 자신의 아이디어를 좋아하면 즉각 행동으로 옮기고, 만약 상황이 여의치 않다고 그에게 말해주면 이번에는 그가 나쁜 주식을 처분하도록 자신을 도와주었다고 생각했다. 그는 이렇게 말했다.

"이들은 가장 명석하고 가장 현명한 투자자들이었으며 당대 최고의 트레이더였다. 그들은 어떤 상황에서도 직접적인 이익을 가져다준다. 그 계좌를 맡아서 관리하는 것은 엄청난 즐거움이었다."

헤지펀드를 발전시키는 것 이외에 존스의 조직은 브로커가 아이디어를 주는 것에 대한 보상기법을 완성시켰다. 그 회사가 노이버거 베르만 증권사를 통해 주문의 대부분을 실행시켰음에도 불구하고 아이디어를 내는 브로커에게는 보상을 했다. 브로커가 존스 회사의 매니저에게 전화를 해서 만약 그 아이디어를 매니저가 사용한다면 그 주문이 어디서 실행되든 관계없이 보상을 받을 것이라는 것을 브로커들은 알았다.

"존스의 사람들이 아이디어를 얻었을 때는 그들은 우리에게 전화를 걸어 주문을 실행시키면서 그 아이디어가 어디서 나왔는지를 우리에게 말해준다"고 로이 노이버거는 회상한다.

"우리는 아이디어를 낸 사람이 우리 회사를 위해 일하느냐에 관계없이 그에게 수수료의 절반을 주곤 했다. 그 당시는 그 교환에 대한 대가가 있기 때문에 그렇게 한다고 생각하지 않았다. 그러나 그들은 어떠한 의심도 없이 그렇게 했고 그것은 그들에게 완전히 정당한 것이었다."

노이버거는 계속해서 다음과 같이 말한다.

"여러 해 동안 존스의 계좌는 우리 회사의 가장 중요한 계좌였다. 그러나 그것은 영업 이상의 것이었다. 우리는 친구였다. 그와 그의 부인과 나와 집사람 모두 서로 교감을 나누는 친구 사이였다."

존스의 힘은 아이디어뿐 아니라 사람들에 있는 듯하였다. 그의 조직은 많은 성공한 매니저를 탄생시켰다. 토니 존스는 말한다.

"한때 아버지 밑에서 일하다가 독립하여 나간 많은 사람들이 있다. 얼마 후에 그들은 돈을 관리하는 사업을 시작하고 일종의 '헤지펀드 투자 헤지펀드'를 창조했다." 월터 해리슨, 뱅스 아담스, 론 라보우 등 많은 존스의 동료들은 오늘날까지도 업계에 있다.

"존스는 주식을 골라내려고 하지 않았다. 그는 행정관리자였다. 그는 어떻게 일이 이루어지는지, 또 그의 생각을 실행할 사람들을 어떻게 발견할 것인지 알고 있었다"고 노이버거는 말한다.

존스 회사에서 일하던 한 사람은 존스 밑에서 일하면서 가장 어려운 일은 실제로 그를 위해 일해달라는 제안을 받는 것이었다고 말한다. 존스는 나쁜 것과 좋은 것을 구분할 수 있는 많은 기법을 사용했다. 그 중 하나는 서면으로 된 포트폴리오 프로그램이었다.

"아버지와 일하려면 먼저 자기 자신을 증명해야 했다. 자기 자신을 증명하기 위해서는 일정 기간, 예를 들어 6개월 정도 실제 주식 포트폴리오를 관리해야 했다. 그 지원자는 매일매일 회사에 전화를 걸어 자신이 한 거래를 실행된 그대로 알려야 했다. 아버지는 매니저가 어떻게 실제 돈을 관리하는지 관찰한 후에야 비로소 그들을 파트너로 채용했다"고 토니는 말한다.

그 회사는 손익을 합산하고, 앞으로 매니저가 될 사람이 좋은 성과를 내는지, 어떻게 성과를 올리는지 조사했다.

"매니저를 고용할 때 아버지는 매우 신중했다. 아버지는 지원자가 어떻게 운용하는지 반드시 파악했으며, 그들이 실제 돈을 가지고 행한 의사결정이 어떤 타입인지 매우 주의깊게 관찰했다. 만사가 매끄럽게 잘 이루어지면 그들은 일자리를 얻었다"라고 토니 존스가 말한다.

존스 조직의 또 다른 흥미로운 점은 사람들을 해고하지 않았다는 점이다. 만약 매니저의 성과가 나쁘다면 그는 단지 관리할 돈을 더 주지 않고 서서히 자금을 빼냄으로써 궁극적으로는 아무것도 남지 않게 했다. 그러면 결국 그 매니저는 떠나야만 했다.

모든 계좌로부터 존스는 매우 만족했고 그의 개입에 자부심을 가지고 있었으며 그가 받았던 평판에 감사했다. 그러나 그는 돈이나 주식시장에 대해 이야기하는 데 별로 흥미가 없었다.

"존스는 월스트리트에 관심이 있거나 돈을 버는 일에 관심이 있는 사람이 아니었다. 그것보다는 그것 모두에 대한 지적인 도전에 더 관심이 있었다. 많은 돈을 벌었음에도 불구하고 그는 돈을 쓰는 데는 별로 관심이 없었으며 리저브 피스$^{\text{Reserve Peace Corps.}}$ 와 같은, 미국 내에 있는 사람들을 돕기 위한 다른 재단을 만드는 데 많은 돈을 기부했다"고 사위 버취는 말한다.

존스는 뉴욕에 있는 많은 자선단체에 깊이 관여하고 있었다. 그가 주요 기부자이고 그의 아들과 딸이 아직도 매우 활발하게 활동하고 있는 기관 중 하나가 헨리 스트리트 세틀먼트$^{Henry\ Street\ Settlement}$이다. 1893년 릴리안 발트$^{Lillian\ Wald}$가 맨해튼 남동부에 설립한 헨리 스트리트 세틀먼트는 집없는 가족을 위한 임시거주지 및 정신병원에서부터 노인서비스센터와 지역예술센터에 이르는 프로그램을 제공하고 있다.

"아버지는 제3세계 국가들을 여행하는 것을 좋아했다. 그는 스스로 어떤 성스러운 임무를 수행하기를 원했고, 많은 국가들이 스스로 자립할 수 있을 만큼 미국이 충분히 도와주지 않기 때문에 미국을 비난하고 있다고 생각하고 있었다. 그런 생각 때문에 아버지는 헨리 스트리트 세틀먼트에서 활동하였다. 아버지는 헨리 스트리트 세틀먼트가 지역사회 내에서 그 지역사회를 돕는다는 점을 좋아했다"라고 존스의 딸 데일 버취가 회상한다.

존스는 또한 굶주리는 어린이들을 구제하기 위해 '어린이를 위한 세계화$^{Globalization\ for\ Youth}$'라는 사업을 창설하고 많은 기금을 헌납했다.

"이것들이 우리가 관심을 기울였던 일이다. 아버지는 지금은 사회학 분야의 정통이 된, 50년대 후반과 60년대 초반에 발전된 이론 모두와 가족의 결속문제에 대해 매우 큰 관심을 가지고 있었다"라고 토니 존스는 말한다.

일단 자신의 펀드를 시작하면 그는 하고 있는 일이나 어떻게 그것을 할 것인가에 대해서는 거의 이야기하지 않았다. "아버지와 저녁식사를 함께 하면, 항상 세계 곳곳에서 온 4~5명의 사람들과 함께하게 된다. 그리고 그날 저녁은 알바니아에 임박한 폭동이나 이란에서 사용되는 언어가 무엇인지에 대해 토론하는 날이 아닌가 하고 착각하게 된다. 아버지의 저녁식사 토론에 참여한다는 것은 매우 흥미로운 도전이었다. 그 토론은 결코 돈이나 월스트리트에 대한 것이 아니었다. 아버지의 마음은 그것 이상에 있었다"고 버쳐는 회상한다.

존스의 아들 토니 존스는 가족이 코네티컷에 있는 그들의 시골집에 갈 때 그의 어머니가 운전을 하고 존스는 자신의 매니저들이 가지고 있는 모든 주식의 리스트가 있는 저녁신문을 자세히 살펴보고 매니저들이 그 날 얼마나 성과를 냈는지를 계산하곤 했다고 회상한다. 그것이 존스가 집에 일을 들고 오는 전부였다.

"집에서는 어떤 주식이 올랐는지 내렸는지 토론할 시간이 전혀 없었다"고 토니 존스는 말한다. 존스는 다른 월스트리트의 전설적인 인물이 가지고 있는 특징을 별로 가지고 있지 않았다. 예를 들어, 크리스마스에 그의 회사와 거래하고 있던 증권사가 그에게 선물을 주려고 할 때 그는 단지 당장에 써버릴 수 있는 물건만 받으려고 했다.

"많은 월스트리트의 회사들은 아버지가 수익을 내준 데 대한 감사의 표시로 필사적으로 선물을 주려고 했고, 아버지는 다음 주 안으로 먹을 수 있는 것 이외에는 결코 아무것도 받지 않으려 했다. 우리는 노이버거 베르만에게 크리스마스 칠면조를 선물받았는데, 그것이 금장 줄을 달고 있었는지 어땠는지 기억이 나지 않는다."

로이 노이버거는 존스를 '사색가'라고 불렀는데 반드시 열심히 일하는 사람일 필요는 없다는 의미이다. 이런 말은 토니 존스에 의해 다음과 같이 증명된다.

"아버지의 일생은 수많은 생각들로 꽉 차 있었다. 그 중에는 미친 사람만이 할 수 있는 생각도 있었다. 아버지는 책을 아주 금방 읽는 능력을 가지고 있었는데 그 책을 다 읽은 후에 바로 수화기를 들어 저자에게 점심을 같이 하자고 전화하였다. 아버지는 많은 사람들과 많은 일에 대해 알게 되었고 끊임없이 세상 모든 일에 대해 생각하였다."

토니 존스에 따르면 그의 아버지는 셰익스피어의 작품이 옥스퍼드 가의 16대 후손에 의해 쓰여졌다고 주장하는 책을 읽은 후에 그 이론이 근거가 있다고 확신하고 2년 동안 그것에 대해 이야기하였다고 한다. 그는 또 이렇게 이야기한다.

"언론계 생활 후에 헤지펀드 사업에 참여하면서 아버지는 정말로 장기적인 일에 관심을 가지지 못하였다. 아버지는 단기적으로 집중할 수 있는 일에 더 관심을 가졌다. 커다란 프로젝트를 완성하겠다는 생각은 아버지가 흥미를 느낀 분야가 아니었다."

헤아릴 수 없는 많은 글 외에도 존스는 그의 박사학위논문에 기초하여 1941년에 《인생, 자유, 그리고 소유 Life, Liberty, and Property》라는 책을 발간하였다. 아크론 대학University of Akron의 역사학 교수인 다니엘 넬슨에 따르면, 그것은 기술적으로 정교하고 흥미가 있으며 일반대중에게 연설하는 형식을 띤, 아주 보기 드문 논문이라는 것이다(그 책의 개정판은 1999년 3월 아크론 대학 출판부에서 발간되었다).

존스에 대해 쓰여진 대부분의 글은 존스가 두 번째 책을 쓰려고 계획하고 있었다고 밝히고 있기는 하지만, 그의 아들은 아버지가 원하기는 했으나 만약 했다면 "그것은 엄청난 작업이 되었을 것"이라고 말한다. 존스는 1982년 헤지펀드 업계를 완전히 은퇴하면서 자신의 사업에 만족하였으나 평생 그 일만 하는 것은 바라지 않았다.

"아버지는 말년에 회고록을 쓰려고 했으나 거기에 집중하지 못했다. 사업을 운영하는 데 온 힘을 쏟았기 때문에 그 이외에는 아무것도 할 수 없었다. 아버지의 사업은 정신착란을 일으킬 만한 종류의 일이었지만, 아버지는 잘 해냈다"라고 토니 존스는 말한다.

존스는 단순히 나이가 들어 은퇴한 것은 아니었다. 그것보다는 그가 회사에서 그의 의무를 포기하기 시작하자 결국 레스터 키셀$^{Lester\ Kissel}$과 감정싸움을 일으켰기 때문이었다. 키셀은 세워드 앤 키셀$^{Seward\ \&\ Kissel}$ 출신의 변호사로 A. W. Jones & Co.의 첫 파트너였는데, 몇 년 동안 경영을 맡고 있었다. 조직의 방향을 두고 갈등이 일어나자 키셀은 물러날 것을 요청받았고, 존스의 간단한 언급 이후에 존스의 사위 버취가 회사를 물려받았다.

"아버지가 일을 키셀에게 넘겨줄 때 업계의 정상에 있지 않았다. 키셀은 변호사였지 사업가는 아니었다. 그가 고의적으로 아버지에게 해를 입히려고 하지는 않았지만 사업에는 피해를 입혔다."

오늘날의 기준으로 볼 때 존스는 사업에서 엄청난 부를 모으지는 못했다. 그럼에도 불구하고 그는 자신을 위한 호사스런 생활이 아니라 자선사업을 하는 데 많은 돈을 썼다.

그러나 존스가 가장 애착을 지닌 것 중 하나는 그에게 전원생활을 즐기게 해준 코네티컷에 있는 200에이커의 땅이었다.

"아버지는 자연경관 감상자였다. 그는 항상 물과 관련하여 할 일을 생각해내려고 했으며 그 땅을 돌아다녔다. 아버지는 코네티컷에 완전히 반했다. 아버지가 했던 모든 일은 아버지의 입장에서 보면 지속적으로 엄청난 노력을 계속할 필요는 없는 일이었다. 아버지는 좋은 생각을 많이 가지고 있었고 그것들을 현실화시켰다."

토니 존스는 아버지 존스가 언론계에서 월스트리트로 직업을 바꾼 이유가, 편안하게 살고 싶은데 언론인으로서는 그것을 할 수 없다는 것을 알았기 때문이라고 믿고 있다.

"아버지는 스스로 독특한 작가의 영역을 개척했으나, 언론인으로 살면서 누리고 싶은 삶을 누릴 수 없다는 것을 깨달았다. 아버지는 그러한 열정적인 생각이 맞는지에 대해서도 알아보기로 결정하였다"라고 토니 존스는 말한다.

대부분의 사람들이 《포춘》지의 글에 대한 연구가 헤지펀드의 효시가 되었다고 지적하고 있지만 나와 이야기했던 많은 사람들은 여러 가지 일이 결합되어 존스가 헤지펀드 개념을 창출했다고 생각한다.

콜롬비아 대학에서 공부하는 동안에 존스가 그라함과 많은 대화를 나누었으며 그로부터 투자철학을 배웠다는 것은 분명하다. 이곳이 그 아이디어의 씨앗이 뿌려진 장소인지 모른다. 존스는 또 다른 그라함의 추종자인 워렌 버펫을 알고 지냈으며 가끔씩 점심을 같이 먹기도 했다.

"헤지펀드의 원칙은 알프레드 존스에 의해 명확하게 발전되고 창조되었다. 그러나 장인의 투자전략의 일부는 버펫과 그라함의 토론에서 나왔을지도 모른다. 장인은 자신의 아이디어를 종이에 적고 실제로 그것을 실현한 최초의 사람이다"라고 버취는 말한다.

존스는 헤지펀드의 원칙을 다음과 같이 정의하였다.

1. 항상 숏을 쳐야 한다.
2. 항상 레버리지를 사용한다.
3. 매니저는 모든 이익의 20%를 수수료로 받는다.

버취는 "숏, 레버리지의 사용, 그리고 수수료 체계의 결합이 바로 장인이 헤지펀드가 무엇인지를 정의한 방법이다"라고 말한다. 존스는 공격적으로 매수할 주식을 골라내고 또한 숏으로 시장의 변동을 중립화시킴으로써 리스크를 감소시키는 반면 엄청난 성과를 올릴 수 있을 것이라고 믿었다.

　존스의 펀드는 항상 시장의 하락에 대응하여 헤지를 할 수 있도록 많은 숏포지션을 유지했고, 그것은 하락 위험을 어느 정도 막아주었다. 그 펀드의 과거 실적자료를 완벽하게 계산하는 것은 펀드의 운영과 투자자의 비밀에 해당하는 문제이기 때문에 불가능하다.

　《뉴욕타임즈》기사에 따르면 1968년 이전 10년 동안 존스의 회사는 1,000%까지 수익을 올렸으며 당시 2억 달러가 넘는 돈을 관리했던 것으로 추정된다. 그러나 그 이후 곧 상황이 어렵게 진행되어 존스의 조직은 많은 다른 헤지펀드와 마찬가지로 상당한 타격을 받았다. 1970년 말 SEC는 존스의 펀드 조직이 단지 3천만 달러의 관리자금만 가지고 있었다고 추정했다. 그 돈이 어디로 갔는지는 불명확하나 일부는 시장대응 실패로 손실을 본 것이고 나머지는 파트너들이 돈을 환매함에 따라 감소한 것이다.

　상당히 흥미로운 점은, SEC가 같은 기간 자산감소가 없었다고 보고했던 유일한 펀드는 스타인하트 파인 베르코비츠였다는 점이다. 이 펀드는 곧이어 나올 전설적인 인물 마이클 스타인하트에 의해 운용되던 펀드이다.

　1977년까지 헤지펀드 업계는 20억 달러가 넘는 데서 대략 2억 5천만 달러로 자산규모가 급감하였으며 업계의 많은 사람들이 헤지펀드라는 개념은 낡은 것이 되었다고 생각했다. 존스는 1977년 3월《기관투자가》의 한 기고문에서 "나는 헤지펀드가 계속해서 1960년대처럼 투자업계의 중요한 부분이 될 것이라고 생각하지 않는다.…(중략)… 헤지펀드의 미래가 아주 비관적이지는 않다"고 말하였다.

　정말로 시장과 관련된 모든 일들처럼 헤지펀드는 매우 어려운 시기를 겪었다. 그러나 사이클은 곧 호전되었다. 서서히 그러나 확실하게 1970년대 후반과 1980년대에 이르러 헤지펀드 업계는 바닥을 쳤지만 1990년대에 헤지펀드는 최고의 전성기를 맞았다.

오늘날 주식의 롱과 숏의 결합은 월스트리트의 생초보들도 잘 알고 있는 개념이지만 30년 전에는 매우 생소한 개념이었다.

〈헤지펀드에 어려운 시기가 오고 있다〉라는 글에서 루미스는 헤지펀드에 대한 그의 이전 이야기인 〈타의 추종을 불허하는 존스〉가 사람들에게 자신의 펀드를 시작하도록 부추겼으며 존스에 대한 그 글은 투자자들에게 헤지펀드라는 개념을 설명하고 판매하는 데 참고하는 일종의 사업 설명서로서 사용하고 있다고 말한다.

존스는 사람들로부터 점차 인정을 받고 있다. 사람들이 깨닫든 그렇지 않든 간에 알프레드 윈슬로우 존스는 사회학자이고 사업가이고 월스트리트의 가장 중요한 개념을 창조한 사람이다. 그의 개념은 수천의 기업가들에게 생명을 주었고, 많은 사람들을 부자로 만들었으며, 앞으로도 계속해서 많은 사람들을 부자로 만들 것이다.

2. 헤지펀드는 어떻게 운용되는가

How Hedge Funds Operate

이 장에서는 헤지펀드가 어떻게 운용되고 왜 그들이 금융위기의 주범이라는 비난을 받는가를 다룰 것이다. 어떻게 헤지펀드를 시작하고 누가 거기에 투자하고 누가 그 업계에 서비스를 제공하는가를 이해하는 것이 중요하다. 이 장에서 당신은 세계에서 가장 위대한 투자자와 어떻게 그가 이런 명성을 얻게 되었는가에 대해서도 읽을 수 있을 것이다.

헤지펀드가 금융위기의 주범이라는 비난은 변동성이 전세계 시장을 강타했던 1998년 여름 극에 달하였다. 롱텀캐피털매니지먼트의 붕괴 사실은 언론을 통해 전세계로 퍼졌으며 자신의 종말에 대한 희생자이자 원인제공자가 되었다. 기자들과 편집인들은 1990년대의 여러 금융위기에 대한 희생양을 발견했던 것이다.

헤지펀드를 비난하는 것은 쉬운 일이며 또 어느 정도 일리가 있기도 하다. 우선, 헤지펀드의 대부분은 공개되는 것을 꺼리고 그들의 전략과 투자에 대해 이야기하지 않는다. 또한 SEC와 연방은행은 말할 것도 없고 IMF, 세계은행 등 많은 국제기구들도 헤지펀드의 운용자들의 움직임을 추적하는 데 어려움을 겪고 있다.

그러면 그런 비밀스런 조직을 금융위기의 원인이라고 비난하는 것이 잘못된 일인가? 문제가 발생했을 때 다른 사람의 희생을 통해 성공한 사람들을 비난하는 것이 잘못된 일인가? 헤지펀드가 모든 통화위기의 주범이고 다우존스가 힘없이 하락한 원인으로 비난받는 이유를 이해하기 위해서는 먼저 누가 헤지펀드를 운용하고 투자하는지를 살펴볼 필요가 있다. 1998년 여름 아시아와 러시아 위기가 발생함에 따라 한때 전세계 시장에 대혼란을 야기한다고 비난받던 많은 헤지펀드들도 극심한 어려움을 겪고 있었다. 한 펀드매니저는 롱텀캐피털매니지먼트의 붕괴는 빙산의 일각에 불과하며, 연말까지 현존하는 펀드의 절반 이상이 망할 것이라고 말했다.

"헤지펀드에 투자하던 사람들은 돈을 잃는다는 생각을 별로 하지 않았다. 투자자가 헤지펀드에 투자하는 진정한 이유는 더 높은 수익을 주고 시장이 불안정할 때 보호를 받기 위한 것이라고 믿었기 때문이다. 대부분의 사람들은 자산의 반을 잃는 것을 보호라고 생각하지 않는다."

다행히도 헤지펀드의 절반 이상이 망할 것이라는 말은 실현되지 않았다. 많은 펀드들이 몰락하는 가운데 1998년의 사건은 주기적으로 겪는 일처럼 보였다. 1998년 늦여름은 헤지펀드가 어려운 시기를 겪었던 1970년대와 1980년대 초와 매우 유사한 특징을 보여주었다. 일찍이 그 펀드들은 매우 강력한 수익을 내면서 많은 투자자를 모으는 등 야단법석을 떨었다.

1950~1960년대 사이에 많은 사람들은 존스와 그의 스태프들의 투자

및 거래방법을 모방하려고 하였다. 그들은 존스의 모델을 능가하기를 원했고 매우 큰 수익을 올리기 위해 일련의 롱-숏포지션을 사용했다. 이런 전략은 1969년에 시작된 하락장 때까지는 맞아 떨어졌으나 이후 이런 투자 파트너십 모델은 위기에 봉착하여 결국 그들 대부분이 사업을 접게 되었다.

1970년 1월 캐롤 루미스가 〈헤지펀드에 어려운 시기가 오고 있다〉라는 제목으로 《포춘》지에 기고한 글은 헤지펀드 현상과 그것의 폭발력의 본질을 파악하고 있다. 당시 루미스는 전국적으로 150개의 헤지펀드가 약 10억 달러의 관리자산을 가지고 있는 것으로 추정하였다. 그 기사의 핵심은 많은 펀드매니저들이 1969년의 하락장이 오는 것을 보지 못하였다는 것이다. 사실 존스의 펀드를 포함한 많은 펀드들은 그해에 마이너스 수익을 보이거나 수익을 내지 못하였다. 그래서 많은 펀드매니저들이 전략을 바꾸고 수익모델을 재평가했으며, 또 몇몇은 업계를 떠났다.

NYSE는 13% 하락한 반면 존스의 두 개의 파트너십 회사는 각각 1969년을 30% 이상의 하락으로 마감하였다. 루미스의 글에서 가장 흥미로운 부분 중 하나는, 존스가 1969년의 문제는 월스트리트가 "성과에 너무 도취되어 있어서" 어느 정도 예견된 일이며 "자금관리자들이…(중략)… 돈을 버는 그들의 능력을 과신하고 있다"고 언급하고 있는 대목이다.

오늘날 같은 종류의 낙관론이 헤지펀드 업계를 휩쓸고 있다는 점을 이해하기 위해서는 헤지펀드에 대한 주요 언론의 최근 기사를 간단히 살펴볼 필요가 있다. 과거 10년 동안 헤지펀드의 수는 폭발적으로 증가했다. 1990년 이래 헤지펀드가 관리하는 자산은 10배로 증가하였으며 헤지펀드의 숫자는 거의 같은 비율로 부풀었다.

일부 사람들은 새로운 헤지펀드가 매일 탄생하고 상승장의 거품이 터지고 많은 사람들이 심각한 피해를 입기 전까지는 이러한 추세가 계속될 것이라고 믿고 있다. 헤지펀드 업계와 가까운 한 사람은 헤지펀드가 이토록 번성하는 이유는 월스트리트가 계속해서 문제점을 내포하고 있기 때문이라고 말했다.

"회사들이 계속해서 사람들을 해고하고 신통치 않은 보너스를 지불하는 한 헤지펀드 산업은 계속해서 힘을 얻을 것이다. 만약 당신이 일자리를 잃는다면 펀드 하나를 세우는 것보다 더 쉬운 일이 어디 있겠는가? 쥐꼬리만한 보너스를 받으니, 당신이 직접 펀드를 세우고 혼자 운영해나가는 게 더 낫다고 생각될 것이다."

역사가 말해주는 것처럼 시장은 주기를 가지고 있다. 헤지펀드는 완전히 사라지지는 않을 것이나, 일단 상승장이 끝나면 많은 헤지펀드가 사라질 것이고 그 폭발적인 증가세는 수그러들 것이다. 만약 가장 크고 가장 멋지고 가장 강력한 펀드가 러시아와 아시아로부터 그런 커다란 타격을 받는다면 현명한 사람들은 다른 펀드도 역시 몰락할 것이라고 믿을 수밖에 없다.

"아주 간단한 일이다. 많은 사람들이 군중심리를 따르고 있다. 바로 지금 그 군중이 헤지펀드로 들어가고 있다"라고 익명을 요구한 한 헤지펀드매니저가 말했다. "결국 그 군중은 전멸할 것이다."

헤지펀드의 설립

돈이 있는 사람은 누구나 헤지펀드를 쉽게 시작할 수 있다. 헤지펀드를 시작하는 데 가장 필요한 것은 자존심, 기업가 정신, 그리고 배짱 등이다. 과거의 실적이 도움이 되기는 하지만, 많은 업계 관계자들이 1998

년의 재앙 때문에 투자자들은 실적이 없는 펀드매니저를 싫어할 것이라고 믿고 있음에도 불구하고, 어떤 경우에는 경험이라는 것도 그리 달갑지 않은 것으로 인식되기도 한다.

지금 한창 떠오르는 매니저는 헤지펀드를 세우기 위해 초기 자본과 법적인 요건을 충족시키는 데 1만 5천 달러에서 3만 5천 달러 사이의 돈이 필요하다. 어떤 매니저들은 2만 5천 달러 정도의 투자자금으로 시작하지만 어떤 사람들은 몇백만 달러를 가지고 밖으로 뛰어나간다. 일단 법인이 설립되고 증권계좌가 개설되면 매니저는 사업을 하는 것이다.

과거 몇 년 동안 이루어진 기술의 발달 덕분에, 전화 수화기를 드는 것만큼이나 손쉽게 투자 아이디어를 모으는 것이 가능해졌다. 많은 제2의 알프레드 윈슬로우 존스 같은 헤지펀드매니저들이 자기 집 거실에 점포를 세우고 컴퓨터와 전화선을 설치하고 거래를 체결시킨다. 한 매니저는 중심가의 사무실보다 맨해튼의 북서부에 있는 그의 아파트에서 거래를 하는 것이 훨씬 효율적이라고 말하기도 한다. 통근하는 데 시간을 낭비할 필요가 없으며 지하철을 타는 번거로움 없이 하루 종일 아무 때나 일할 수 있다는 것이다.

"나는 이제 내가 투자하려는 지역에 있을 필요도 없으며 회계 보고나 브로커 업무에 대해 걱정할 필요도 없다. 내게 필요한 기본적인 정보의 대부분은 블룸버그나 웹$^{the\ Web}$사로 연결된 PC로부터 그야말로 클릭만 하면 쉽게 얻을 수 있다. 발달된 기술로 인해 헤지펀드의 설립은 훨씬 더 수월해졌으며, 투자과정은 관리하기가 훨씬 더 용이해졌다. 과거에 비해 훨씬 더 빨리 더 많은 투자 기업을 직접 조사할 수 있게 되었다." 기업을 직접 조사하는 것은 오늘날의 열성적인 매니저가 자신의 투자 아이디어를 실현시킬 때 가장 중요하게 생각하는 부분이다.

과거에는 세네갈에 있는 기업이나 호주에 있는 기업에 관한 정보를 얻으려면 그 지역에 직접 가거나 브로커가 거기에 사무실을 낼 때까지 기다려야 했다. 하지만 오늘날은 정보가 전달되는 속도가 엄청나게 빠르기 때문에 매니저는 아무 때나 뉴스와 연구보고서를 얻을 수 있다. 세계의 어느 곳에 있는 어떠한 주식에 대해서도 정보를 얻을 수 있을 뿐 아니라 마우스를 클릭하고 웹브라우저를 한 사이트에 지정하기만 하면 그곳에 가는 방법이 적힌 지도 또한 얻을 수 있다.

에지힐 캐피털Edgehill Capital의 펀드매니저인 폴 웡Paul Wong은 코네티컷에 있는 자택에서 조금 떨어진 곳에 '헤지펀드 천국'이라고 부르는 사무실을 만들었는데, 그는 거기서 포트폴리오를 관리하고 모든 펀드 운용을 관리한다. 웡은 그 사무실에 필요한 컴퓨터, 전화, 팩스와 더불어 인체공학적으로 설계된 일단의 워크스테이션을 설치했다. 그는 또한 침대의자와 비디오가 달린 텔레비전도 가지고 있다.

"집에 사무실을 설치함으로써 사업도 할 수 있고 자상한 아버지도 될 수 있다. 나는 아이들의 리틀 리그나 테니스 시합에 갈 수 있고 집에 와서는 나의 포지션을 점검할 수 있다. 나는 나에게 중요한 일에 더 생산적으로 매달릴 수 있다."

웡은 일이 이렇게 편리하게 됨으로써 더 좋은 아버지뿐 아니라 더 좋은 펀드매니저가 된다고 믿는다. "나는 내가 원하면 언제든지 일할 수 있다. 아이들을 침대에 눕히고 나서 5분 안에 사무실에 앉아 보고서를 보거나 뉴스를 점검할 수 있다. 나는 수많은 보고서를 들고 다니거나 통근하는 데 시간을 더 이상 낭비하지 않는다."

헤지펀드매니저와 헤지펀드에 대한 서비스 제공자들이 과거 몇 년 동안 급속하게 성장해왔음에도 불구하고 아직도 기관투자업계 전체와 비교하면 그 규모는 작다. 바로 그러한 점 때문에 매니저, 변호사, 브로커를 포함해서 헤지펀드 업계의 종사자들은 대부분 서로서로 알고 지낸다. 아직도 헤지펀드 업계가 성장하고 있는 도중이기 때문에 많은 사람들이 매니저들과 헤지펀드 사업을 하는 회사의 모든 과거 기록을 완전히 추적하기란 어려운 일이다.

"이 업계에서는 문자 그대로 모든 사람이 모든 사람을 알고 지낸다. 지금은 많은 사람과 그 형제가 펀드를 시작하고 있기 때문에 모든 사람과 그들이 하는 일을 아는 것이 점점 더 어려워지고 있다"라고 매리너 파트너Mariner Partners의 대표인 빌 마이클첵Bill Michaelcheck은 말한다.

한 가지 흥미로운 점은, 몇십 년 동안 헤지펀드 업계의 최선봉에 있었던 많은 유명 인사들이 이제는 서서히 물러나고 그 자리에 자식들을 내세우고 있다는 것이다. 예를 들면 오디세이 파트너Odyssey Partners의 잭 내쉬Jack Nash는 1997년에 은퇴하면서 아들에게 율리시즈Ulysses라는 펀드를 만들어주었다. 조지 소로스의 아들 로버트Robert는 아버지의 사업에 적극적으로 참여하고 있는데, 현재 퀀텀 인더스트리얼 홀딩스Quantum Industrial Holdings의 일부를 운용하고 있고 퀀텀 리얼티 펀드Quantum Realty Fund 관리를 돕고 있다.

1998년 3월 《기관투자가》에 실린 〈또 다른 소로스〉라는 글에 따르면, 로버트는 그 사업에 들어가는 데 아버지로부터 어떠한 압력이나 권유를 받지 않았다고 말한다. 오히려 조지 소로스는 아들 로버트가 자신이 그렇게 큰 영향을 끼친 업계에서 일하는 것이 부담스러울 것이라고 믿었다.

서서히 헤지펀드 업계의 창시자들은 다음 세대에게 바통을 넘겨주고 있으며, 젊은 세대들은 의심할 바 없이 부모가 만들어놓은 유산을 계승하기 위해 매우 열심히 일할 것이다.

　헤지펀드를 시작하는 것이 항상 지금처럼 쉽지만은 않았다. 10년 전만 해도 헤지펀드를 도와줄 수 있는 변호사나 회계사를 찾기란 어려웠다. 물론 많은 사람들이 헤지펀드를 알고 있었고 그 구조를 이해했지만, 그 산업에 전문적 지식을 가지고 있는 사람은 거의 없었던 것이다. 그러나 헤지펀드가 성공을 거둠에 따라 상황이 변하였으며 미래의 펀드매니저뿐만 아니라 지원업무를 하는 사람들에 이르기까지 많은 사람들이 헤지펀드로 모여들었다. 1998년에 받은 충격에도 불구하고 이러한 상황은 아직도 변하지 않았다. 사실 많은 사람들은 월스트리트의 많은 기관이 커다란 타격을 받았기 때문에 오히려 헤지펀드 산업은 21세기에는 더 빠른 속도로 성장할 것이라고 믿고 있다. 쉬운 말로, 회사가 더 이상 보너스를 주지 않을 때 사람들은 떠나간다는 것이다.

　오늘날 헤지펀드 업계의 주요 인물들은 대부분 함께 일하고 있다. 필요하다면 우리는 소개망을 통해 최상의 법적·재정적 재능을 가진 사람을 쉽게 만날 수 있다. 회계사와 변호사, 그리고 프라임 브로커와 약속을 잡기 위해서는 단지 전화 한 통화면 된다.

　"우리가 그 비즈니스에 전적으로 매달릴 수 있다는 확신을 매니저에게 주기 위해서 할 수 있는 한 많은 서비스를 제공한다는 것이 우리 회사의 기본 정책이다"라고 대형증권사의 한 직원은 말한다. "많은 헤지펀드가 있지만, 브로커의 입장에서는 좋은 실적을 내서 펀드 규모가 지속적으로 커져 새로운 고객을 받지 않고도 성장을 계속하는 펀드와 일하는 것이 중요하다."

　헤지펀드 산업의 기하학적인 증가에 매료된 많은 서비스 제공자들은 그들의 조직을 펀드매니저들의 필요조건 모두를 충족할 수 있는 원스톱

쇼핑 장소로 이용할 수 있도록 영업하고 있다. 프라임 브로커들은 제3자 마케팅* 전문회사, 회계사 및 변호사와 팀을 이루어 일한다. 물론 각각의 서비스에는 수수료가 부과된다.

전문가들은 헤지펀드가 이렇게 빠르게 성장한 데에는 여러 방면에 투자하고 있는 대중들이 헤지펀드를 하나의 투자수단으로 받아들였을 뿐 아니라 과거에 비해 사람들이 투자할 수 있는 돈이 더 많아졌기 때문이라고 보고 있다.

"오늘날은 몇 년 전보다 더 많은 돈을 가진 사람들이 많이 있고 그들은 뮤추얼펀드나 개인주식투자보다 더 나은 수익을 추구하고 있다"고 최근에 퇴직한, 익명을 요구한 한 펀드매니저가 말했다. 그는 이어서 "경제력이 헤지펀드 산업에 해가 되지는 않는다. 스톡옵션과 기업공개를 통해 수백만 달러를 손에 쥐게 된 사람들이 그 돈을 꼭 움켜잡고 있으려면 그 돈으로 무언가를 해야 한다. 분명히 그들은 뮤추얼펀드나 개인주식투자를 할 수도 있으나, 그보다는 더 수익이 좋고 칵테일 파티에서도 이야깃거리가 되는 어떤 색다른 것에 투자하려고 할 것이다"라고 덧붙였다.

시장이 성장함에 따라 사람들은 독특하고 더 큰 수익을 줄 투자기회를 찾고 있다. 헤지펀드는 수익을 증대시키는 데 필요한 여러 가지 수단을 사용할 수 있기 때문에 투자자와 매니저 모두에게 매우 매력적이다.

최근 몇 년 동안 이루어진 많은 연구에 따르면, 헤지펀드는 평균적으로 S&P 500이나 다른 벤치마크 수익률보다 더 높은 수익률을 냈다. 지속적으로 시장을 능가하는 이런 능력은 더 높은 수익을 추구하면서도 높은 수익에 수반되는 위험은 감수하지 않으려는 잠재적 개인투자가들에

> **제3자 마케팅**
> third-party marketing, 펀드운용회사와 관계가 없는 펀드마케팅 전문회사가 일정 수수료를 받고 펀드를 판매하는 형태. 대개 직판을 하지 못하거나 판매 조직을 가지지 못한 소규모 펀드운용회사가 이용.

게 인기를 끌고 있다. 반면, 시장을 이기는 헤지펀드의 능력은 과장되었다고 믿는 반대자들도 아직 있다. 그 중 한 명이 반 헤지펀드 어드바이저Van Hedge Fund Advisors의 사장이며 헤지펀드 투자자의 컨설턴트인 조지 반George Van이다. 그는 어떤 경우에는 그 수익이라는 것이 리스크를 감수할 만한 가치가 없으며, 많은 펀드는 투자자의 돈으로 상당한 기회를 잡을 수 있는 반면 지속적으로 S&P를 이기는 경우는 거의 없다고 믿는다. 반은 헤지펀드에 투자할 때 가장 중요한 점은 올바른 헤지펀드를 선택하는 것이며, 보다 더 중요한 것은 올바른 펀드매니저를 찾는 것이라고 생각한다.

반의 회사가 제시한 〈그림 2-1〉을 보면 1988년 이래로 얼마나 다양한 전략이 실행되었는가를 알 수 있다. 연복리수익률로 볼 때 첫 5년 동안 S&P 500은 20.3%, 일반 뮤추얼펀드는 14.9% 오른 반면, 반의 헤지펀드 지수는 17.8% 올랐다. 일반적으로 뮤추얼펀드는 헤지펀드만큼 많은 리스크를 감수하지 않고 더 높은 수수료 체계를 가지지도 않는다는 점을 기억할 필요가 있다. 뮤추얼펀드는 또한 SEC의 상당한 규제와 감시하에 놓여 있다.

종종 헤지펀드 업계의 베테랑은 헤지펀드를 둘러싸고 있는 열광에 의문을 제기하고 있으며 오늘날의 많은 매니저들은 하락장을 보지 못했다는 사실을 지적하고 있다. 이런 구시대 사람들은 시장이 조정기에 접어들었을 때 시장에 대응할 신참들의 능력에 의문을 제기한다. 1998년 여름 시장이 곤두박질침에 따라 이런 우려는 점점 현실화되고 있다. 현재 로저스 홀딩스Rogers Holdings의 대표이고 전 조지 소로스의 파트너였던 짐 로저스Jim Rogers는 이렇게 말한다.

"지금은 사람들이 헤지펀드 산업에 들어가는 것이 아주 쉬워졌다. 우

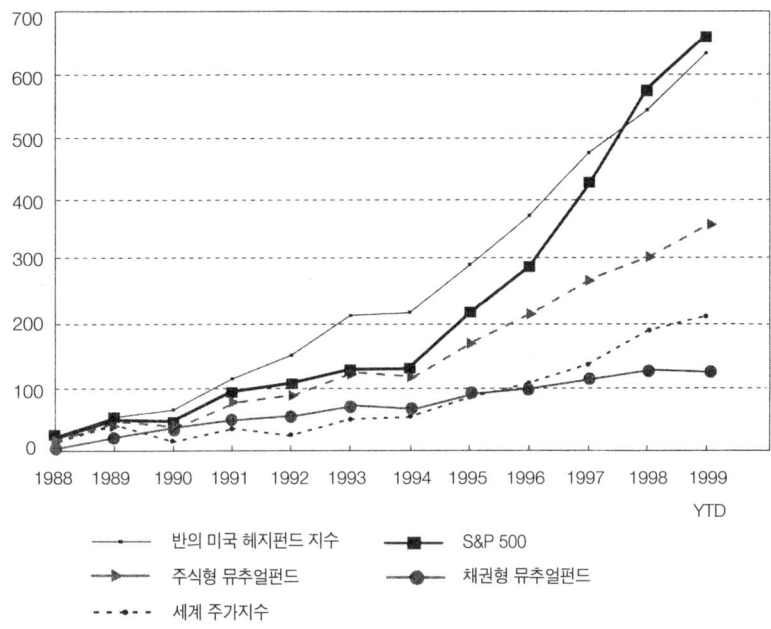

〈그림 2-1〉 1988년~1999년 2분기까지의 헤지펀드와 주요시장지수의 누적 수익률
자료출처 : 1999년, 반 헤지펀드 어드바이저, Inc.

리가 펀드를 시작했을 때는 굉장히 어려운 시기여서 주위에 우리를 도와줄 사람이라곤 아무도 없었다. 지금은 증권사, 법률회사, 회계법인 등 모두가 헤지펀드를 전문화하는 데 기여하고 있으며, 덕분에 헤지펀드 산업에 진입하는 것이 수월해졌다."

30년 이상 천문학적인 성과를 낸 마이클 스타인하트는 헤지펀드가 항상 진입하기가 쉬운 사업이었다고 믿는다는 점에서 로저스의 생각에 동의하지 않는다. "단지 몇 년의 경험만으로 상대적으로 규제를 덜 받으며 간판을 내걸고 시작할 수 있고 다른 사람들의 돈에서 발생한 수익의 20%를 얻는 그러한 사업이 얼마나 되겠는가? 그 사업에 진입하기 쉽다

2. 헤지펀드는 어떻게 운용되는가 77

는 것은 놀라운 일이다. 그것은 항상 그랬으나 60년대와 70년대에 사람들이 헤지펀드에 투자한다는 것은 대중심리를 한 단계 뛰어넘는 심리적인 도약이었다. 오늘날은 모든 사람들이 헤지펀드를 운용하고 싶어하고 자신을 제외한 나머지 사람들은 헤지펀드에 투자하고 있어야 한다고 생각한다."

과거 10년 동안 진입장벽이 낮아진 이유는, 월스트리트가 헤지펀드 업계에 서비스를 제공하는 것이 이익임을 깨달았기 때문이다. 지금의 이슈는 시장이 붕괴되었을 때 헤지펀드 산업에 어떤 일이 일어날 것인가 하는 것이다.

"헤지펀드를 시작하는 것이 아마 오늘날 금융계에서 돈을 버는 가장 효율적인 방법일 것이다. 문제는 일단 일이 거꾸로 되면 사람들은 돈을 잃을 것이고 일이 꼬일 것이며, 일이 꼬일 때 모든 사람들이 돈을 잃는다는 것이다."

오늘날 10여 개 이상의 기관이 법적인 문서를 작성하고 중개 서비스를 제공하고 마케팅과 자본을 모으는 부분에서 헤지펀드매니저를 도와주고 있다.

헤지펀드 산업 전체를 그렇게 자기들끼리 해먹게 만드는 것은 사람들이 파산하고 자멸할 때조차도 그들은 그 업계 내에서 일자리를 찾을 수 있으며 가끔은 그들의 실수로부터 상당한 이익을 얻을 수 있다는 점이다. 아마도 그들은 자금관리자나 그 산업을 돌아가게 하는 기어의 다른 부분의 일원으로 되돌아올 것이다.

빅터 니더호퍼의 운용조직이 1997년에 파산했을 때, 사람들은 그가 다시는 자금을 관리할 수 없을 것이라고 말했다. 그가 파산한 날 저녁에 나는 한 업계 행사장에서 이전 빅터 니더호퍼의 가장 강력한 후원자이며 투자자 중 한 사람과 이야기를 나누었다. 그는 이전까지 이토록 나쁜 상황을 본 적이 없으며 모든 일이 완전히 드러나지도 않았다고 하면서 이렇게 말했다.

"현재 상황이 너무 심각해서 니더호퍼가 이 바닥에서 다시 일할 수 있으리라는 생각이 들지 않는다. 그를 구원할 수 있는 것은 아무것도 없다."

그러나 그는 구원받았다. 4개월 후에 다음과 같은 광고가 월스트리트의 구인란에 실렸다.

금융시장

인재 모집 : 본 회사는 규모는 작지만 혁신적이며 제도권 내에서 성공한 트레이딩 회사로, 뛰어난 수리적 마인드, 창의성, 프로그래밍 기술을 겸비하고 있으며 금융시장에 관심이 있는 인재를 구함. 유연한 사고와 배우려는 의지가 있어야 함. 비록 초봉은 낮으나 본인의 능력에 따라 높은 수익을 올릴 수 있음. 이력서를 작성하여 빅터 니더호퍼 앞으로 팩스로 보내기 바람.……

자신에 대한 자부심에 가득 찬 그 사람은 《내셔널 인콰이어러 $^{National\ Enquirer}$》 신문에만 난 이 구인광고를 통해 업계로 돌아왔다. 그러나 어떻게? 어떻게 그렇게 많은 것을 잃었는데도 그렇게 빨리 돌아오는 것이 가능하다는 말인가? 대답의 일부는 자존심, 일부는 열정, 일부는 부자 친구들 덕분이다.

니더호퍼는 과거에 자신이 견실한 자금관리자임을 증명했다. 오늘날 업계에 있는 많은 사람들처럼 그는 자신의 이야기를 알리고 책을 쓰고 많은 인터뷰를 해서 그의 이야기를 듣고자 하는 사람은 누구든지 쉽게 자료를 얻을 수 있게 했다. 니더호퍼는 문제가 있는 시장에 심하게 배팅을 해 기적적으로 회복시키는 사람으로 알려져 있었는데, 특정한 시장 상황에서는 수익을 잘 내는 거친 트레이더였다. 그는 또한 매우 부자인 친구, 더 정확히 이야기하면 조지 소로스라는 부자 친구가 있었다. 시장이 더 이상 그를 신뢰하지 않는다는 점도 그에게는 문제가 되지 않았다. 자신의 커넥션을 통해 니더호퍼는 재기할 수 있었고 다시 거래를 시작할 수 있었다. 니더호퍼는 현재 운용하고 있는 돈이 어디서 왔는지는 언급하려 하지 않지만, 헤지펀드 업계에 있는 많은 사람들은 그 돈의 상당 부분이 소로스에게서 나왔다고 믿고 있다.

1997년 12월 소형주에 배팅하여 파트너들의 돈을 거의 다 잃은 후에 파산한 또 다른 자금관리자는 헤지펀드 업계의 마케팅 분야에서 자신이 비집고 들어갈 만한 틈새를 발견했다. 정신을 차린 후에 그 자금관리자는 헤지펀드의 제3자 마케팅을 전문으로 하는 회사를 맨해튼 중심가에 세웠는데, 이는 그녀가 투자자금을 모으는 것을 돕는다는 의미였다. 그녀가 하는 일은 부유한 개인, 가족기업(유한책임파트너십이나 유한책임회사), 기관들의 네트워크에서 그들의 돈을 어디에 투자할지 결정하는 것을 돕는 것이었다.

"내가 만나고 같이 일했던 대부분의 헤지펀드매니저는 돈을 모으는 데 있어 두 가지의 문제점을 가지고 있었다. 첫째는 마케팅에 별로 관심이 없다는 것이고 둘째는 그것을 어떻게 해야 할지 모른다는 것이다"라고 그녀는 말한다. "내 펀드를 위해 돈을 모으고 기관투자가 세일즈 부문에서 일했던 두 가지 경험을 바탕으로, 나는 좋은 전략을 겸비하고 있고 투자자에게 상당한 수익을 줄 수 있는 좋은 매니저를 찾고 싶어하는 잠재적인 투자자와의 네트워크를 구성할 수 있다. 나는 내가 양쪽 모두에게 도움을 줄 수 있다고 믿는다. 나는 어떻게 좋은 매니저를 고를 것인가를 알고 있고 어떻게 돈을 모을 것인가를 알고 있다."

위의 두 펀드매니저의 경우는 모두 헤지펀드에서 죽은 이후에도 살아갈 방도가 있다는 점을 보여준다. 롱텀캐피털의 경우는 만약 당신이 올바른 사람들을 알고 있다면 파산한 후에도 따로 일자리를 알아보지 않아도 된다는 것을 더 쉽게 보여주었다.

그러나 파산하기 전에 당신은 조직을 세워놓아야 한다. 거기에는 돈, 변호사, 회계사, 프라임 브로커라는 필수적인 네 가지 퍼즐조각이 필요하다.

일단 변호사를 찾고 나면 다음 단계는 대개 프라임 브로커이다. 프라임 브로커는 사무실 관리자, 후선지원부서, 체결 사무원 등과 같은 서비스를 제공한다. 프라임 브로커는 펀드매니저가 헤지펀드를 시작하는 데 필요한 대부분의 것을 제공한다. 회계사는 출발할 때는 최소한의 요건밖에 되지 않지만 첫해가 지나 가장 중요한 마케팅 수단이 되는 과거 실적을 공인하는 단계에서는 가장 중요한 부문이 된다. 회계사가 그것을 모두 공인하기 때문이다.

돈은 생각 외로 별로 중요하지 않다. 대부분의 펀드매니저들은 1년이나 2년 동안의 생활비와 자신의 펀드에 투자할 자금, 몇 가지 행정적인 비용 등을 충당할 수 있는 충분한 돈을 가지고 시작한다. 그래서 그들은 자신의 사업을 시작하는 동안 살아가야 할 돈이 어디서 나올 것인가를 걱정하지 않는다.

한 펀드매니저는 최소한 2년 동안의 생활비를 확보하기 위해 자신의 펀드를 시작하기 전에 거의 2년을 기다렸다고 말했다. "나는 내가 펀드에서 번 돈을 빼내고 그것을 생활비로 쓸 수 있게 되기까지 오랜 기간이 걸릴 것이라는 것을 알았다. 그래서 생활에 문제가 없도록 하기 위해서는 은행에 상당한 돈이 있어야만 한다는 것을 알았다."

그녀는 펀드에서 버는 돈이 생활비로 그대로 나가지 않도록 하기 위해 펀드에서 수익을 올리는 대로 즉각 자신의 펀드에 재투자했으며, 이렇게 해서 몫을 계속 키워나갈 수 있었다.

헤지펀드 사업을 하는 데 가장 중요한 비용은 펀드를 관리하는 데 드는 비용이다. 관리비용은 데이터서비스비용과 체결비용부터 렌트비, 전화사용료까지도 포함된다. 새로 시작한 펀드매니저들은 이런 서비스 모두를 하나의 패키지로 제공하는 프라임 브로커와 일함으로써 이 비용을 낮추려고 한다. 일단 펀드가 세워지고 운용되면 많은 매니저들은 정성을 들여 사무실 집기들을 갖추고, 운용사를 관리할 커다란 조직을 만드는 경향이 있다. 이것은 알프레드 윈슬로우 존스와는 직접적으로 비교가 되는 부분이다. 존스는 현대적인 장비가 갖춰진 커다란 사무실을 마련하는 데 돈을 쓰지 않는다고 종종 파트너나 직원들의 비웃음을 샀다. 프라임 브로커는 기존의 헤지펀드매니저뿐 아니라 신진 매니저에게도 체결서비스와 일별 손익보고서부터 블룸버그 단말기와 사무공간에 이르는 모든 것을 제공한다.

오늘날의 선두 프라임 브로커는 모건 스탠리$^{Morgan\ Stanley\ Dean\ Witter\ \&\ Co.}$, 퍼만 셀츠$^{Furman\ Selz}$, 골드만 삭스 그룹, 베어 스턴스, 나시옹방 몽고메리 증권$^{NationsBanc\ Montgomery\ Securities}$ 등이다. 헤지펀드를 운영하는 것은 펀드매니저에게 매우 돈이 되는 일이기 때문에 성공한 펀드의 프라임 브로커가 되는 일도 서비스를 제공하는 월스트리트 기업에게 매우 수익이 나는 일이 될 수 있다.

그린위치에서 발행되는 트레이드 잡지인 《글로벌 커스터디언^{Global}

Custodian》의 1998년 여름판에 실린 한 글에서, 조지 팔머$^{George\ Palmer}$는 그가 1990년에 골드만 삭스의 주식부의 한 이사와 인터뷰을 할 때 그 사람이 다음과 같이 말했다고 쓰고 있다.

"당신은 우리의 프라임 브로커를 만나야 합니다. 그들은 진흙 속의 진주입니다."

그 이후로 많은 더 많은 증권회사들이 프라임 브로커가 진흙 속의 진주라는 것을 깨닫고 고객들에게 그 서비스를 제공하기 시작했다.

그 아이디어는 매우 간단하다. 증권사들은 헤지펀드매니저에게 보관과 청산 서비스를 제공한다. 또한 부수적으로 펀드매니저가 원한다면 증권사들은 매니저에게 사무공간, 데이터베이스, 전화선과 사업을 하는 데 필요한 여타 모든 것을 제공한다. 그 서비스에 대한 수수료를 지불하는 것 이외에 펀드매니저와 프라임 브로커는 또 다른 이해관계가 있다. 즉, 매니저는 자신의 거래를 프라임 브로커의 거래창구를 통해 실행시킬 것이고, 그것은 중개수수료를 창출하게 될 것이다. 거기에는 얼마나 많은 거래가 증권사로 가야 하는지에 대한 요건과 같은 것을 담은 문서화된 협약은 없다. 다만 한 가지 불문율이 있는데, 만약 그 프라임 브로커가 어떤 중개수수료를 기대할 수 없다면 매니저는 자신의 사업을 다른 곳에 가서 하라고 요청받을 것이라는 것이다.

"대부분의 경우 우리는 헤지펀드 사업의 좋은 부분을 가지고 있다. 우리는 사람들에게 우리와 거래하기를 강요하지도, 그들이 모든 거래를 다 우리 창구를 통해서 하리라고 기대하지도 않는다. 그러나 우리는 매니저로부터 일정 부분의 주문을 기대하고 있다"고 나시옹방 몽고메리 증권 프라임 브로커 본부의 사장이자 대표이사인 스테판 버뮤트$^{Stephen\ Vermut}$가 말한다.

버뮤트는 그의 회사가 대개 중개수수료의 20~30%를 받는데, 그것이 업계 평균이라고 말한다. 다른 프라임 브로커도 만약 고객이 프라임 브로커의 주문창구에 최소한 거래의 20%를 주지 않는다면 그 매니저는 다른 곳에서 프라임 브로커를 알아봐야 할 것이라는 말에 동의하고 있다.

"어떤 사람은 자신의 사업 모두를 우리를 통해서 하는 반면 다른 사람은 단지 일부분만 한다. 그 숫자는 합리적인 수준에서 결정되고 그 수익 모델은 우리에게 매우 잘 작동해왔다."

프라임 브로커는 거래 장부와 기록을 보유하고 있기 때문에 펀드의 거래과정과 주문을 어디서 실행시키는지를 추적하는 것은 매우 쉽다는 것을 염두에 둘 필요가 있다. 특정 시점에서 프라임 브로커로서 활동하는 회사는 어떤 펀드가 자신과 거래를 하고 있고 어떤 펀드가 밖에 나가 거래하는지를 단말기를 통해 알 수 있으며 펀드매니저와의 관계가 어떤 의미가 있는지를 즉각 파악할 수 있다.

프라임 브로커 서비스를 제공하는 회사의 종류는 매우 다양하지만 두드러진 회사는 몇 개 안된다. 모건 스탠리는 프라임 브로커 서비스의 관리자산 규모로 볼 때 가장 큰 회사이다. 퍼만 셀츠는 규모가 작거나 경험이 별로 없는 펀드와도 기꺼이 일하기 때문에 가장 인기 있는 회사로 소문나 있다. 나시옹방 몽고메리 증권은 프라임 브로커 서비스를 제공하는 회사 중 가장 빨리 성장한 회사로 볼 수 있는데, 기술력 특히 인터넷 거래 리포팅 시스템으로 많은 펀드매니저 사이에서 가장 세련된 서비스 제공자로 인정받고 있다.

헤지펀드 업계에 대한 연간 조사보고서에서《글로벌 커스터디언》지는 메릴린치, 페인 웨버, 리만 브라더스$^{\text{Lehman Brothers Holdings Inc.}}$, 다이와 증권$^{\text{Daiwa Securities}}$ 등과 같은 회사들이 시장점유율을 높이기 시작했다는 것을 발견했다. 그 보고서는 프라임 브로커 업무가 헤지펀드에 대한 서비스를 증대시킴으로써 투자은행 고유의 업무만 하는 은행보다 운영면에서 더 안정적이라는 점을 발견하였다.

"당신이 새로운 고객과 계약을 체결하면 당신은 샴페인 한 병을 따는 것이 관례이다"라고 1980년대 중반 이래 프라임 브로커 분야에 있었던 한 사람이 말했다. "그 혼란 후에 프라임 브로커 사업은 비약적으로 발전하여 이전과 완전히 달라지게 되었다. 지금 우리는 한 달에 한두 명의 고객을 늘릴 수 있다." 프라임 브로커 업무에는 위험이 없는 안전한 돈이 흘러 들어온다.

헤지펀드 사업이 1980년대 후반 폭발적으로 증가한 이유는 월스트리트에 있는 많은 사람들이 자신들의 경력, 더 크게는 자신들의 보너스가 다른 사람에게 묶여 있다는 점을 깨달았기 때문이다. 그들은 다른 사람의 실수 때문에 일자리를 잃을 위험을 감수할 가치가 없다고 생각했다.

"헤지펀드를 시작함으로써 그들은 스스로 보스가 될 수 있고 다른 사람이 얼마나 성과를 내느냐를 걱정할 필요가 없다는 것을 알 수 있게 되었다. 그들은 스스로 책임을 져야 하는 것이다"라고 한 옵저버가 말한다.

오늘날 프라임 브로커 업무는 많은 증권사에 큰 수익을 내는 부문이 되었다. 골드만 삭스는 과거에는 시작한 지 얼마 안 되거나 자산이 작은 매니저와는 일을 하지 않는다고 말했지만 지금은 그런 정책을 변경하여 누구나 같이 일을 한다. 누구도 어디서 제2의 소로스, 로버트슨, 또는 스타인하트가 나올지 모른다는 것이다. 그리고 골드만 삭스는 길거리로 쏟아질지 모르는 엄청난 잠재력을 지닌 수익의 원천을 놓치고 싶지 않다는 것이다.

과거 몇 년 동안 나시옹방 몽고메리 증권은 기술적으로 굉장히 앞서기 때문에 헤지펀드 업계에 있는 많은 사람들이 최고라고 믿는 선까지 프라임 브로커 업무를 키워왔다. 모든 프랜차이즈가 강력한 후선부서 시스템에 기반을 두고 있다. 그것은 모든 보고서와 분석기능이 인터넷을 통해 매니저의 손가락 하나로 얻을 수 있도록 고안되었다. 그 시스템은 현재의 데이터를 저장할 뿐 아니라 과거 정보도 제공한다. 또한 펀드의 현황을 알기 위해 매니저가 리포트가 전달되기를 기다리거나 과거 문서를 검색할 필요가 없도록 구성되었다.

"몽고메리에 왔을 때, 우리는 업계에서 우리를 차별화시킬 수 있는 방법을 내놓을 필요가 있다는 것을 알았고 그것을 할 수 있는 방법은 기술을 가지는 것임을 깨달았다. 우리는 헤지펀드매니저가 보고서를 인터넷에 올리는 데 필요한 기능을 모두 갖춘 시스템을 개발했다"고 버뮤트는 말했다.

버뮤트와 그의 동료들의 배팅은 성공적이었음이 증명되었다. 영업 4년 만에 그 회사는 20억 달러가 넘는 자산을 지니고 300명이 넘는 고객을 가진 기업으로 성장하였다.

여러 해 동안 퍼만 셀츠는 도심에서 소규모 영업을 하는 회사였다. 퍼만 셀츠는 대부분의 사람들이 헤지펀드를 세우고 운용하는 것을 도왔다.

"규모는 작지만 누군가가 그것을 해낼 것이라고 믿는 경우 퍼만 셀츠는 그에게 기회를 줄 것이기 때문에 많은 사람들이 퍼만 셀츠로 갔다"라고 익명을 요구한, 전 프라임 브로커가 말한다.

"골드만 삭스 같은 회사들도 지금은 규모가 문제되지 않는다고 결정했다. 만약 5백만에서 천만 달러를 가진 헤지펀드를 맡은 펀드매니저가 성공한다면 그들은 평생 그 펀드를 가질 수 있으며 지속적으로 증가하는 꾸준한 수익을 얻을 수 있다는 것을 깨달았다."

프라임 브로커는 헤지펀드와 마찬가지로 모호하게 운용되기 때문에 프라임 브로커 업계는 매우 작다. 많은 사람들이 펀드를 시작하기는 하지만 다른 회사의 고객을 가로채지 않는다는 불문율이 있다. 한 프라임 브로커는 "우리는 다른 회사의 고객을 쫓아다니지 않는다. 대부분의 경우 누구도 그렇게 하지 않는다. 그러나 시장이 하락으로 돌아서고 폭발적인 펀드 설립이 끝나자마자 경쟁이 심해져 이제는 누구의 고객도 안전하지 않을 것이다" 하고 말했다.

프라임 브로커 사업의 본질은 그것이 현금창출기$^{cash\ cow}$라는 것이다. "우리의 사업은 매우 적은 리스크를 감수하고 서비스를 제공한 대가로 상당한 수익을 얻을 수 있는 안전하고 실리적인 사업이다"라고 프라임 브로커 산업에 있는 사람은 확언하고 있다. "펀드 하나가 파산했을 때, 우리가 돈을 잃거나 자본이 손실을 입는 상황으로 발전된 경우는 없었다. 우리가 잃을 수 있는 최대 금액은 중개수수료이다. 만약 한 펀드가 파산하면 다른 펀드로 대체하면 된다."

롱텀캐피털 펀드의 파산으로 베어 스턴스가 롱텀캐피털의 청산대리인이 되는 것이 너무 많은 리스크를 진다고 믿었기 때문에 구제조치 참여를 거부했다는 점을 거울삼아, 많은 증권회사들은 한 펀드의 파산으로 자신도 같은 운명이 되지 않도록 하기 위해 리스크 노출을 재평가하였다. 한 프라임 브로커에 따르면, 그의 회사 경영자들은 회사가 펀드에 어떤 기능을 제공하는지 전혀 이해하지 못했기 때문에 롱텀캐피털에 대한 기사를 읽고 매우 겁을 먹었다고 한다.

"나는 회사 경영층으로부터 돈을 잃고 있는 모든 펀드를 기준으로 우리가 감수할 것으로 예상되는 손실규모에 대한 정보를 요청하는 전화를 여러 통 받았다. 내가 그들에게 손실이 하나도 없다고 말했을 때, 그들은 매우 놀라면서 한편으로는 상당히 안도했다."

대부분의 프라임 브로커 회사는 맨해튼을 비롯한 주요 도시에 헤지펀드매니저에게 임대하는 호화로운 사무실을 가지고 있다. 맨해튼 중심가의 어떤 지역에서 당신이 창문으로 돌을 던진다면 십중팔구 헤지펀드 사무실을 맞출 것이다. 샌프란시스코, 댈러스, 보스턴에서도 마찬가지다. 프라임 브로커들은 런던, 도쿄, 취리히, 파리에도 헤지펀드매니저를 위한 사무실을 운영한다.

맨해튼 중심가에 있는 44번 거리와 파크 애비뉴 주위는 종종 헤지펀드 거리 또는 헤지펀드 호텔로 불리기도 하는데, 여기에 있는 사무실들은 아주 재미있는 구조를 갖추고 있다. 일반적인 응접실과 여러 개의 회의실 이외에 각 사무실은 각각 고도의 금융기법이 적용되는 작은 세계를 이루고 있다. 어느 방에는 특수한 상황에 있는 주식에만 전문화하고 있는 펀드가 있는가 하면 다른 방에는 통화옵션을 거래하는 펀드매니저가 있으며 또 다른 방에서는 금융서비스 산업에 연계되어 있는 소형주만 거래한다. 각각 다른 전략과 운용 스타일을 가지고 있으나 몇몇 투자자가 같을지도 모른다.

프라임 브로커 서비스는 헤지펀드 운용 중에서 아주 세련된 분야 중 하나에 불과하다. 대부분의 비즈니스와 마찬가지로 현실적으로 헤지펀드 운용의 기본은 매우 간단하다. 대부분의 경우에 프라임 브로커 서비스에는 세 가지 측면이 있는데, 마케팅과 자본 모집, 법적·회계적인 일, 투자와 트레이딩이다. 대부분의 매니저들은 처음 두 가지에는 별로 관여하지 않으려 하므로 외부에 그 업무를 위탁하게 된다. 지난 몇 년 동안 매니저들은 회사 내에서 자체적으로 업무를 시행할 때 드는 비용의 일부만 들이면 아웃소싱을 통해 그들의 거래를 실행시키고 법적인 업무와 회계적인 기능이 수행되게끔 할 수 있다는 것을 알게 되었다.

"대부분의 헤지펀드매니저들은 마케팅에 별로 관심이 없을 뿐 아니라, 어떻게 마케팅을 해야할지 아이디어도 가지고 있지 않다"라고 뉴욕에 있는 제3자 마케팅 회사인 글로벌 캐피털 스트래티지[Global Capital Strategies LLC]의 관리이사인 바바라 도란[Barbara Doran]이 말한다.

헤지펀드와 같이 일할 때 도란의 임무는 투자자를 찾아내는 것이다. 그녀는 부자와 가족회사부터 법인과 기금에 이르기까지 모든 사람들에게 그 펀드와 매니저를 선전한다. 다른 제3자 마케팅을 하는 사람과 마찬가지로 자본을 가져다주는 대가로 수수료를 받는다. 대부분의 마케팅 회사는 집을 팔 경우 부동산 중개인이 하는 것처럼 독립적인 단위로 일한다.

오늘날의 경쟁적인 시장환경하에서 생존의 핵심은 투자자를 모으고 유지하는 능력이다. 그렇게 하기 위해서 매니저는 분기별로 견실한 수익을 올려야만 하고 마케팅 담당자들은 투자자가 될 만한 사람들을 설득할 수 있는 이야기를 할 수 있어야 한다.

많은 매니저들은 새로운 투자자를 끌어들이게 되었을 때 catch-22에 들어가게 되어 사람들의 인정을 받게 된다. 대부분의 경우 새로 펀드를 시작하는 매니저는 자신의 과거 실적이 별로 없고 따라서 그들의 이야기를 뒷받침할 만한 근거가 매우 약하다. 트레이더들이 골드만이나 살로몬에서는 성공을 거두고 많은 보너스를 받을 수는 있겠지만, 혼자 힘으로 성공할 수 있을지에 대해서는 회의적이다. 따라서 혼자서는 마케팅을 하지 못하는 매니저는 테이블까지 잠재 고객들을 데리고 올 수 있는 마케팅 전문가를 필요로 한다.

최근에는 기존의 대형 헤지펀드와 자산운용사들이 신설 펀드에 자금을 투자하는 추세이다. 나와 이야기를 나눈 한 펀드매니저는 헤지펀드 세계에서 이름을 날리는 많은 펀드로부터 신설 펀드에 투자하겠다는 제의를 받았다고 말했다. 처음에 그 펀드매니저는 그런 큰 행운을 믿을 수가 없었다고 한다. 그러나 거기에는 많은 부대 조건이 달려 있었다. 대형 헤지펀드 관리자는 투자의사결정에 대한 많은 통제권을 행사하기 원했으며 새로운 펀드의 수수료 모두를 분할하기를 원했다. 그 펀드매니저는 그들의 돈이 자신의 펀드에서 매우 필요했음에도 불구하고 장기적으로는 그 돈 없이 운영하는 것이 더 낫다고 결론을 내렸다.

"그들은 너무 많은 통제를 원했고 나는 그것이 가치 있다고 생각하지 않았다. 단기적으로는 그 돈을 받는 것이 좋지만 시간이 지나면서 그것은 문제를 일으킬 것이다. 그 돈을 아까운 마음 없이 흘려보내기는 무척 어려웠다. 그러나 돌이켜보면 그러길 잘 했다고 생각한다."

대형 헤지펀드와 가까운 사람에 따르면 많은 펀드들이 자금을 위탁운용하는 이유는 양측 모두에게 윈-윈 상황을 제공하기 때문이라고 한다. 그는 "새 펀드의 매니저는 그들이 자리를 잡을 수 있도록 충분한 자금을 받을 수 있는 반면 우리는 대개 그들이 가장 좋은 성과를 내는 기간에 투자할 수 있다"고 말한다.

많은 대형 헤지펀드가 그들의 돈을 넣을 더 작은 펀드를 찾는 이유는 펀드매니저가 시장을 움직이게 하지 않고 많은 자금으로 사고 파는 것이 어렵기 때문이다.

좋은 투자대상에 큰돈을 넣었다 뺐다 하는 것은 매우 어렵다. 거래량이 아주 적은 주식을 좋아하는 매니저는 들어가고 나가는 것이 그 주식에 대한 시장을 크게 움직이게 하지 않도록 주의할 필요가 있다. 한 헤지펀드가 그 주식에 들어갔다는 루머만으로도 시장을 요동치게 할 수 있다. 따라서 적은 양의 자금을 투자하는 것이 훨씬 더 쉽다. 새로운 펀드에 돈을 넣음으로써 대형 펀드는 거래량이 적은 주식도 간접적으로 거래할 수 있다.

대부분의 경우 일단 한 매니저가 다른 매니저로부터 돈을 받으면 돈을 받은 매니저는 돈을 제공한 펀드에 대해 이야기하지 않는다는 암묵적 신뢰협정이 있다. 물론 명문화되지 않는 한 그것은 그 매니저의 위상을 높이기 때문에 대부분의 매니저는 잠재적 투자자에게 그 이름을 공표하려 한다. 만약 조지 소로스나 줄리안 로버트슨이 이 매니저를 좋아해서 그에게 돈을 준다면 왜 그것을 밝히고 싶지 않겠는가?

"많은 대형 헤지펀드는 지속적으로 강력한 수익을 올리기 위해 돈을 여기저기 분산한다. 그리고 대부분의 경우 이런 투자자금을 받을 수 있는 젊은 매니저의 입장에서는 그것이 좋은 일이다. 문제는 그들이 그것에 대해 누구에게도 말할 수 없다는 것이다"라고 익명을 요구한 업계 관계자가 말한다. "만약 몇몇 가장 큰 펀드가 아직 알려지지 않은 사람들에게 돈을 위탁한다는 것을 업계에서 알게 된다면, 성과가 나왔을 때 어떤 일도 하지 않은 사람들에게 이익의 상당 부분을 성과보수로 주어야만 한다는 것에 고객이 반발하는 경우 어떻게 하겠는가?"

외부투자자와는 상관없이 처음 시작하는 펀드의 가장 중요한 측면은 매니저 자신이 넣는 투자액이다. 기존의 펀드들도 만약 매니저가 그 펀드에 상당한 지분을 가지지 않는다면 돈을 모으기가 어려웠을 것이다. 투자자는 매니저에게 "당신의 의견을 행동으로 나타내라"고 요구한다.

매니저가 자신이 운용하는 펀드에 투자하는 것을 금지하고 있는 대부분의 뮤추얼펀드와는 다르게 헤지펀드는 만약 매니저가 자신의 돈을 그

안에 넣지 않는다면 실패하게 되어 있다.

한 매니저는 가스회사와 전력회사가 집에 공급을 끊겠다고 위협할 정도로 개인 자금을 자신의 펀드에 많이 투자하고 있다고 말했다. 그의 조수는 펀드에서 돈을 빼내 생활비로 쓰자고 설득했으나 그는 자신이 하는 일을 너무나 강하게 신뢰하고 있어서 가능한 한 많은 돈을 투자하기를 원하기 때문에 돈을 빼기 어렵다고 말한다.

헤지펀드가 점점 더 인기를 얻게 됨에 따라 많은 미래의 월스트리트 사람들은 증권사나 헤지펀드에 취직해 일하는 대신 곧바로 자신의 펀드를 차린다. 5만 달러에서 10만 달러 정도 되는 재산으로 투자를 했다가 운좋게 이익을 본 20대 초반의 젊은이들이 대체로 펀드를 시작한다.

한 펀드매니저는 고등학교 때 펀드를 시작해서 대학 4년 내내 운영했다. 1998년 봄에 그는 자신의 투자자들에게 펀드를 폐쇄하고 연말까지 모든 포지션을 청산하려 한다고 말했다. 그는 연례보고서에서 "심각한 고민 끝에 나는 다른 어떤 사람들을 위해 일할 수도 없고 또 그 펀드를 운용할 수도 없을 것이라는 결론에 도달했다. 졸업 후에 나는 진짜 업계에 들어가야만 하고 이익이 나는 직장도 얻어야 한다"는 편지를 썼다. 나는 만약 그 매니저의 투자자들이 그가 자신들의 '진짜 돈'을 '진짜 증권'에 투자하면서, 그리고 그가 '진짜 수익'을 얻었음에도 불구하고 그가 '진짜 세계'에 있지 않았다는 것을 알았다면 그는 '진짜 손실'을 볼 수도 있지 않았을까 의구심이 들었다.

대부분의 헤지펀드매니저는 그들이 '진짜 세계'에서 운용하고 있다는 것을 이해하고 그들의 '실제 경력'은 그들의 투자결정에 따라 좌우된다는 것을 이해한다. 이것은 그 업계에서 일하는 사람들에 대한 경우만은 아니다. 언론은 매니저들이 새로운 투자자를 받아들일 때가 되면 투자자들과 협상을 하는 경향이 있다고 재빠르게 비판한다.

누구도 매니저와 같이 투자하기를 강요받지는 않는다. 개인이나 기관 모두 자신의 선택이다. 모든 경우에 투자적격심사*를 하는 것과 매니저의 투자철학과 기준이 자신의 투자목표와 꼭 맞는지 결정하는 것은 투자자에게 달려 있다.

투자적격심사
due diligence, 매니저의 경력과 과거실적뿐 아니라 투자스타일, 전략과 관련하여 투자자가 매니저에게 하는 적격성 질문.

1998년 4월에 《포브Forbe》지의 한 글은 펀드의 최소투자금액은 협상 가능하고 맨해튼에 있는 자신의 아파트 근처에서 그 펀드를 운용한다는 이유로 한 매니저에 대해 의문을 제기했다. 같은 글에서 유명한 헤지펀드매니저 줄리안 로버트슨은 그의 최소투자금액을 천만 달러에서 백만 달러로 낮춘 것과, 새로운 투자자에게는 로버트슨이 정신이 나가거나 죽거나 무능력하게 될 때조차도 '5년간' 그들의 돈을 찾을 수 없다는 동의서에 서명할 것을 요구한 데 대해 비난을 받았다. 그러나 그 기사는 과거 20년이 넘는 기간 동안 로버트슨의 빛나는 과거 실적이나 새로운 투자전략을 만들어내는 그 변함없는 능력에 대해서는 언급하지 않았다. 그러한 능력은 그가 세계의 변화무쌍한 경제환경을 이용하여 돈을 벌게 만든 힘이었다.

헤지펀드의 규제와 구조

루미스는 《포춘》지에 글을 쓰면서 헤지펀드에 투자하고 있는 사람들을 살펴보았다. 예상한 대로 명단은 구하기가 매우 어려웠으나 결국 부자와 유명인의 인명사전과 다를 바 없다는 것을 발견했다. 명단에는 로렌스 티쉬Laurence Tisch, 다니엘 시어렐Daniel Searle, 케이스 펀스톤Keith Funston, 데보라 커Deborah Kerr, 지미 스튜어트Jimmy Stewart, 잭 팰런스Jack Palance, 로드 스타이거^{Rod Steiger} 등의 이름이 포함되어 있었다. 오늘날 투자자의 명단을 구하기는 더 힘들고, 이는 전과 마찬가지로 미국의 부자와 유명인 인명사전을 방불케 한다.

부연해서 설명할 투자자는 로렌스 티쉬이다. 그는 매우 수완이 좋은 사업가였지만 헤지펀드매니저를 고르는 데는 그리 운이 없었다. 티쉬가 아직도 헤지펀드에 투자하는가에 대해 언급하려 하지 않음에도 불구하고, 그의 회사를 통해 존 메리웨더의 롱텀캐피털에 투자하고 있다는 것은 널리 알려진 사실이다. 그는 롱텀캐피털의 손실 소식을 듣고 즉각 환매요청을 하였고 남겨두었던 모든 돈을 찾기를 원했다.

메리웨더나 티쉬 모두 이 이야기를 확인하려 하지 않았고 티쉬는 그의 투자습관에 대해 언급하려 하지 않았다. 《월스트리트 저널》은 티쉬가 로우스^{Loews Corp.}라는 회사를 통해 롱텀캐피털에 돈을 투자했다고 밝혔다. 그 기사는 롱텀캐피털에 대한 티쉬의 투자는 1995년 뉴욕의 콘티넨탈 보험^{Continental Insurance} 매입의 결과였다고 말하고 있었다. 콘티넨탈 보험은 1994년에 롱텀캐피털에 천만 달러를 투자했고 1997년 12월에 대략 1825만 달러를 돌려받았다. 그 회사는 롱텀캐피털에 천만 달러를 계속 투자하고 있었는데, 롱텀캐피털이 붕괴될 때 시장가치가 백만 달러 이하로까지 떨어지는 것을 보았다. 티쉬가 1960년대와 1970년대에 망해버린 여러 헤지펀드에 상당한 지분이 있었다는 점 또한 널리 알려진 사실이다.

1998년 초에 세계적인 보험·세무 및 컨설팅 회사인 KPMG의 피트 마위크^{Peat Marwick}는 〈헤지펀드 업계에 곧 다가올 변화: 성장과 구조조정의 케이스〉라는 제목의 보고서를 발표했는데, 거기에서 부유한 개인투자가들이 헤지펀드의 80% 이상을 점하고 있으며 나머지 20%는 대학기금,

연금펀드, 재단, 보험회사 등 기관투자가라고 밝혔다.

클라크 대학은 적극적인 헤지펀드 투자자이다. 대학 행정재무담당 부총장인 제임스 콜린스에 따르면 클라크 대학은 1993년부터 헤지펀드에 투자해왔다. 콜린스는 "대학의 투자위원회는 리스크를 분산하고 월스트리트의 가장 명석한 사람들과 함께 일하기 원했기 때문에 헤지펀드에 투자하는 것을 결정하였다"라고 말했다.

클라크 대학은 대략 기금의 20%를 5개의 헤지펀드에 투자하였는데, 모두 다른 투자전략을 사용하고 있다. 좋은 펀드매니저를 발견하기 위하여 대학은 수탁자 이사회가 월스트리트와 가지고 있었던 기존의 많은 커넥션을 이용했다. 대학 직원뿐 아니라 투자위원회의 구성원들도 투자를 확인 감독하기 위하여 정기적으로 펀드매니저를 만나 이야기를 나눈다. 콜린스는 이렇게 말했다.

"그 프로그램은 우리가 생각했던 대로 잘 굴러가고 있다. 우리는 그 투자로부터 10~11%의 절대수익률을 계속해서 얻을 것이라고 기대하고 있다. 시간이 지나면서 우리는 대학의 돈을 올바로 투자했다는 것이 증명될 것으로 믿는다."

KPMG의 연구는 경제가 발전함에 따라 더 많은 사람들이 헤지펀드에 투자할 수 있는 자격을 가지게 되었다는 것을 발견했다. 그 회사는 투자 가능 자산이 1996년에 10조 달러에서 2001년까지 16조 달러까지 증가하게 될 것이라고 예상하고 있다. 헤지펀드의 성장률도 비슷한 비율로 높다. KPMG는 헤지펀드가 연간 26%의 성장률로 2001년까지 5천억 달러 이상으로 성장하고 10년 안에 10배가 성장하여 1조 7천억 달러로 증가할 것이라고 예상한다.

오늘날 투자자의 돈은 출처가 매우 다양하다. 그 중 대부분은 대학기금, 주연금펀드, 시정부, 주식회사, 가족기업 그리고 개인부자들이다.

최근까지 많은 법인과 기관투자가들은 헤지펀드를 멀리해왔으나 점점 더 많은 사람들이 그들이 얻을 수 있는 수익의 종류를 알게 됨에 따라 이런 상황은 바뀌고 있다.

"헤지펀드 투자자들은 더 이상 세계에서 가장 부유한 투자자 중의 핵심 엘리트가 아니다. 지속적으로 우월한 수익이 난다는 점이 널리 알려지면서 많은 돈이 헤지펀드로 몰리고 있다. 그러나 나의 헤지펀드처럼 오래된 여러 펀드는 수익이 저조할 때조차도 다른 펀드에 비하면 상당히 높은 수익을 내고 있으며 새로운 돈을 받지 않고 있다. 그것 하나가 헤지펀드 투자에 대한 어떤 신비로움을 만들었다"라고 스타인하트는 말한다.

그러나 지금은 시장의 힘뿐 아니라 정보가 넘쳐나기 때문에 헤지펀드에 대한 자료와 데이터는 전문화된 컨설팅 회사부터 웹사이트까지 다양한 소스를 통해 쉽게 얻을 수 있다. 만약 당신이 인터넷에서 '헤지펀드'라는 단어를 검색하면 그 주제에 대한 정보를 제공하는, 수천은 아니지만 수백 개의 사이트가 튀어나올 것이다.

헤지펀드에 관한 정보를 더 쉽게 접할 수 있게 된 또 하나의 이유는 투자자의 수와 관련된 규제의 변화 때문이다. 1996년에 '전국증권시장개선법National Securities Market Improvement Act'은 헤지펀드에 허용된 투자자의 수를 100명에서 500명으로 5배 늘였다. 1940년대 후반 헤지펀드가 시작된 이래 허용된 투자자 총수는 100명이었다. 때때로 펀드매니저와 변호사들은 제너럴 파트너(무한책임파트너)를 유한책임파트너로 계산했기 때문에 그 법은 99명의 투자자를 가질 수 있는 것으로 해석하였다. 그러나 예전에 세워드 앤 키셀Seward & Kissel 법률회사의 파트너로 있었던 리차드 발렌타인Richard Valentine에 따르면 제너럴 파트너는 계산될 필요가 없다고 한다. 그는 "사람들은 제너럴 파트너(펀드매니저)를 투자자로 계산하여 99개의 구좌만 가질 수 있는 것으로 생각하였으나 실제로는 만약 파트너십 협약을 적절하게 기술하였다면 제너럴 파트너는 계산해서는 안 된다"라고 말했다.

광고와 마케팅은 허용되지 않는다고 규정한 법적인 제한조치들은 상당히 분명함에도 불구하고 많은 펀드매니저들은 새로운 법률 제정의 혜택을 받기 위해서는 자신들의 메시지를 외부에 알릴 필요가 있다는 점을 깨달았다. 따라서 오늘날 주요 금융간행물에서 헤지펀드를 다루거나 헤지펀드 업계의 다양한 측면에 포커스를 맞추는 기사를 보는 것은 드문 일이 아니다. 1998년의 실패를 생각할 때, 헤지펀드 업계에서 이런 상황은 결코 상상조차 할 수 없는 것이었다. 많은 매니저들은 그들이 다른 사람과 다르다는 것을 강조하며 다른 어느 때보다도 기꺼이 자신의 능력을 알리려고 한다.

많은 펀드매니저들은 세계시장과 국가의 경제정책에 대해 더 많은 관심을 가지게 되었다. SEC는 아직도 헤지펀드매니저가 전통적인 방법으로 광고하는 것을 허용하지 않고 있다. 어떤 사람은 이것이 헤지펀드업계와 매니저에 대한 신비감을 조성하는 데 도움을 주는 것이라고 말하는 반면 다른 사람들은 헤지펀드를 의심할 줄 모르는 투자자의 안전을 확보하기 위한 것이라고 믿고 있다.

"펀드매니저에게 광고나 마케팅을 허용하지 않음으로써 SEC는 정말로 매니저들이 사업에 다른 사람을 끌어들이는 데 도움이 되는 헤지펀드 업계에 대한 신비감을 조성해왔다"고 한 업계 옵저버는 말한다.

"일반적으로 사람들은 알 수가 없거나 쉽게 접근할 수 없는 것에 대해 알고 싶어한다. 따라서 어떤 경우에는 더 쉽게 펀드매니저가 투자자를 유인할 수 있다. 사람들은 다른 사람들이 가질 수 없는 것을 가지기를 원하기 때문이다."

대부분의 프라임 브로커는 자본을 모으는 것을 도우면서 펀드매니저들과 같이 일한다. 그러나 헤지펀드는 광고가 허용되지 않기 때문에 이 과정은 매우 어려울 수 있다. 한 증권사는 종종 펀드매니저들의 전략과 성과에 대해서 상세하게 기술하고 있으나 펀드매니저의 이름은 언급하지 않는 보고서를 작성한다. 일단 투자자들이 그 정보를 검토할 기회를 가진다면 그들은 그 증권사에 접촉할 것이고, 증권사는 해당 매니저와 접촉할 기회를 제공할 것이다. 한편 그 펀드매니저는 투자자와 만나기 전에 시간낭비를 하지 않기 위해 투자자가 적격인지를 조사할 것이다.

"그 과정은 어렵다. 그러나 그것이 우리가 법을 어기는 위험을 감수하지 않고 시장에 펀드를 내놓는 유일한 방법이다"라고 프라임 브로커를 위해 헤지펀드를 판매하는 사람이 말한다.

규제에서의 변화는 펀드가 보유할 수 있는 유한책임파트너의 숫자를 늘리도록 해주고 투자자가 투자할 자격을 갖추어야 한다는 가이드라인을 재정의하고 있다. 그 변화에 앞서 투자자의 유일한 자격요건은 적격투자자*인데, 이들은 거주지를 포함한 순자산을 백만 달러 이상 가지고 있거나 2년 연속 연봉 20만 달러(부부 합산시는 30만 달러)가 지속될 것으로 기대되는 사람으로 정의된다. 헤지펀드에 투자할 수 있는 사람에 대한 규제는 설정되어 있지만 최소 투자금액에 대한 규정은 없다. 투자금액이 5만 달러도 안 되는 경우에서 1억 달러에 이르는 경우까지 매우 다양하다. 그것은 완전히 펀드의 크기에 달려 있다. 지금은 더 많은 투자자를 허용하는 방향으로 규제가 변경

적격투자자
accredited investor, 헤지펀드에 투자하기 위한 SEC의 가이드라인을 충족시키는 투자자.

되었으며 어떤 사람들은 최소투자액도 떨어질 것이라고 믿고 있다.

현재 규정에 의하면 헤지펀드는 1996년 9월 이후 자격요건을 충족시키지 못하는 투자자를 받아들이지 않는 한 500명의 유한책임파트너까지 허용된다. 500명까지 투자자를 높이기 위해 펀드매니저는 투자설명서에서 투자자들이 자격 있는 사람들(초적격투자자)로 제한될 것이라는 것을 명확히 해야 한다. 그리고 1996년 9월 이전의 모든 투자자들에게 그들의 투자자금을 손실 없이 순자산가치로 회수할 수 있도록 만들어주어야 한다.

증권법 전문가인 조나단 바움$^{Jonathan\ Baum}$에 따르면, 500명까지 투자자를 받을 수 있는 헤지펀드에 투자할 수 있는 투자자는 투자자산을 적어도 5백만 달러 이상 보유하고 있는 어떤 신탁이나 자연인, 또는 가족경영회사와 적어도 2천 5백만 달러를 소유하고 자유롭게 투자할 수 있는 자신의 계좌나 자격이 있는 다른 구매자들의 계좌를 위해 행동하는 어떤 개인으로 정의된다.

규모가 큰 헤지펀드 회사를 가지고 있는 뉴욕 소재 회계법인 골드스타인 골럽 케슬러$^{Goldstein\ Golub\ Kessler}$의 파트너인 피터 테스타베르데$^{Peter\ Testaverde}$는 "규제의 변화는 타이거 펀드처럼 상류사회의 개인과 기관을 끌어들일 수 있는 대형 펀드에게는 굉장히 좋은 일이나 처음 100명도 모을 수 없는 펀드매니저에게는 아직 이 조항이 필요없다"고 말한다. "SEC는 순자산을 몇십억 달러 가지고 있는 사람들이 투자할때 조 리테일$^{Joe\ Retail}$과 똑같은 보호를 받을 필요가 없다고 이해한다."

대부분의 경우 헤지펀드는 합병회사(유한책임파트너십)로 운영되고 어떤 경우에는 유한책임회사로 운영되기도 한다. 그들은 각각 역내펀드와 역외펀드 로 등록되며 다른 그룹의 투자자를 위해 허용하고 있다.

역내펀드
onshore funds, 미국시민이 가입할 수 있는, 미국 내에 설립되는 투자기관.

역외펀드
offshore funds, 미국시민에게는 허용되지 않고, 낮은 세금이 부과되는 지역인 미국 밖에서 설립되고 운용되는 투자기관.

오늘날 변호사들은 잠재적인 투자자에게 헤지펀드 회사의 구조와 전략을 널리 알리고 펀드매니저에 대해 설명하고 있는, 헤지펀드의 투자계약서를 위해 작성된 표준문안을 사용하고 있다. 그 계약서는 펀드매니저를 보호하도록 작성되어 있으므로 투자자는 투자하기 전에 자기 스스로 독립적인 투자적격심사를 하는 것이 매우 중요하다.

아직도 투자설명서를 읽을 때 환매금지조항$^{lockup\ provision}$, 수수료 체계, 그리고 펀드매니저가 계획하는 투자의 타입 등을 포함해서 검토해야 할 중요한 사항이 많이 있다. 대부분의 경우 펀드는 1년에서 3년 동안 묶이게 되는데, 환매는 분기별로 허용된다.

헤지펀드가 무엇을 사고 팔 것인가를 설명하게 되는 단계가 되면 투자설명서는 대개 매우 모호해진다. "매니저는 어떤 특정 시점에서 자산의 일부 또는 전부를 투자할 수 있는 재량권을 가질 수 있다"라고 말하고 있는 설명서는 시장에 알려진 모든 형태의 증권, 상품, 선물계약 등을 아마 거의 대부분 열거해놓았을 것이다. 이것은 매니저에게 어느 정도의 자유를 주도록 작성된다. 대부분의 경우 매니저들은 한두 개 타입의 증권이나 상품에 집중하는 경향이 있는데, 대개 그런 조항들은 다른 분야의 투자설명서에도 발견할 수 있다. 애매한 용어가 사용되는 이유는 자유를 주기 위해서이다. 매니저들은 투자에 신축성을 둘 필요가 있다.

헤지펀드에 투자하려는 투자자에 대한 최상의 조언은 매니저를 처음 한두 번 선택할 때는 도움을 받으라는 것이다. 종종 그러한 조언은 다른 투자자에게서 나온다. 한 매니저는 부부로 이루어진 투자자에 대해 이야기했는데, 그들이 펀드, 혹은 펀드의 투자와 매니저의 스타일에 대해 질문을 시작하기 전에는 점잖고 약간은 순진한 편이었다고 한다.

"이렇게 나이 들고 점잖은 사람들도 돈과 투자전략을 이야기하기 시작하면 무서운 훈족의 왕$^{Attila\ the\ Hun}$으로 돌변한다. 많은 매니저들은 투자자들이 그렇게 명석하거나 잘 알지 못한다고 생각하지만 그것은 잘못된 생각이다. 만약 그들이 그렇게 명석하지도 잘 알지도 못한다면 그들은 헤지펀드에 투자할 자격을 갖추지 못한 것이다."

오늘날 헤지펀드에는 존스가 처음 시작했을 때보다 훨씬 많은 그룹의 투자자들이 있다. 어떤 사람들은 이런 투자자들을 탐욕스럽다고 하나 대부분의 월스트리트의 사람들은 헤지펀드에 투자하는 것이 가장 현명한 투자 방법이라고 믿는다. 만약 당신이 진실로 일반대중에게 공개되지 않은 다양한 투자스타일을 이용할 뿐 아니라 시장을 이기기를 원하고, 투자할 자격이 된다면 헤지펀드는 당신의 돈을 투자할 유일한 장소이다.

대부분의 경우 펀드에 대한 많은 정보들은 펀드운영자와 마케팅 에이전트에 의해 만들어지고 쉽게 얻을 수 있다. 또 많은 분석기관들이 헤지펀드 산업의 동향을 살피고 있다. 펀드들은 대개 웹사이트를 가지고 있고 매니저들은 신문이나 잡지에 종종 실린다. 헤지펀드의 폭발적 성장은 헤지펀드 컨설팅의 성장을 가져왔다. 이 독립적인 기관들은 잠재적 투자자에게 다양한 스타일과 투자전략에 대한 안목을 갖게 해준다. 이런 서비스는 수천 개의 펀드에 대한 정보와 여타 관련 정보를 제공한다.

1998년의 재난을 겪으면서 이런 컨설팅 서비스 회사들은 펀드로부터의 독립성과 관련한 몇 가지 의문점과 좋지 않은 소문에 싸이게 되었다. 어떤 독립적인 조언자들은 잠재적 투자자에게 그들이 추천한 헤지펀드와 업무협약을 하고 있으며 새로운 투자자를 데리고 오는 경우 수수료를 받는다는 점을 말하지 않은 혐의로 기소되었다. 이런 조언자들이 비윤리적이라고 말하는 것은 이 책의 주요 관심사가 아니지만, 독자들에게 다른 기업의 비윤리적 관습에 대한 주의를 촉구하는 것이 우리의 의무라고 믿고 있다.

좋은 헤지펀드를 발견하는 최상의 방법은 당신이 알고 신뢰하는 사람을 조언자로 이용하는 것이다. 투자자가 펀드매니저의 투자 스타일을 이해하는 것은 투자자 자신의 일이며, 그것을 하는 유일한 방법은 개인적인 관계를 이용하여 조언을 받는 것이다.

종종 혼란을 불러오는 헤지펀드의 한 가지 특징은 펀드매니저가 역외펀드와 역내펀드를 동시에 이용하는 것이다. 많은 매니저들은 역내펀드와 역외펀드를 모두 가지고 있으며 '마스터 피더 master feeder' 펀드라고 불리는 것으로 운용한다. 이런 구조는 매니저가 모든 펀드의 자산을 한곳에 모을 수 있게 해주는데, 그곳에서 역내펀드와 역외펀드의 파트너들의 자산규모에 따라 손익을 분할한다. 예를 들어 역내펀드가 6천만 달러를 가지고 있고 역외펀드가 4천만 달러를 가진 경우 손익의 60%가 역내펀드에 돌아가고 40%가 역외펀드로 가는 것이다.

"이런 구조를 사용함으로써 펀드매니저는 모든 사람들이 같은 비율의 수익을 얻도록 해주고 주문이 들어가는 순서나 과정에 대해 걱정할 필요가 없다"라고 테스타베르데가 말한다. "그것은 아주 깔끔한 일처리 방법이고 모든 사람에게 동일한 결과를 준다."

많은 펀드매니저는 미국 내에서 등록되지 않는 조직으로 정의되는 역외펀드를 사용하는데, 이는 매니저가 투자자의 익명성을 보장하고 미국 내에서 등록된 펀드와 관련된 세금문제를 피하기 위해서이다.

"역외로 가는 것은 투자자 비밀보호를 위해서는 완벽한 방법이나 그 펀드가 미국내 투자자는 받지 않는다는 것을 의미한다"라고 조나단 바움은 말한다.

대부분의 경우 헤지펀드를 둘러싼 규제는 투자자의 수나 펀드에 투자하고 있는 투자자의 정의 수준에서 끝난다. 매니저가 전세계를 대상으로 삼는 상품은 천차만별이기 때문에 헤지펀드가 무엇인지 한 마디로 정의하는 것은 어렵다. 가장 명확한 정의는 《미리엄 웹스터 대학생용 사전 Merriam Webster's Collegiate Dictionary》에 나오는데, 거기에서는 헤지펀드를 '커다란 자본이득을 얻을 목적으로 투기적인 기법을 사용하는, 대개 합병회사의 형태를 띤 투자그룹'으로 정의한다.

매우 유명한 펀드매니저는 자신이 지금까지 들었던 헤지펀드 정의 중 가장 타당한 것은 30년 전에 《포춘》지에 실린 캐롤 루미스의 정의였다고 말한다. 루미스는 "헤지펀드는 펀드매니저인 제너럴 파트너에게 수익의 일부를 주는 방식으로 구성된 파트너십을 가지고 증권에 투자하는 조직화된 합병회사이다"라고 정의하며 다음과 같은 말을 덧붙였다.

그 구조는 세 가지 특질을 가지고 있다. 첫째, 파트너십 계약인데 이것을 통해 펀드의 관리자들은 펀드를 잘 운용할 동기가 부여되고 보상을 받을 수 있다. 둘째, 레버리지를 얻기 위해 차입금을 사용한다는 것이다. 이것은 강세장에서 최대의 이익을 얻게 해준다. 셋째, 약세장에 대한 방어 또는 헤지로서 공매를 사용한다.

흥미로운 점은 헤지펀드에 투자하는 사람들뿐 아니라 업계에 있는 많은 사람들이 SEC가 제시한 투자가이드라인을 바탕으로 헤지펀드를 정의한다는 것이다. 많은 기자나 업계 옵저버는 그들이 무엇을 하느냐에 의해서가 아니라 누가 투자할 수 있느냐에 따라 헤지펀드를 정의한다.

내가 1998년 봄에 루미스를 만났을 때 우리는 그녀의 글이 아직도 지속적으로 업계에 영향을 미치고 있다는 점에 대해 이야기를 나누었다. 그녀는 사람들이 헤지펀드 업계가 운영되는 방식과 헤지펀드를 시작하는 방법에 대한 정보와 아이디어를 적어놓은 이런 종류의 글에 대해 아직도 관심을 기울이고 있다는 점은 매우 놀라운 일이라고 말한다.

업계 관계자에 따르면 뉴욕에서는 택시운전사 외에는 모든 사람들이 한 가지 단순한 이유, 즉 돈을 벌기 위해 헤지펀드를 시작하고 있다고 한다. 그는 이렇게 말한다.

"손익을 상부 경영자들과 나누지 않아서 더 많은 돈을 벌 수 있다는 생각으로 회사를 떠나 펀드를 시작하는 많은 투자전문가를 볼 수 있다. 경기가 좋을 때뿐 아니라 나쁠 때도 이 현상은 계속되기 때문에, 많은 연구소의 사람들과 트레이더들 역시 헤지펀드 산업에 투신하고 있다. 많은 사람들이 큰돈을 벌고 싶어하고 또한 시장에서 이기고 싶어하기 때문에 헤지펀드에 투자하려고 한다. 만약 사람들이 S&P나 다우의 시장수익률에 만족한다면 그렇게 많은 헤지펀드가 있지도 않을 것이고 월스트리트에 그렇게 다양한 사업이 있을 수도 없었을 것이다."

그는 또한, 헤지펀드가 경기가 좋을 때뿐 아니라 나쁠 때도 번성하는 이유로, 월스트리트 사람들의 자존심을 들었다. "경기가 좋을 때 사람들은 회사와 이익을 나누려 하지 않고, 자기 혼자서도 할 수 있다고 믿는다. 반면 경기가 나쁠 때는 재능 있는 많은 사람들이 일자리를 잃게 되는데, 그들에게는 독립해서 꼭 성공해야겠다는 자존심이 있는 것이다."

1998년 여름의 혼란기까지는 상황이 그랬다. 지금은 좀더 조심스럽다. 헤지펀드의 가장 큰 이점의 하나는 매니저가 돈을 투자해서 이익이 날 만한 장소를 찾아내기 위해 필요한 어떠한 수단이든지 사용할 수 있다는 점이었다. 지금은 돈 벌 기회가 줄어들고 있고 많은 헤지펀드들은 오히려 많은 돈을 잃고 있다. 이런 좋지 않은 기회를 이용하려는 사람들도 점점 더 줄어들고 있는 실정이다. 펀드의 관리자산이 금요일에 3억 달러였다가 다음 주 화요일에 2억 달러 아래로 내려가는 경우에는 새로운 자금을 끌어들이기 힘들다.

헤지펀드는 어떻게 레버리지를 사용하는가?

헤지펀드 산업의 문제점 중 하나는 어려움을 겪고 있는 많은 매니저들이 존스의 모델을 사용하지 않고 있으며 진정한 헤지펀드를 운영하고 있지 않다는 것이다. 오늘날 대부분의 헤지펀드는 존스가 항상 했던 것처럼 헤지를 하지 않고 있으며, 헤지를 하기보다는 아주 작은 가격움직임에서조차도 커다란 이익을 얻을 수 있게 해주는 높은 레버리지를 사용한다. 존스 역시 레버리지의 상당한 신봉자였으나 시장이 아래로 떨어지는 경우에는 쿠션을 가지기 위해 숏포지션을 보유해야 한다고 믿었다. 많은 매니저들은 단지 일시적으로만 숏포지션을 사용하기 때문에 일이 생각했던 대로 진행되지 않으면 보호를 받을 수가 없다. 보호를 받기 위해 헤지펀드는 상당한 규모의 숏포지션을 가지고 있어야 한다.

레버리지는 많은 언론이 생각하는 만큼 위험한 용어가 아니다. 존스의 모델을 채택하는 사람들은 종종 롱포지션과 숏포지션의 비율을 70대 40으로 사용한다. 레버리지는 적절하게 사용될 때 위험을 제한하면서 수익을 올릴 수 있는 중요한 수단이다.

매우 단순한 예로 다음의 상황을 보자. 만약 한 펀드가 75%는 롱포지션으로 25%는 숏포지션으로 가지고 있다면, 그 펀드의 순포지션은 50%의 롱포지션이다. 이것은 숏포지션이 롱포지션의 3배만큼 실현되기 어려워야 하는 강세장의 포지션이다. 그러나 레버리지를 통해 위의 펀드는 125% 롱포지션과 75% 숏포지션이 될 수 있다. 레버리지를 사용할 경우 펀드는 계속 순포지션을 50% 롱포지션으로 유지하면서 하락시에 더 큰 보호를 받을 수 있다. 이 예에서 숏은 롱의 1.7배만큼 어렵게 실현되어야 한다. 이것은 MBA 레버리지 수업의 기초이고 두려워할 어떤 것도 아니며 펀드매니저나 투자자 모두에 의해 수용되는 것이다.

1998년 여름 이전까지 헤지펀드 업계는 대부분의 경우 월스트리트 바깥세계에서는 관심 밖에 있었다. 뉴스가 될 만한 한 가지 일은 업계의 가장 유명한 많은 펀드매니저들이 자본을 투자자에게 돌려주기로 결정했다는 점이다.

이런 마이더스의 트레이더들은 그들이 할 수 있는 최선을 다해, 즉 자신과 그들의 파트너들을 위해 돈을 투자해서 성공함으로써 돈을 벌었다. 그들은 또한 과거 몇 년 동안 더 현실적이 되었다. 이 마이더스의 트레이더들은 대부분의 경우 은퇴할 시기였기 때문에 자본을 투자자에게 돌려주어야만 했다.

"1998년 여름 시장의 조정기에 앞서 몇 년 동안의 추세는 자본을 돌려주는 것이었다"라고 업계 관계자는 말한다. "그러나 일단 헤지펀드 업계가 시장의 급변과 관련된 손실을 견디어낸 후에는 사람들은 자본을 모으기 위해 이리저리 돌아다녔다. 많은 매니저들은 만약 자본을 모으지 않는다면 그들은 투자자를 잃을 위험을 떠안을 것이라고 생각했다."

헤지펀드 세계의 대가들

오디세이 파트너의 레온 레비$^{Leon\ Levy}$와 잭 내쉬$^{Jack\ Nash}$, 무어 캐피털 매니지먼트의 루이스 무어 베이컨$^{\text{Louis Moore Bacon}}$, 튜터 매니지먼트의 폴 튜터 존스$^{\text{Paul Tutor Jones}}$, 그리고 소로스 펀드 매니지먼트의 조지 소로스$^{\text{George Soros}}$ 등 펀드매니저들은 모두 투자자에게 자본을 돌려주었다. 그 상황은 동일한 것으로 보였다. 즉 매니저들이 그들이 가지고 있는 돈으로 초과수익을 지속할 수 없다는 결론을 내렸으며 그들의 과거 실적을 위태롭게 하지 않겠다는 것이었다.

내쉬나 레비뿐 아니라 마이클 스타인하트 같은 매니저들은 지금 그들이 운용하기 원하는 돈보다 더 많은 돈이 있는 경우 할 수 있는 최상의 일은 사업을 그만두는 것이라는 결정을 내렸다. 일부 매니저는 자산의 일정 부분은 돌려주고 남은 것을 가지고 여러 해 동안 해온 것처럼 투자를 계속하기로 결정한 반면 이 사람들은 사업을 그만두고 친척이나 친구에게 바통을 넘겨주기로 결정하였다. 한편 너무 좋은 투자기회가 있다고 보고 투자자에게 돌려준 돈의 일부를 다시 회수할 필요가 있다는 결정을 해서 반대의 길로 간 펀드매니저도 많이 있었다.

최근 몇 년 동안 헤지펀드 업계에 남아 있는 가장 흥미로운 사람 중 한 명은 마이클 스타인하트이다. 그는 하워드 베르코비츠$^{\text{Howard Berkowitz}}$와 제롤드 파인$^{\text{Jerold Fine}}$이라는 두 명의 파트너와 함께 1960년대 후반 헤지펀드 사업을 시작하였다. 펀드 운용 14개월 만에 수익률은 139%가 되었다.

SEC의 리포트에 따르면 스타인하트의 회사는 1970년에 관리자산이 1억 5천만 달러를 넘는, 미국에서 가장 큰 헤지펀드가 되었다. 그 리포트는 1971년 5월 줄리안 로버트슨의 여동생인 윈햄 로버트슨$^{\text{Wyndham Robertson}}$이 《포춘》지에 기고한 글을 통해 상세하게 알려졌다. 〈헤지펀드의 비운〉이라는 제목의 그 글은 "스타인하트의 펀드는 SEC가 조사한 기간 동안에 자산이 증가한 유일한 대형펀드였다"라고 적고 있다.

그 당시에 스타인하트, 파인, 그리고 베르코비츠는 그 증가가 새로운 자본유입 때문이 아니라 완전히 성과 때문이라고 하였다. 윈햄 로버트슨에 따르면 다른 펀드들은 관리자산이 감소했다고 한다. 어떤 펀드는 자산의 95.4%를 잃었는가 하면 어떤 펀드는 단지 1.2%만 잃었다.

10년 이상 말로만 그만두겠다고 하던 스타인하트는 1995년 마침내 그만두겠다고 공표했다. 그는 그렇다고 해서 '편안하게 쉬는 박애주의자'가 되지는 않을 것이며, 자금관리 말고 전혀 다른 관심 분야에서 적극적으로 활동하겠다는 뜻을 밝혔다. 그의 관심사는 원예와 희귀동물 기르기에서부터 예술품 수집, 기관을 통해 다른 사람들에게 비종교적인 유태인의 가치를 물려줄 방법을 제공하는 것에 이르기까지 매우 광범위한 것이었다.

1994년까지 그의 펀드는 연간으로 결코 하락한 적이 없다. 1994년 유로본드에 대한 그의 잘못된 배팅으로 관리자산 중 거의 10억 달러에 육박하는 금액을 잃었다. 그 당시에 그는 사업을 정리하고 있다고 발표했으나 한 업계 옵저버는 《뉴욕타임즈》에 "그는 1994년으로부터 벗어나 멋지게 재기했다. 따라서 누구도 마이클 스타인하트가 어쩔 수 없이 일을 그만둔다고 말할 수 없다"고 기고했다. 설립 당시 천 달러를 스타인하트 펀드에 투자한 사람들은 1995년 펀드가 폐쇄될 때 46만 2,224달러를 받게 되었다.

스타인하트, 소로스, 로버트슨, 튜터 존스, 베이컨 그리고 다른 여러 사람들은 그들의 사업을 수퍼헤지펀드라고 불릴 만큼 크게 성장시켰다. 그들은 펀드 크기가 얼마나 되는가와 어떤 타입의 혼란이 시장에 충격을 주는냐에 상관없이 돈을 버는 능력을 지녔음을 증명했다.

아직도 이런 수퍼헤지펀드 중 일부는 최근 몇 년 동안 관리자산에서 버는 수수료(1%)가 너무 크기 때문에 성과를 높이기보다는 자산증대에 더 관심을 쏟는 것이 아니냐는 의심을 받기도 했다. 1998년과 1999년 손실 이전에 280억 달러를 관리했던 소로스 조직은 투자에서 버는 이익의 20%의 성과보수를 받기 전 관리보수만 대략 2억 8천만 달러를 벌었다. 드럭켄밀러에 따르면 소로스 조직의 대표 펀드인 퀀텀 펀드의 수익률은 1998년 8개월 동안 대략 19%까지 이르렀다. 전체 파이 중 소로스 조직의 몫은 거의 10억 달러에 달했을 것이라는 추정이다.

분명히 대다수의 펀드매니저는 그런 종류의 돈을 좀처럼 벌지 못한다. 그러나 다음과 같은 식으로 생각해볼 수 있다. 만약 한 펀드가 5천만 달러에서 1억 달러 정도의 관리자산을 가지고 있다면 그 펀드는 1+20%의 수수료를 부과하는데, 매니저는 일하는 흉내만 내도 관리보수로 50만 달러에서 백만 달러를 기본적으로 벌 수 있다. 만약 매니저가 일하는 흉내를 내고 성과도 낸다면 그가 펀드로부터 벌어들일 수 있는 수익은 거의 무한하다. 이것이 바로 월스트리트 사람들이 헤지펀드 업계로 몰리는 이유이다.

언론과 다른 사람들이 왜 보수가 그렇게 높아야만 하는가에 대한 설명 대신에 펀드가 받는 수수료에 대해 의문을 제기하기 시작했을 때 펀드매니저들은 성과를 보여주기 시작하였다. 매니저들이 자신의 성과를 사람들에게 알려주자 이야기는 수수료에 대한 불만에서 어떻게 매니저들이 그렇게 좋은 성과를 낼 수 있으며 시장을 계속 이길 수 있는가로 전환되었다.

롱텀캐피털의 모든 부정적인 이야기 이전에 헤지펀드에 대한 저널리즘의 폐해를 보여주는 이야기 하나가 1996년 4월 1일 《비즈니스 위크》에 실렸다. 〈월스트리트 마법사의 추락—타이거:영광의 시대는 끝났다〉라는 제목으로 실린 그 글은 줄리안 로버트슨에 대한 이야기였다. 그 글에서 《비즈니스 위크》는, 로버트슨은 좋은 성과를 낼 수 없으며 그의 다혈질적 기질과 비상식적인 운용 스타일이 아랫사람을 악의적으로 괴롭힌다고 맹비난했다. 그 글은 또한 로버트슨이 기업방문을 하지 않으며 그의 펀드에 대한 매일매일의 관리도 적극적으로 하지 않는다고 덧붙여 비난했다.

화가 난 로버트슨은 두 가지 방식으로 대응했다. 먼저 그는 S&P 벤치마크 수익률을 크게 능가하는 그해 동안의 견실한 실적자료를 보여주는 동시에 《비즈니스 위크》와 편집자에게 10억 달러짜리 명예훼손 소송을 제기하였다. 1997년 12월에 내려진 타협안에서 《비즈니스 위크》는 타이거 펀드의 투자성과와 관련된 자신들의 예측은 실증된 것이 아니었고 로버트슨이 더 이상 기업방문을 하지 않는다고 보도한 것은 잘못이었다고 말하지 않을 수 없었다.

하지만 《비즈니스 위크》는 로버트슨의 비상식적인 행동에 대한 보도는 철회하지 않았다. 그러한 입장 변경은 1998년의 언론매체의 대혼란에 비추어 그 잡지에는 난처한 일이 되었으나 로버트슨의 조직에는 별로 영향을 주지 않았음이 이후에 증명되었다.

대부분의 사람들은 로버트슨의 해명은 그 타협안에 의해서가 아니라 그의 펀드가 거둔 성과에 의해서 나왔다고 믿고 있다. 시장의 벤치마크를 크게 상회하는 실적은 그 기사의 모든 이론이 잘못되었음을 증명하는 것으로 보였다. 그해 56%가 넘는 수익률은 전세계에 그가 아직 그 게임 중에 있으며 그전보다 더 잘한다는 것을 보여주었다. 그리고 투자자들이 떼지어 모여들어 1997년 말에 로버트슨의 오셀롯Ocelot 펀드는 수십억 달러가 넘는 새로운 자금을 모았다. 다른 매니저들도 돈을 관리하는 능력과 그들이 받는 수수료에 대해 의문이 제기될 때 비슷하게 행동해왔다.

마이클 스타인하트는 은퇴할 때 그를 가장 괴롭혔던 것 중의 하나는 '만약 펀드가 손실을 입었다면 그 매니저는 파트너의 원본이 회수될 때까지 인센티브를 받지 못한다'라고 쓰여 있는 파트너십 협약에서의 약관이나 손실보전조항*을 가지고 있지 않다고 비난받는 것이었다고 말하였다. 스타인하트의 펀드는 이런 약관을 가지고 있지 않았고, 언론은 그가 처음 펀드에서 손실이 났다고 보고하고 곧이어 펀드폐쇄를 발표했다는 사실에 대해 한동안 비난하는 글을 썼다.

손실보전조항
high water mark, 펀드가 손실을 보게 되는 경우 손실이 보전될 때까지 소급하여 보수를 받지 않는다는 조항.

스타인하트는 "지금은 손실보전조항을 가지는 것이 업계의 관행일지 모르나 솔직히 1962년의 업계 관행을 돌이켜보면 그런 것은 없었다. 당시 헤지펀드는 오늘날 사람들이 이야기하는 그런 산업이 아니었다. 내가 펀드를 시작한 이래 27년간 단지 한 해만 손실을 보았는데 그것이 바로 1994년이었고, 그해 손실보전조항 문제가 등장했다는 것은 나에게 약간 불공평한 것으로 생각되었다"라고 말한다. 이어서 그는 "손실보전조항은 동전의 양면과 같다. 1년 후에 어떤 사람은 떠날 수도 있고 만약 당신이 어떤 사람이 나가는데도 그대로 머물러 있다면 당신은 기본적으로 그 매니저를 신뢰한다고 말하는 것이다. 당신은 펀드매니저가 손실보전조항을 가지고 있느냐가 아니라 매니저와 그들의 투자능력을 신뢰하느냐에 근거해서 판단하는 것이다. 나의 업계생활 27년간의 성과는 내가 성취한 것에 대한 신념의 표시로서 우뚝 서 있으며, 나의 사업은 파트너십 조항에 대한 미묘한 뉘앙스 차이로 더럽혀져서는 안 된다"고 말한다.

많은 유명한 펀드매니저들이 은퇴하여 개인활동에 더 많은 관심을 쏟음에 따라 새로운 그룹의 마이더스의 트레이더들이 출현하고 있다. 이 사람들은 입지가 강화되기 시작했으며 점점 업계에서 돈을 벌고 있다.

이전에 피델리티의 마젤란 뮤추얼펀드의 대표주자였던 제프리 비니크 Jrffrey Vinik 같은 사람들은 1996년에 헤지펀드를 시작하였고 첫 해에 100%라는 놀라운 성과를 거두었다. 그의 펀드는 8억 달러에서 시작하여 16억 달러까지 증가하였다. 1998년 후반에 마젤란 펀드는 20억 달러가 넘는 관리자산을 가지고 있었다. 많은 사람들은 비니크의 성공은 그가 마젤란에서 운용하던 때 그에게 부과되었던 규제들에 의해 손이 묶이지 않았기 때문에 가능했다고 믿고 있다.

만약 비니크가 자신의 펀드에서 했던 것처럼 마젤란 펀드의 매니저로서 그러한 성과를 냈다면 어떤 일이 일어났을까 상상해보자. 훨씬 더 많은 투자자들이 행복하게 되었을지 모르나 아마도 비니크는 많은 돈을 벌지는 못했을 것이다. 피델리티에서는 돈이 되는 인센티브도 펀드에서의 상당한 지분도 가지지 못했을 것이다. 자신의 펀드에서 혼자 일하는 동안 그는 둘 모두를 가지게 되었다.

헤지펀드로 옮겨 의심할 바 없이 커다란 성장을 한 사람에는 살로몬 브라더스에 있었던 앤드류 피셔 Andrew Fisher 와 골드만 삭스에 있었던 클리프 애스니스 Cliff Asness 가 있다. 하버드대학의 기금운영자 존 자콥슨 John Jacobson 조차도 나와서 자신의 펀드를 시작하였다. 여타 젊은 펀드매니저와는 다르게 이런 '자신의 분야에서의 최고'들은 출발부터 많은 돈을 끌어들일 수 있었고, 이들의 새로운 사업은 처음부터 바로 수익이 나는 사업이 되었다.

자콥슨이 하버드대학을 떠날 때 그는 자신의 돈뿐 아니라 하버드를 위해 운용할 기금인 5억 달러짜리 수표를 가지고 나왔다고 보도되었다. 문밖을 나서자마자 그는 성과보수 말고 관리보수만 5백만 달러를 벌게 되었다. 비니크는 운용 첫 해에 총보수가 1억 6천8백만 달러 이상이었다고 추정된다. 그 회사에서 일하는 50명이 채 안 되는 사람들이 받는 운용보수로는 나쁘지 않다. 이 모두가 돈이 걸린 문제이기 때문에 의심할 바 없이 헤지펀드매니저는 세계 금융위기에 책임이 있다는 비난을 받게 되는 것이다.

헤지펀드에 대한 비난

오늘날 대중매체와 출판에 종사하는 언론인들은 헤지펀드와 그것을 운용하는 사람들에게 사로잡혀 있다. 다우존스공업평균지수나 태국 바트 같은 지수가 대중들에게 불리한 방향으로 움직이게 되면 언론은 그것을 헤지펀드 탓이라고 비난했다. 최근 몇 년 동안 정치적 지도자들 역시 헤지펀드매니저들을 시장의 골칫덩이라고 비난하기 시작했다. 아시아 통화 위기가 발생했던 1997년에 맨 처음 욕을 먹은 사람은 중앙은행이나 회사의 지도자가 아니라 미국과 해외에서 사적인 투자 파트너십을 운영하는 사람들이었다.

이것은 유럽통화시스템(EMS)의 환율 메커니즘에 위기가 발생했던 1992년에도 그랬다. 또한 국제채권시장이 추락했던 1994년에도 마찬가지였다. 위기가 있을 때마다 비난이 있었고 그 비난은 헤지펀드매니저에게 집중되었다. 언론인과 정치인들은 일제히 헤지펀드매니저들이 더 높은 수익을 내려는 욕심에 경제적 대파괴를 일삼는다고 비난했다.

헤지펀드가 이런 금융위기의 원인임을 증명하기는 매우 어렵다. 한두 가지의 예외 말고는 헤지펀드가 금융위기의 주범이라고 비난받을 때 헤지펀드가 잘못하지 않았다는 것을 보여주는 많은 연구들이 발표되고 있다. 롱텀캐피털과 관련한 연방은행의 행동에 비추어볼 때, 많은 사람들이 이런 주장은 믿기 힘들다는 것을 알고 있음에도 불구하고 대부분의 경우에 몰매를 맞은 것은 헤지펀드이다.

다음의 예가 그런 경우이다. 1998년 여름에 러시아 시장이 곤두박질쳤다. 많은 사람들이 그것은 아시아 위기에 의해 야기되었다고 믿는 반면 다른 사람들은 그 원인이 자본주의 시장 시스템으로 성공적으로 이행하기 어려운 부패와 무능력 때문이라고 생각했다. 그 위기의 초기인 8월 마지막 주에 세계에서 가장 큰 헤지펀드의 매니저는 자신의 펀드가 러시아에서 20억 달러 이상을 잃었다고 발표했다. 연이어 많은 매니저들이 사무실에서 나와 공개적으로 그들이 그 위기 때문에 상당한 손실을 보았다고 발표했다. 이런 발표는 많은 사람들에게 충격을 주었으며 세계에서 가장 성공적인 자금관리자의 손익을 힐끔 볼 수 있는 기회를 주었으나 대부분 별로 관심을 기울이지 않는 것 같았다. 어떤 사람들은 고소하다고 생각했으며 이 마이더스의 트레이더들이 응당한 대가를 받았다고 믿었다.

만약 이 사람들이 강력한 힘을 가지고 있어서 외환과 시장을 통제할 수 있다면 항상 돈을 벌 수 있도록 하지 않았을까? 가지고 있는 돈이 많든 적든 간에 누구도 돈을 잃는 것을 좋아하지는 않는다. 만약 그 펀드들이 정말로 통화를 마음대로 주무르고 시장을 조작할 수 있다면 이런 커다란 손실은 발생하지 않았을 것이다. 대신에 이 마이더스의 트레이더들은 유한한 생명을 가진 존재로 축소되었고, 실수를 하는 헤아릴 수 없이 많은 다른 자금관리자의 대열에 합류했으며, 그들이 정말 단순한 인간에 불과하다는 것을 증명했다.

《이코노미스트》지는 헤지펀드가 세계의 모든 금융위기의 주범으로 몰리는 이유는 무지 때문이라고 믿고 있다.

헤지펀드는 '해적', '악한', '세계경제의 노상강도'로 불리면서 1992년 유럽환율제도의 균열, 1994년 멕시코 페소화의 폭락에서 1997년 동아시아 통화의 불안정, 1998년 러시아 루블화의 붕괴에 이르기까지 모든 일의 주범이라는 비난을 받아왔다.

헤지펀드 업계 전체가 이런 재난의 원인으로 공격을 받고 있는 상황에서 특히 한 사람은 최근에 일어난 대부분의 통화위기의 장본인으로 많은 재무장관으로부터 지목되고 있었다. 바로 조지 소로스이다.

당시 전세계 언론의 머릿기사는 소로스 펀드 매니지먼트가 태국의 바트화와 다른 아시아 통화의 폭락의 원인이라는 내용이었다. 말레이시아의 수상인 마하티르 모하마드Mahathir Mohamad는 "소로스와 그의 유태인 파트너들이 서로 연합하여 어떤 국가의 통화를 파괴할 것인가를 결정하고 있다"며 비난하였다. 언론에 따르면 마하티르는 소로스가 어떤 일이 일어날지 예측이 가능한 거래를 단지 실행함으로써 이런 목적을 달성한다고 믿고 있다. 이런 논리와 관련된 문제는 마히티르 말고는 누구도 그 주장에 동의하지 않는다는 것이다.

소로스와 그의 동료들은 미국 재무성 장관 로버트 루빈Robert Rubin의 성명서와 IMF에서 발간한 보고서에 의해서 일부 누명을 벗었다. 1998년 여름에 아시아 4개국 순방길에서 루빈은 아시아의 금융위기에 대해 투기적 거래자를 비난하지 않으며 그들의 활동을 제한하기 위한 어떤 통제도 반대한다고 말했다.

"이런 투기자들의 역할은 상대적으로 작고 일시적인 것임을 알게 될 것이다. 나는 그들의 거래활동이 최근의 통화폭락과 직접적으로 관련되어 있다고 생각하지 않는다."

어떤 사람들은 루빈의 말이 골드만 삭스 그룹에서 상당히 이익을 내는 트레이딩 조직의 매니저와 공동대표라는 이전 경력 때문에 생기는 헤지펀드에 대한 여론 악화를 무마하기 위한 것이라고 생각하고 있다. "사람들은 그의 이전 경력 때문에 트레이딩과 시장에 대해 안다고 생각하고 그가 말하는 것을 존중한다"라고 한 업계 관계자가 말한다. "시장에 있었던 사람이 그 시장이 어떻게 돌아가고 있는지 말할 때 사람들은 그의 말을 경청하고, 이런저런 이유에 대한 그들의 성명서는 항상 의미가 있는 것처럼 보인다."

헤지펀드에 대한 실질적인 변론은 1998년 여름 IMF가 발간한 연구보고서 형태로 나왔다. 그것은 마하티르와 그의 믿음에 동조했던 몇몇 사람들을 바보로 만들었다. 〈헤지펀드와 금융시장 변동〉이라는 제목의 그 보고서는 6개월 이상 펀드매니저들을 면접조사하고 거시와 미시 수준 모두에서 그들의 거래활동을 조사하였다. 그것의 결론 중 일부는 일반적으로 외환시장에서 헤지펀드가 맡은 역할이라고 생각하는 것과는 반대되는 것이었다. 대부분의 경우에 IMF는 헤지펀드가 통화에 배팅을 할 때는 시장을 불안정하게 하는 것이 아니라 오히려 상황을 안정화시킨다는 것을 발견했다. IMF의 연구는 헤지펀드가 1997년에 바트화의 평가절하에 대규모 배팅을 한 유일한 기관은 아니었으며, 평가절하에 배팅을 하고 있던 트레이더 집단은 태국 기업 뿐 아니라 다른 일반은행 및 투자은행들에 의해 주도되었다고 결론을 내렸다.

바트화의 상황은 IMF가 검토한 유일한 통화위기가 아니었다. 그 연구는 많은 대형 헤지펀드가 인도네시아 루피화에 대한 상당한 포지션을 샀으나 통화가치가 전저점보다 더 떨어지자 엄청난 손해를 보았다는 것을 발견했다. 따라서 마하티르의 말과 정확히 반대되는 이야기가 전세계 통화가치를 하락시켰다는 헤지펀드의 음모에 얽힌 정확한 이야기인 것으로 보인다.

IMF는 또한 최근의 금융위기를 둘러싼 많은 이슈를 조사하였는데 각각의 경우에서 헤지펀드는 상황을 더 안정시키는 것으로 보인다는 것을 발견했다. 그 연구에 따르면 조사를 받았던 헤지펀드의 거래 패턴에 대한 구체적인 정보가 별로 없으므로 위기에서 헤지펀드가 수행한 역할을 정확하게 판단할 방법은 없다는 것이었다. 아직도 강력한 수익을 얻으려는 노력의 일환으로 헤지펀드는 한 나라의 거시경제 상황이 의문시될 때 그 나라 통화를 팔곤 한다. 통화를 숏하는 것이 약세 마인드임에도 불구하고 현실적으로 결국 그 포지션은 시장을 낙관적으로 보고 있는 숏 매도자$^{short\ seller}$에 의해 청산되어야 한다. 만약 한 헤지펀드가 통화를 숏한다면 그것은 본질적으로 통화가 더 약화될 것이라는 예측에 배팅하는 셈이다. 그러나 매니저는 그것을 되사야 된다는 것을 알고 있고 아마도 대부분은 환율이 상승할 때 신고점까지 가서 그것을 청산할 계획일 것이다.

IMF는 만약 초대형 헤지펀드가 같이 움직이거나 무리를 지어 움직일 때조차도 그들의 투자 범위는 자금력이 막강한 다른 기관투자가들이 투자하는 곳 근처에는 가지 않았을 것이라는 결론을 내렸다.

"대형 헤지펀드가 통제하는 자금의 양은 기관투자가에 비해서는 상대적으로 작다. 헤지펀드는 헤지펀드와 똑같은 투기를 하는 은행, 주식회사, 그리고 연금펀드에 대항하지 않는다. 헤지펀드의 움직임은 다국적 기업이나 은행보다 관심을 더 모으게 되고 구설수에 오른다"라고 IMF 연구보고서의 저자 중의 한 사람인 베리 아이헨그린$^{Barry\ Eichengreen}$이 말하였다. 아이헨그린의 말은 전 FRB 의장인 폴 볼커$^{Paul\ Volcker}$에 의해 재확인되었다.

"헤지펀드는 편리한 상징물이다. 헤지펀드매니저들은 신속한 이익을 위해 빠르게 돈을 움직이고 사람들은 그들이 시장에서 중요한 위치를 차지하는 경기자라고 생각하나 현실적으로는 단지 작은 구성요소에 불과하다. 자금의 큰 흐름은 비용을 충당하고 이익을 얻기 위해 이 시장에서 저 시장으로 움직이는 보험회사, 은행, 그리고 다른 기관투자가들에 의해 좌우된다. 시장이 뒤집히고 난리가 날 때, 그것은 헤지펀드의 잘못이 아니라 서투른 경제정책의 잘못이다."

볼커와 그의 동료들이 아무리 여러 번 그 점을 이야기해도 많은 사람들은 아직도 그것을 믿지 않으며 이런 불신자들은 헤지펀드매니저가 시장의 골칫덩이라고 계속해서 비난한다. 연방은행이 롱텀캐피털의 구제조치에 개입하지 않았다면 1998년의 대재난 이후 볼커의 말이 더 확실해졌을 것이다. 전세계에서 일어난 통화와 주식시장의 폭락으로 많은 헤지펀드들이 입은 손실은 실로 엄청난 것이었기 때문이다.

조지 소로스— 세계에서 가장 위대한 투자자

전세계의 재무장관들이 어떠한 연유로 헤지펀드가 비난을 받아야 한다는 결론에 도달하였는가를 이해하기 위해서는 헤지펀드에 대한 그런 나쁜 감정이 언제 어디서 생겼는가를 알아볼 필요가 있다. 가장 유력한 가정은 1992년 영국 파운드화의 평가절하 과정에서 생겼다는 것이다. 조지 소로스가 세계에서 가장 위대하고 가장 두려운 투자자로 알려지게 된 것이 바로 이 사건 이후이다.

소로스의 성공으로 그의 펀드는 9억 8천5백만 달러를 벌었다. 그것은 정말 믿을 수 없는 배팅이었고 그를 세계에서 가장 위대한 투자자로 만들기에 충분하였다. 그러나 대부분의 사람들이 이 상황을 논의할 때 간과하는 점은 그 배팅에 관련된 리스크의 크기이다. 소로스가 거래를 착수하던 당시 그는 100억 달러 이상의 돈을 위험포지션에 두었다. 만약 실패하였다면 그는 아마 완전히 파산해버렸을 것이다. 소로스는 회사 전체를 배팅하였고 그가 승리하였던 것이다.

그 이야기는 영국이 새로운 유럽통화시스템에 가입하기로 결정하였던 1990년에 시작된다. 로버트 스래터$^{Robert\ Slater}$가 쓴 소로스의 비공인 전기 《소로스: 일생, 시대, 그리고 세계에서 가장 위대한 투자자의 트레이딩 비법들》에 따르면, 당시 소로스는 영국의 경제가 통일된 독일만큼 강하지 못하고 따라서 보호를 받아야 하기 때문에 그것이 좋은 정책이 아니라고 생각하였다.

유럽통화제도 협정하에서는 영국은 환율을 1마르크당 2.95파운드로 유지해야 했다. 경제가 계속 악화됨에 따라 파운드는 상승압력을 받게 되었으나 협정 때문에 영국은 움직일 수 없었다. 1992년 여름 내내 존 메이저 총리의 보수당 행정부는 세계에 파운드가 회복될 것이며 평가절하를 고려하고 있지 않다는 것을 확신시켰다.

스래터에 따르면 소로스는 이것은 넌센스라고 생각하고 보수당이 생각했던 것보다 상황이 훨씬 더 나쁘다고 믿었다고 한다. 9월 중순에 내부의 경제적인 압력 증가에 직면하던 이탈리아가 협정의 가이드라인 내에 있었음에도 불구하고 리라^{lira}를 평가절하하였다. 이것은 유럽통화시스템이 환율을 결정할 능력을 상실했음을 알리는 신호탄이었다. 이탈리아의 행동은 조지 소로스라는 이름을 전세계 방방곡곡에 알리는 거래를 착수하게 하였다.

1992년 9월 15일 메이저 정부는 영국은 유럽환율 메커니즘을 탈퇴하고 파운드를 절하한다고 발표했고, 그 뉴스는 전세계 외환시장을 뒤흔들었다. 트레이더들은 포지션을 커버하여 손실을 최소화하기 위해 필사적으로 뛰어다녔다. 그러나 한 명의 트레이더는 웃으면서 은행으로 발걸음을 옮기고 있었다. 그 발표 이전 소로스는 백억 달러에 달하는 파운드화를 팔았다. 그 뉴스가 나왔을 때 소로스의 헤지펀드는 거의 10억 달러에 달하는 이익을 올렸다. 단 한 번의 거래, 단 한 사람, 단 하나의 헤지펀드로 말이다.

그후 세계는 헤지펀드나 조지 소로스를 보는 눈이 완전히 달라졌다. 지금 세계는 과거에는 모호하였던 이러한 투자기관을 마이더스의 손을 가진 트레이더가 있는 상당한 세력으로 보고 있다.

3. 헤지펀드매니저와 은용스타들

The managers

이제 몇 명의 헤지펀드매니저를 만나볼 시간이다. 이들은 증권사나 투자은행을 위해 일하기보다 기업가로서 성공하고자 하는 월스트리트의 각 분야에서 온 사람들이다. 이 장에서는 10명의 독특한 매니저들이 소개될 것인데, 대부분 《월스트리트 저널》이나 유명 언론에는 거의 등장하지 않은 사람들이다. 이 매니저들은 모두 다른 투자전략을 사용하는데 나는 이들이 다양한 운용스타일을 보여주는 좋은 예가 될 것이라고 생각한다. 이런 사람들을 선택한 이유는 헤지펀드 업계의 다양성을 보여주고 여러 매니저들이 어떻게 그들의 펀드를 운용하고 그들이 자본을 보존하면서도 견실한 성과를 내기 위해 어떤 종류의 전략을 채택하는가 하는 사례를 제공하고자 함이다.

여기서는 업계의 여러 분야에서 선별한 10명의 펀드매니저에 대한 이야기를 싣고 있다. 이들은 수년간 헤지펀드 업계에 종사해왔기 때문에 혹시 독자의 귀에 익은 이름이 있을지도 모르지만, 대체로 이들은 언론의 관심 밖에서 활동하는 사람들이다. 이 사람들은 위기가 터지거나 시장이 폭발할 때 언론사로부터 어떤 코멘트나 인터뷰를 요청받은 적이 거의 없으며, 이번에 처음으로 인터뷰에 응하는 매니저도 있었다. 각기 다른 분야에 투자하고 있으며 관리자산도 2백만 달러부터 10억 달러까지 매우 다양하지만, 그들 모두는 자본을 보전하고 이익을 낸다는 동일한 목표를 가지고 있다.

스티브 왓슨 — 소형주 투자전문 펀드매니저

왓슨 인베스트먼트 파트너Watson Investment Partners의 스티브 왓슨은 전재산이 자신의 헤지펀드에 묶여 있다. 아칸소 토박이인 그는 1987년부터 월스트리트에서 일했다. 그는 뉴욕대학의 Stern School of Business에서 MBA를 마친 후에 텍사스에서 직장생활을 시작했는데, 1995년 10월 자신의 헤지펀드를 시작하기 전까지는 뱅커스 트러스트와 프라이스 어소시에이트Fries Associates의 브랜드와인 뮤추얼펀드Brandwine Mutual Fund에서 일했다.

그의 펀드는 소형주에 투자함으로써 나스닥지수를 이긴다는 단 하나의 분명한 목표를 가지고 있다. 지금까지는 일이 상당히 순조로웠다. 출발 3년 동안 나스닥이 1.45% 오른 데 반하여 왓슨의 펀드는 복리수익률로 12.5%를 달성했다. 1996년과 1997년은 상당히 인상적인 해였는데 나스닥이 1996년 22.72%, 1997년 21.63% 오른 데 반하여 왓슨은 각각 160%와 68.18%의 수익을 거두었다. 1997년 말에 왓슨은 펀드 설립 이래 복리수익률로 371.5%라는 경이적인 수익률을 거두었다. 1998년 말에는 37%의 수익률을 보였는데, 이는 같은 기간 러셀 2000 지수가

2.55% 하락한 데 비하면 놀라운 수익률이었다. 1999년 3분기까지 왓슨은 29.26%의 수익을 냈고 러셀 2000 지수는 1.3% 오르는 데 그쳤다.

맨해튼 중심지의 헤지펀드 거리에 있는 사무실에서 인터뷰를 하는 도중 왓슨은 이렇게 말했다. "우리는 높은 수익률을 내기 위해 열심히 일해왔고 앞으로도 계속 열심히 일할 것이다. 이런 추세를 유지하기 위해 우리는 계속해서 기업에 전화를 하고 경영자를 만나고 숨어 있는 기업을 발굴해야 한다."

왓슨의 펀드는 주로 시장가치가 3억 달러 미만인 기업에 투자한다. 펀드의 연간 거래회전율은 300~500%인데, 주로 100개 이상의 주식으로 구성되어 있다. 왓슨이 사는 주식의 속성 때문에 그는 관리자산의 3% 이상을 동일 주식으로 가지지 않으며 대부분의 경우 1~2%의 투자비중을 유지한다.

왓슨은 또한 숏포지션을 가지고 가는데, 자산의 2%를 넘어서지 않는다. 1998년 말에 왓슨의 펀드는 관리자산이 5천9백만 달러였는데 1999년에 1억 2백만 달러로 증가했다. 왓슨은 1999년 말까지 3억 달러에 도달할 것으로 기대하고 있다.

왓슨의 스타일은 전설적인 뮤추얼펀드매니저인 피터 린치와 매우 유사하다. 사실 왓슨은 피델리티의 지도자인 피터 린치에게 완전히 매료되어서 피터 린치의 책 《*One Up on Wall Street*》를 열 번 이상 읽었다고 말하고 있다.

그는 나스닥에서 거래되는 1만 2천 개의 소형주 전체를 검토한다. 그는 잠재력은 있지만 알려지지 않은 기업이나, 시장에서 아직 인기 없는 기업을 발굴하는 능력이 성공의 핵심이라고 믿는다.

"나는 좋은 주식을 고르기 위해 기업을 이해하고 경영 스타일과 생산품을 이해하고 경쟁 상대에 대한 감각을 얻으려고 노력한다. 투자를 잘하는 유일한 방법은 열심히 일하는 것인데, 여기서 일이란 연구하고 경영자와 만나는 것을 의미한다"고 그는 말한다.

1964년생인 왓슨은 《월스트리트 저널》도 읽지 않고 주식에 거의 관심을 두지 않는 집안에서 자랐다. 왓슨의 아버지는 화재와 의료 경보기 사업에 종사하였고 어머니는 교사였다. 왓슨은 아칸소 대학^{University of Arkansas}에서 경제학을 배우며 월스트리트에 처음 맛을 들였다. 대학원을 졸업한 후에 그는 그때까지 한번도 가본 적이 없었던 대도시 댈러스로 이사했고 1987년 10월에 딘 위터 레이놀드^{Dean Witter Reynolds}에서 주식브로커로 직장생활을 시작하였다. 시장이 붕괴되었던 바로 그날(블랙먼데이), 왓슨은 가장 큰 고객을 차에 태웠다.

"나는 한 고객을 알게 되었는데, 그는 당시 시장에 투자하지 않았고 돈을 고스란히 가지고 있었다. 다른 사람들은 돈을 전부 잃었으며 나에게 줄 돈이 없었다"라고 왓슨은 회상한다.

2년 후에 그는 증권사와 같은 매매주문을 받는 입장보다는 운용사처럼 매매주문을 내는 입장이 적성에 맞다고 결정하고 뉴욕으로 이사했다. 그는 2년 이상 신용분석가로 보험회사에서 일하였고 공인 금융분석가 시험의 2/3를 마치고 나서 MBA에 가려고 했다. 처음 뉴욕대학의 Stern School of Business에서 고배를 마신 그는 한 학기 후에 뉴욕대학으로 옮길 계획을 세우고 포드햄 대학^{Fordham University} 경영학과에서 공부를 시작했다. 일단 뉴욕대학 들어가자 1년 반 동안은 공부에만 매달렸으며 그후 《개인투자자》라는 잡지사에 들어가 거기서 소형주에 대한 글을 썼다.

대학원을 졸업한 후 왓슨은 소형주와 중형성장주에 특화하는 공격적인 성장형 포트폴리오를 위한 애널리스트로서 뱅커스 트러스트^{Bankers Trust}

에 들어갔다. 2년 후에 그는 브랜디와인 펀드를 위한 애널리스트로 프라이스 어소시에이트로 자리를 옮겼다.

"나는 프라이스에서 약 1년 반 동안 일하였다. 거기서 나는 누구보다도 주식을 잘 골라낼 수 있다는 사실을 깨달았고 나 자신의 펀드를 시작하기로 결심했다. 나는 친구, 가족, 그리고 많은 CEO나 CFO로부터 약 70만 달러를 투자받아 펀드를 시작했고 자신이 있었다."

그 펀드는 실적에서나 새로운 돈을 끌어들이는 능력에서나 모두 빛나는 성과를 거두었다.

"나는 같은 업계의 누구보다도 좋은 실적을 낼 수 있다고 믿고 있다. 우리는 최상의 연구팀을 가지고 있으며, 자체 연구팀의 노력으로 시장가치가 3억 달러 미만인 기업을 집중분석하고 있다. 우리의 목표는 하루에 20개의 기업을 분석하는 것이다. 물론 다른 펀드들은 엄두도 못 낼 일이겠지만. 기업을 연구하고 전화를 하고 달력에 표시를 해두고 직접 대면하여 그들을 만나는 것이 우리의 일이다."

왓슨은 확실한 리서치가 성공적인 펀드 운용의 핵심이라고 믿고 있다. 왓슨의 펀드에 있는 사람들은 한 기업을 분석하면서 좋은 투자결정을 내리기 위해 가능한 한 많은 것을 알아내려고 노력한다. 그들이 하는 질문은 다음과 같은 것이다.

· 어느 기업이 잘하고 있는가?
· 어느 기업이 고객으로부터 주문을 잘 받고 있는가?
· 어느 기업이 사업에 실패하고 있는가?
· 그 기업이 가지고 있는 새로운 상품은 무엇인가?
· 경쟁사가 가지고 있는 새로운 상품은 무엇인가?

왓슨은 이렇게 말한다.

"우리는 항상 자체 내의 연구에 의존하고 있으며 증권사의 연구보고서는 거의 이용하지 않는다. 우리는 대중보다 한 발 앞서가려고 노력하고 있으며 사람들이 잘 알지 못하거나 월스트리트에는 인기가 없는 숨어 있는 주식을 찾아내려고 노력한다."

시장가치가 3억 달러 이하인 공개 기업은 대략 1만 2,000개 정도 있다. 왓슨이 하려는 일은 그 중에서 투자할 가치가 있는 1%를 찾는 것이다.

"그 기업 중 99%가 쓸모없는 것이라도 우리가 원하는 1%만 찾을 수 있다면 돈을 벌 수 있다. 펀드운용회사 대부분은 리서치 활동이 없거나 있다 해도 매우 적다. 우리는 기업이 무엇을 하고 있는지 알지 못하는 증권사 직원의 말은 무시해버린다. 우리는 사람들이 그 기업을 알기 전에 주식을 사서 널리 알려지게 되면 판다."

왓슨은 매수했던 주식을 팔고 나올 첫 번째 신호는 증권사 애널리스트가 그 회사를 조사하기 시작할 때라고 생각한다.

왓슨은 특정 시점에서 그가 보유하고 있는 주식의 위험-수익 비율에 근거하여 상당히 자주 포트폴리오를 교체한다. 그의 논리는, 만약 그가 생각하기에 80% 상승할 것이라고 생각한 주식을 샀는데 단지 20%만 상승했다고 할 때, 그것을 팔아 80% 상승할 다른 주식으로 교체한다는 것이다. 그는 위험-수익 비율을 일정수준으로 유지하려고 노력한다.

왓슨이 포트폴리오를 그렇게 자주 변경하는 또 다른 이유는 투자의 본질 때문이다. 그는 소형주는 대부분 18개월 정도의 기간 동안 일시적으로 하락하는 경우가 있다고 믿는다. 그래서 한 달에 한 번 포트폴리오에 있는 주식을 재평가하고 각 주식의 포지션을 얼마나 가져갈지 결정한다.

"만약 어떤 회사가 고객의 주문 하나를 놓친다면 실적 하나를 놓치는 것이고, 그 주식은 하락하게 되어 어려움을 겪을 것이다. 그리고 그것은 영업에 심각하게 영향을 미칠 수도 있다. 나는 죽은 돈은 좋아하지 않는다. 지금 당장 잘하고 있는 기업에 투자하는 것이 중요하다."

왓슨은 하나의 주식으로 펀드 자산의 2% 이상을 보유하는 법이 거의 없기 때문에 펀드가 좋은 수익을 올리기 위해서는 많은 보유주식들이 성공해야 한다. 그는 한두 개의 주식이 3~4배 오르는 경우에도 그 주식의 보유비중을 최저선에서 4%만큼만 올린다.

"펀드가 과거 3년간 우리가 해온 것처럼 상당한 수익을 지속적으로 내기 위해서는 성공하는 주식들이 많이 있어야 한다. 그것이 우리의 유일한 리스크인데, 만약 한 주식이 정말로 대박이 난다고 해도 우리의 전체 성과에 미치는 영향은 미미하기 때문이다. 우리에게 그것은 숫자게임이다. 위험-보상 비율에 의한 투자는 우리에게는 굉장한 시스템이고 그것을 보완하는 한 우리는 계속해서 성공할 수 있을 것이다."

펀드 설립 이래로 왓슨의 펀드는 투자하고 있는 주식이 몇 배가 오른 경우가 많이 있었으며 10배까지 뛴 후에 판 경우도 많았다.

"우리의 운용철학을 주의깊게 관찰한 사람이라면 누구나, 우리가 수익이 10배로 증가하는 주식을 10달러에 산 이후에 수익은 그대로 있고 가격만 20달러로 오른다면 우리는 그 주식을 팔고 우리의 기준에 맞는 다른 주식을 산다는 것을 알게 될 것이다. 5배나 6배로 오르는 주식을 계속 보유하기 위해서는 지속적으로 우리들의 수익 예상치가 상승해야 하는데, 소형주들은 약점이 없는 기업이 드물기 때문에 수익 예상이 계속 상승하기란 극히 힘들다. 더욱이 그 주식이 10배로 오를 때 그 회사는 아마도 시가총액이 거의 10억 달러에 이르는 회사가 되어 있을 것이며 다른 사람들도 그 회사에 대해 알게 될 것이다. 바로 그때가 우리가 그 주식을 팔고 다른 데로 가서 새로운 주식을 사는 시점이 된다."

왓슨은 주식을 사기 전에 내부자 매수, 신고점, 수익 등 많은 요인들을 살펴본다. 때때로 그는 알파벳 순으로 회사를 살펴보는데, 특정 문자로 시작하는 이름의 나스닥 상장회사 모두를 훑어보기도 한다.

"1만 2,000개 이상의 기업에서 투자기업을 골라내고 그들을 모두 히트시키기는 불가능하다. 그러나 우리는 그렇게 하려고 노력한다."

왓슨이 반드시 필요하다고 생각하는 리서치의 한 방법은 회사 경영자들과 이야기를 나누는 것이다. 대부분의 경우에 왓슨과 그의 스태프들은 전화로 회사의 대표이사(CEO)나 재무담당이사(CFO)를 만나는 데 전혀 문제가 없다.

"나는 IBM의 CFO에게 전화를 할 수도 없고 전화로 그를 만날 수도 없다. 행여 전화 통화를 한다 해도 그는 나에게 알맹이 있는 것은 아무것도 말해주지 않을 것이다. 그러나 작은 기업에 전화를 하면 나는 CFO를 만날 수 있다. 그는 기꺼이 전화로 나에게 시간을 내줄 것이며 일이 어떻게 돌아가고 있는지 말해줄 것이다. 그들이 자신의 이야기를 꺼내기 전에는 누구도 그들에게 관심 갖지 않는다. 또 그들이 회사의 지분을 가지고 있다면 그들은 자기 회사주식이 올라가기를 원한다. 우리는 그런 회사의 경영자들과 이야기하는 데 전혀 어려움이 없다."

왓슨은 그가 투자하고 있는 회사와 의사소통을 하는 그의 능력을 귀중한 자산으로 생각한다. 어느 날 갑자기 주가가 10% 떨어지더라도 사장에게 전화를 해서 일이 어떻게 돌아가는지 알아낼 수 있기 때문이다.

"다른 누구도 그들에게 전화를 하지 않기 때문에 이 사람들은 이야기하기를 좋아한다. 대부분의 경우 우리는 한 배를 타고 있다. 그들은 그들대로, 나는 나대로 사업을 일으키려고 노력하고 있다."

최근에 상장된 회사를 살펴보는 이외에 왓슨은 턴어라운드하는 기업을 찾으려고 노력한다. 1997년과 1998년에 펀드에서 좋은 수익을 냈던 턴어라운드 기업의 주식은 존스타운 아메리카$^{Jonestown\ America}$와 쇼니의 레스토랑$^{Shoney's\ Restaurant}$이다.

"이 두 주식 모두 시장에서는 버림을 받았으나 우리는 그 회사의 진정한 가치를 발견했다. 특히 쇼니 레스토랑은 모든 사람이 이름은 알고 있으나 누구도 거기서 음식을 먹으려 하지 않았다. 그곳은 음식에 대해서는 알려지지 않고 오히려 늦게 문여는 것으로 악명을 날리고 있었다. 경영진은 음식의 질을 높이기로 결정했고 상황이 완전히 바뀌기 시작했다. 모든 나쁜 뉴스가 사라졌고 우리에게 그것은 주당현금흐름의 3배 가격에 그 주식을 살 수 있었던 완벽한 턴어라운드 기회였다."

왓슨은 처음 쇼니의 레스토랑 주식을 주당 3.25달러에 사고 나서 5달러로 올랐을 때 약간 더 샀다. 그 주식은 나쁜 뉴스가 터지기 이전 25달러까지 올라갔는데 왓슨은 10달러까지는 올라갈 수 있다고 믿었다. 10달러면 투자수익이 배가 되는 것이며 그 정도면 만족스런 수준이었다. 왓슨의 펀드는 또한 최저수익률 수준을 올리기 위해 숏포지션을 이용한다. 왓슨은 시장에서 상당한 인기가 있으나 그것을 뒷받침할 만한 실적이나 생산제품을 가지지 못하는 회사들에 대해서는 숏포지션을 취하는 것으로 보인다.

"2달러에서 20달러까지 오른 주식과 우리의 연구결과 1달러짜리 가치밖에 없는 주식은 우리가 숏하려고 하는 주식이다. 좋은 수익을 내고 있는지는 모르나 그 수익 뒤의 진실을 조사해보면 마이너스의 현금흐름을 가지는 회사에 대해서도 숏포지션을 취한다. 우리는 가치평가에만 근거해서 숏포지션을 취하지는 않는데, 그것은 비싼 주식을 더 비싸게 만드는 경향이 있어서 이런 주식의 숏포지션은 우리를 매우 곤란하게 만들기 때문이다."

그 펀드는 대개 50%를 벌게 되면 숏포지션을 거두어들이고 다른 기업으로 관심을 돌린다. 그렇게 하지 않은 기업이 한 군데 있는데, 바로 인터내셔널 귀금속International Precious Metals이다. 왓슨은 1997년에 그 회사에 대해 8달러에 숏을 쳤는데, 1998년 4월 이 책을 위해 만났을 때 그 회사 주가는 50센트였고 왓슨은 여전히 숏포지션을 가지고 있었다.

인터내셔널 귀금속은 네바다에 거대한 금광을 가지고 있으며 그것을 증명하는 연구결과도 가지고 있다고 공표했다. 문제는 네바다주에서 자체 연구결과 금이 없다는 입장을 고수하고 있다는 점이었다. 그 회사는 금이 거기에 있다는 연구결과를 말하면서 네바다 주정부의 연구를 반박하였으며 주가는 올랐다. 그런데 어떤 사람이 인터내셔널 귀금속이 자료로 사용하고 있는 연구라는 것이 고등학교 지리 수업에서 행해진 것이라는 사실을 발견하자 버블이 터졌다.

"모든 일이 사기였음이 증명되었다. 우리는 그 주식에 숏포지션을 취했고 그것이 계속 떨어질 것이라는 사실을 알았다. 숏포지션과 관련하여 어려운 점은 펀드가 그 주식을 금방 다시 살 일이 없을 것이라는 점을 확신하는 것이다."

펀드가 되사게 된다는 것은 그 주식의 매수자나 보유자가 대주를 상환하도록 요구함으로써 결국 펀드가 할 수 없이 숏포지션을 청산하게 하는 것을 의미한다.

1997년 1월 왓슨은 한 월간소식지에서 굉장히 큰 숏 찬스가 있는 한 주식에 대하여 글을 썼다. 문제는 그가 대주를 할 수 없다는 것이었다. 그의 브로커 누구도 그 주식을 빌릴 수가 없었고, 그래서 그는 주식이 완전히 곤두박질쳤을 때 돈을 전혀 벌 수 없었다.

왓슨의 연구는 단순했다. 그는 그 회사에 전화를 해서 회사의 생산제품에 대해 물어보고 그 제품을 친구에게 검사하도록 보냈다. 그들 중 누구도 그 제품을 추천하지 않았다.

"그것은 완벽한 상황이었다. 내가 그 제품을 시험해줄 것을 요청했던 사람 누구도 그 제품을 사용하는 것은 물론 사겠다고 말하지 않았다. 얼마나 굉장한 숏 기회인가? 그 회사는 현금을 이리저리 낭비하고 있었고 월스트리트에 굉장한 재료가 있다고 말하고 있었다. 그러나 현실적으로는 누구도 그 제품을 사려고 하지 않는다면 죽게 될 운명이었다."

그 회사 주식은 12개월 만에 20달러에서 50센트로 떨어졌다.

"공매short sale를 하기 위해서는 주식을 빌릴 수 있어야 하고 그것을 유지시킬 필요가 있기 때문에 그것은 완전히 인간관계 게임이다. 다시 되사게 될 걱정을 하지 않아야 그 포지션을 유지할 수 있기 때문이다." 왓슨은 자신과의 인간관계 때문에 최선을 다한다고 믿는 두 개의 회사를 통해서 트레이딩의 대부분을 실행한다.

왓슨은 또 "우리는 자체 트레이더를 가지고 있지 않기 때문에 자신의 돈처럼 주문을 실행하고 어떻게 하면 우리가 만족하는지를 알고 있는 좋은 친구 두 명을 트레이더로 이용한다"라고 말했다. "당신이 포트폴리오에 100개의 주식을 가지고 있을 때 피터 린치가 마젤란 펀드에서 했던 것처럼 당신은 항상 이것을 사고 저것을 팔고 돈을 이리저리 굴린다. 우리는 10개의 주식을 사서 무슨 일이 일어나는지를 보는 데에는 관심이 없다. 우리는 항상 수익을 극대화하려고 노력하고 있다."

왓슨은 그와 동료들이 견실한 투자처를 발견하기 위해 얼마나 열심히 일하느냐에 따라 그의 성공이 달려 있다고 믿고 있다. 그들은 완전히 그들 자체의 리서치를 수행하고 있다.

"대부분의 소형주 매니저들은 우리만큼 많은 일을 하지 못한다. 나는 그들이 우리만큼 많은 회사에 전화를 한다고 생각하지 않는다. 시장에는 최소한 1만 2,000개의 기업이 있지만 대부분의 매니저들은 아마 하루에 3개 기업 이상 전화하지 않을 것이다. 반면 우리는 20개 기업에 전화를 한다. 우리는 더 많은 사람들과 이야기를 나눈다는 이유만으로도 다른 운용회사 사람들보다 7배나 많이 좋은 아이디어를 얻을 수 있다."

왓슨은 그의 사업에 다른 펀드를 포함시키려 한다. 그는 일단 관리자산이 2억 달러에서 3억 달러가 되면 수익을 극대화할 새로운 상품을 발매할 필요가 있을 것이라고 믿고 있다. 그는 대형주에 투자하고 가능하다면 사모로 투자하는 펀드를 출범시키려고 한다.

"정말로 우리가 추구하는 투자방식을 채택하는 펀드를 위한 판매시장이 있을 필요가 있다. 현실적으로 볼 때 소형주시장 안이나 밖 모두 우리가 성장할 많은 여지가 있다."

한나 김—이머징 시장(동유럽) 투자전문 펀드매니저

한나 김은 헤지펀드 업계에서는 상대적으로 신예이다. 그녀는 1997년 후반 33세의 나이에 인터피드 인터내셔널 그룹Intrepid International Group LLC이라는 자신의 펀드를 시작했다. 인터피드 인터내셔널 그룹은 이머징 시장에 초점을 맞추고 있고, 월스트리트의 레이더 스크린에서 벗어난 잘 알려지지 않은 지역에 투자하는 것을 원칙으로 한다. 1998년 내내 김은 불가리아 투자에 집중하였다. 이전 동구권 국가 중 김은 불가리아가 가장 탁월한 투자기회를 준다고 생각한다. 그녀는 화학공장부터 담배제조업에 이르는 모든 분야에 투자해왔으며, 업계 최정상을 유지하고 새로운 투자기회와 아이디어를 얻기 위한 현지출장에 많은 시간을 보낸다.

김은 1986년에 메릴랜드의 타우슨 주립대학$^{Towson\ State\ University}$을 단 2년 만에 졸업한 후 월스트리트에서 일하기 시작했다. 그녀는 학점을 많이 신청하고 여름학기를 다녀 학부과정을 일찍 마쳤다.

"나는 학부과정을 좋아하지 않았다. 학부과정은 지루하기만 했다. 학교는 우리가 공부하고 싶어하는 것만을 공부하도록 놔두지 않으며, 많은 조건들을 충족해야만 한다. 학교를 그만두느냐 조기졸업하느냐 하는 두 가지 길에서 나는 조기졸업을 택했다"고 그녀는 말한다.

대학원에 가려고도 생각해보았지만 김은 먼저 세계를 둘러보는 여행을 하기로 결정했다. 졸업을 하자 한국으로 가서 어학코스를 밟고 한국어를 배웠다. 아버지가 한국인이었음에도 불구하고 한 번도 한국어를 배운 적이 없었던 것이다. 한국에 있는 동안 그녀는 삼일회계법인에서 주식애널리스트로 일자리를 얻었다.

"굉장한 경험이었다. 당시 한국은 독재에서 민주주의로 발돋움하던 그런 시기였다." 삼일회계법인에서 그녀는 어떻게 시장을 분석하고 기업을 조사할 것인가를 배웠다. 그녀는 한국에서 3년을 보냈고 미국으로 돌아가서 존스 홉킨스 대학의 SAIS$^{Nitze\ School\ of\ Advanced\ International\ Studies}$에 들어갔다.

존스 홉킨스 대학에서 그녀는 국제경제와 군사전략을 복수전공했다.

"나는 군사전략에 흥미가 있었다. 한국에 있는 동안 나는 미국의 안보정책에 대해서 많은 시간 토론했다. 나는 항상 러시아와 동유럽을 좋아했다. 한국에서 나는 나의 펀드를 시작하거나 계속해서 애널리스트가 되는 것이 적성에 맞다는 것을 알았다. 나는 군사전략이 그렇게 되는 데 반드시 필요한 일이 아니라는 것을 알았지만 같이 공부했던 동창생들에게 아직도 월스트리트에서 직장을 잡을 수 있다는 것을 이야기했다."

김은 보험회사 AIG$^{American International Group Inc.}$에 관리부서 견습생으로 취직했다. 그녀는 투자 파트로 가기를 원했지만 그 회사 정책은 돈을 투자하기 위해서는 돈이 어디서 나오는지를 알아야 한다는 것이었다. 델라웨어에 있는 AIG 회계부서에서 몇 달을 보낸 후에 김은 보조 포트폴리오 매니저가 되어 뉴욕으로 옮겼다.

"나는 나를 정말로 싫어했던 두 사람과 같이 일했다. 특히 한 사람과는 항상 싸웠고 그것은 정말 고통스러운 일이었다." 상황은 김이 높은 위치에 앉는 것으로 끝이 났다. 그녀는 연수를 받기 위해 뉴욕으로 보내졌고 결국 그녀와 같이 일하던 사람 중 하나의 자리를 차지했다. 처음에 김은 그녀가 싸웠던 것 때문에 그녀의 직장을 잃을 것이라고 생각했다. 그러나 곧 그것이 그런 경우가 아니라는 것을 깨달았다.

"우리는 미친듯이 일하였다. 우리는 서인도제도 최남단의 트리니다드^{Trinidad}섬에 투자하는 것에서부터 미국저당증권을 사는 것까지 모든 일을 했다"라고 그녀는 술회한다.

대부분의 경우 회사가 지역기반 보험경영을 할 때는 돈을 그 지역에 투자하도록 요구된다. 그래서 김과 동료들은 항상 세계 구석구석 투자처를 찾으려고 노력했다.

"우리는 자주 어떤 정부의 채권을 샀으며 일정한 수익을 얻기 위해서 돈을 모아 직접 주식에 투자하곤 했다. 카리브 지역에서는 우리들의 투자요건을 충족시키기 위해서 할 수 있는 것은 그 나라에 하나밖에 없는 컴퓨터 단층촬영기계나 그와 비슷한 어떤 것에 투자하는 것이었다."

김은 그 지역의 투자인맥에 의존하여 투자적격조사나 연구를 수행했으며 아이디어를 내기 위해 많은 고된 일을 했다.

"나는 많은 시간을 현장에서 사람들을 만나면서 보낸다. 모든 사람은 나름대로 가치가 있는데 문제는 나쁜 것에서 좋은 것을 골라내고 또한 너무 많은 자본을 위험에 빠뜨리지 않고 투자를 결정하는 것이다. 우리는 항상 좋은 현금 수익 흐름을 내는 투자를 찾아다녔다"라고 그녀는 말한다.

김은 1994년에 AIG를 떠나 글로벌 어드벤스 테크놀로지$^{Global\ Advanced\ Technology\ Corp.}$에서 저당채권파생시장을 전문으로 하는 컨설턴트로 일하게 되었다. 그녀는 이머징 시장의 부채와 주식전략에 대한 리스크 분석 분야에서 전문가가 되었다.

"거기서 약 3년간 일한 후에 나는 시장상황이나 내 경력으로 볼 때 나의 펀드를 시작할 시점에 와 있다는 것을 깨달았다. 시장은 정말로 잘 되고 있었고, 그것은 돈을 모으기가 좋은 때라는 의미였다."

김의 초기 투자금액은 이전 동료와 사업관계자에게서 나왔다. 그녀는 백만 달러도 채 안 되는 돈으로 펀드를 시작했다. 처음에 그녀는 돈을 움직이기가 상당히 어려웠다. 시장의 수준이 너무 높아 견실한 투자처를 찾을 수가 없었다.

"내가 처음 시작했을 때 나는 시장이 너무 과열되어 버블이 곧 터질 것이라는 희망적인 전망을 했다. 돈은 쉽게 모을 수 있었으나 좋은 투자처를 찾기가 매우 어려웠기 때문이다. 반면 분위기가 가라앉은 지금은 투자처를 찾기는 쉬우나 돈을 모으기가 쉽지 않다"라고 그녀는 말한다.

그녀는 투자기회를 포착하기 위해 거시와 미시 전략을 연계하여 사용한다. 그녀의 거시 전략은 국가 선택, 선택된 국가의 정부와 경제정책 연구, 유럽연합과의 관계 조사, 내전의 가능성 관찰 등을 포함한다. 일단 국가가 선택되면 채권과 주식 투자기회를 조사하고 분석하는 미시 전략을 사용한다.

1998년 당시 김의 투자 포커스는 불가리아의 화학공장과 담배회사였다.

"이 지역의 특징은 기업 사유화가 경기를 급상승시키면서 많은 외국인 투자를 몰고 오는 경향이 있다는 것이다. 사람들은 미쳐서 돈을 쏟아 붓는데, 초기 투자자들은 정말로 대성공을 거둔다. 예를 들면 폴란드에서 기관투자가들의 돈이 유입되기 전에 들어갔던 개인투자자들은 떼돈을 벌었다. 지금은 너무 많은 사람들이 거기에 몰려 있고 핵심에 있지 못한 사람들은 시장에서 떨어져나가고 있다."

김은 불가리아가 돈 벌 기회가 많은 지역이라고 믿는다. 정부가 매우 안정적일 뿐 아니라 통화 역시 1997년 말에서 1998년에 발생한 아시아 통화위기 속에서도 크게 변동하지 않았기 때문이다. 반면 그 지역의 다른 국가들은 위험에 처했다. 그녀는 거시분석 결과 불가리아가 그녀의 기준을 충족시키는 것으로 판단하고 불가리아에 투자하기로 결정했다.

"그곳에는 정부가 개혁하지 않을 수 없는 그런 강력한 정치적인 환경이 있었다. 그리고 불가리아는 재정과 금융을 통제하면서 유럽연합에 참여하는, 그 지역의 몇 안 되는 국가이다. 그것은 나의 투자기준에 정말 잘 맞는 몇 개 국가 중 하나였다."

이런 타입의 국가에 투자할 때 핵심은 인맥이다. 김은 이 지역을 황야의 서부시대와 동일시했다. 그녀는 "여기에서는 대부분의 경우 투자와 관련하여 정해진 어떤 명확한 구조도 없다. 성공하기 위해서는 고급관료와 사업가들에게 접근할 수 있어야 한다"라고 말한다.

김은 외국정부에서 컨설턴트로 일했던 사람들을 통해, 그리고 AIG에서 일한 덕분에 이런 타입의 유대관계를 많이 세울 수 있었다.

"일단 당신이 사유화 사무국 총수와 재무부 차관 등 고위층 사람들과 이야기를 할 수 있게 되면 일이 어떻게 돌아가고 있는가에 대한 정보를 얻을 수 있다. 그후에는 되돌아가서 다양한 산업에 종사하고 있는 사람들과 이야기를 나누어보고 어디에 투자기회가 있는가에 관심을 두면서 그 정보를 평가해야 한다. 투자라는 측면에서 볼 때 무엇이 의미가 있으며 누가 누구를 속이고 있는지 알아내기 위해서는 많은 사항을 검토해야 한다."

그녀는 초기자본으로 일정한 포지션을 산 이후에 더 많은 자본을 모으는 데 집중하였다. 1998년 1분기에 그녀는 자본을 4백만 달러까지 늘렸고, 2000년 중반까지 자본을 2천5백만 달러로 늘릴 수 있을 것으로 예상했다.

"나는 두 가지 이유로 2천5백만 달러를 목표로 하고 있다. 첫째는 가능한 규모이고 둘째는 내가 가볍게 움직일 수 있는 규모라는 이유이다. 만약 큰 펀드가 불가리아 같은 시장에 투자한다면 수익이 나는 투자기회를 발견하기가 어려울 것이다. 그러나 2천5백만 달러로는 큰 기관이 아니라 개인투자가처럼 행동할 수 있다."

김은 마케팅 업무를 회사 이사들에게 위임하고 있다. 그들은 미국, 유럽 및 아시아에서 투자자를 찾는 데 집중하고 있다. 그녀는 자신에게 세일즈 기술이 없다는 점이 오히려 회사의 마케팅 능력을 높이고 있다고 생각하는데, 과거 경력으로 볼 때 그녀가 그렇게 수동적인 입장에 있어 본 적이 없다.

"마케팅은 나의 특기가 아니다. 하지만 그것 없이는 사업을 원하는 수준까지 키울 수가 없다. 따라서 나는 많은 시간을 마케팅하는 데 보내려고 노력한다. 그러나 나는 들어온 돈을 투자하여 계속하여 견실한 수익을 내는 데 더 집중할 필요가 있다고 생각한다."

인터피드 인터내셔널 그룹의 수익은 상당히 좋았다. 사업 시작 3개월 만에 김은 18%가 넘는 수익을 올렸다. 리스크 가중으로 평가했을 때는 그것이 S&P 500 지수 수익률에는 못 미치나 같은 기간 동안 아시아와 러시아의 동요로 인해 대부분의 동유럽과 아시아 국가들이 받았던 타격을 고려하면 그 실적은 대단한 것이었다.

투자의 특성상 김은 최상에 머무르기 위해서는 투자하고 있는 지역에 있어야 한다고 믿고 있다. 그래서 그녀는 새로운 것을 찾고 투자를 검토하기 위해 불가리아를 비롯한 다른 국가에서 1년 중 1/5을 보낸다.

"다른 나라에 가는 것은 정말 재미있는 일이다. 나는 그 나라 사람들과 아주 가깝게 지낸다. 문자 그대로 눈앞에서 그 나라와 산업이 발전하는 것을 바라보는 것은 정말 흥미로운 일이다"라고 그녀는 확언한다.

그러나 AIG에서처럼 나쁜 것과 좋은 것을 구분하는 일이 문제의 핵심이다. 그것은 매우 어려운 과정이지만 김은 자신의 경력이 문제해결을 위한 올바른 방법을 알게 해준다고 믿고 있다. 그녀는 어떤 산업이 사유화되고 있는지, 어디에 장애물이 있는지, 그 지역 산업의 사유화를 지연시킬 만한 보이지 않는 지역적 관심이 무엇인지, 다국적 기관이 돈을 어디에 투자하고 있는지와 같은 문제들을 검토한다. 물론 회사를 잘 운영하는 좋은 경영진이 있는 기업도 찾고 있다.

"일부 기업에는 무엇이 어떻게 돌아가는지 전혀 모르는, 공산주의 시대부터 넘어온 경영진이 있는데 이들 때문에 그 기업은 최고가 되지 못한다. 그러나 내가 투자하고 있는 기업을 포함해서 많은 다른 기업들은 정말로 좋은 경영진을 가지고 있다. 이런 기업들은 아주 적은 돈으로 경영을 해왔으며 대부분의 경우 적은 액수의 투자라도 받으면 경영진들은 그 돈을 매우 유용하게 쓴다. 그들은 문자 그대로 아주 적은 자본을 받아 그것으로 회사를 꾸려나가고 생산성과 효율성을 증대시킬 수 있다."

우리가 만났을 때 김은 적게는 1만 달러에서 많게는 4만5천 달러를 다양한 주식, 채권, 사모증권에 투자하고 있었다. 흥미로운 일이 있다면 1997년 후반 담배 산업에 대한 투자의 경우처럼 그녀는 그 산업에 있는 여러 회사에 투자금액을 분할하여 투자한다는 것이다. 결국 불가리아 담배산업에 대한 투자는 15만 달러를 넘게 되었다.

김은 자신이 앞으로도 세계의 알려지지 않은 지역에 계속해서 관심을 집중할 것이라고 한다. 그녀는 이것이 성공을 위한 가장 좋은 기회를 제공할 것이라고 믿고 있기 때문이다.

"당신이 홍콩 경마클럽 같은 고급 사교모임에 깊이 참여하고 있거나 정말로 무슨 일이 일어나고 있는지 알도록 해주는 다른 커넥션이 없다면 아시아는 돈을 벌기 매우 힘든 지역이다. 나는 다른 기관투자가들이 아직 별로 투자하고 있지 않아서 경기하기 쉬운 지역에 있고 싶다."

피터 폴크너—부실증권 투자전문 펀드매니저

피터 폴크너는 다른 사람들이 일하지 않고 게으름을 피울 때 돈을 버는 매니저이다. 폴크너는 룸페레 캐피털$^{Rumpere\ Capital}$의 매니저로서 특수한 상황에 투자한다. 그는 가치투자자이다. 그는 정상적이지 않은 상황에서 기회를 찾는다. 파산했거나 곧 파산하는 기업의 채권과 주식을 사는 것이 그의 일이다. 단순하게 보면 그는 자신의 할 일을 하고 기회를 찾고 그것을 이용해서 이익을 얻으려고 하는 사람이다.

폴크너는 미국인 아버지와 이탈리아인 어머니 사이에서 태어나 이탈리아에서 성장했다. 그는 조지타운 대학의 대외관계학과$^{SFS:\ School\ of\ Foreign\ Service}$를 졸업하고 1983년에 헤르조그^{Herzog}, 하이네^{Heine}, 게덜트^{Geduld}에서 맥스 하이네$^{Max\ Heine}$ 등과 일하고 있던 한스 자콥슨$^{Hans\ Jacobson}$의 조수로 취직했다. 그는 여러 해 동안 마이클 프라이스$^{Michael\ Price}$, 하이네, 자콥슨과 일했다. 거기서 부실증권투자기법을 배운 후 알렉스 브라운 앤 선즈$^{Alex.\ Brown\ \&\ Sons}$로 갔는데, 거기서 폴크너는 부실증권부서를 발전시켰다. 1992년에 그는 M.J.Whitman Inc.과 the Third Avenue 펀드를 운영하는 마틴 휘트먼$^{Martin\ Whitman}$과 같이 일하기로 결정했다. 폴크너와 휘트먼의 거래는 폴크너가 그 회사의 트레이딩 창구를 발전시키고 일단 운영이 본궤도에 오른 후에는 독립하여 나갈 수 있다는 의미였다. 1992년 10월 폴크너는 룸페레 펀드를 출범시켰다. 그는 룸페레를 계속 운영하는 한편 부실증권시장을 이용할 다른 펀드를 출범시키는 데 휘트먼과 협력하기로 했다. 그 아이디어는 그들의 리서치와 투자능력을 극대화하기 위해서 두 사람의 운영능력을 이용하자는 것이었다.

룸페레는 'broken(망한)'의 라틴어이다. 그 이름은 'bankruptcy(파산)'라는 단어의 이전 사용어인 'broken beach'라는 숙어에서 나왔다.

폴크너는 "사람들이 '헤지펀드'라고 언급하는 것은 이미 조직화된 제도권의 사업이 되어버렸기 때문에 나는 나의 돈과 몇몇 상류층의 개인돈을 합쳐 그 회사를 출범시켰다"고 말한다. "헤지펀드 업계에는 강력한 과거 실적을 가지고 대형조직을 설립했던 진짜 돈을 가진 진정한 실력자들이 있었다. 나는 그 사람들과 경쟁할 수 없다는 것을 느꼈다."

폴크너는 운용자산 7백만 달러로는 다른 사람이 그의 펀드를 흡수하기 전에 자신을 드러내야만 한다는 것을 느꼈다. 그가 투자자들에게 접근했다면 막강한 스태프와 리서치 능력을 가진 기존의 펀드와 부딪쳤을 것이다. 그는 다음과 같이 말한다.

"나는 과거실적 없이는 경쟁할 수 없다는 것을 깨달았고 그래서 실적을 쌓아나가기로 결심했다. 그 산업 전체의 핵심은 과거실적과 연륜을 가지는 것이다."

그것과 관련한 일들은 잘 풀리는 듯 보였다. 펀드를 운영하기 시작한 1992년부터 1996년 말까지 폴크너는 23.07%의 연수익률을 보였다. S&P 500과 메릴린치의 고위험주식계수$^{High\ Yield\ Index}$가 보인 15.22%, 12.75%의 수익률을 크게 앞지른 것이다. 그는 1997년을 26.2%로 끝내면서 강력한 수익률을 보였는데 이러한 추세는 1998년 여름까지도 계속 이어졌다. 그러나 1998년은 그다지 좋은 시기는 아니었으며 폴크너의 펀드는 연간으로 마이너스의 수익률을 보였다. 다행히도 1999년 9월까지 그 펀드는 수익률을 13.6%까지 회복하였다.

1998년 초에 폴크너는 사업방향을 계속 유지하기로 결정하고 그 펀드를 적극적으로 마케팅하였다. 그는 2000년 말까지 4천만에서 5천만 달러가 될 것으로 예상하고 2001년 말까지 2억 달러 이상으로 펀드가 커질 것이라 희망했다.

"이 산업도 다른 산업처럼 나의 두뇌만 빼고 무엇이든 외주를 줄 수 있는 선까지 발전했다. 모든 후선부서 기능, 트레이딩 과정, 그리고 자체적으로 하기에는 비용이 드는 극히 작은 규모에 대한 마케팅 등은 외주를 줄 수 있기 때문에 나는 컴퓨터 한 대만 있는 작은 사무실에서도 그렇게 큰 펀드를 운용할 수 있다. 지금은 휘트먼 회사에서 같이 일하기 때문에 나는 그들의 리서치와 기술을 이용할 수 있고, 비용을 낮출 수 있는 것이다."

폴크너가 돈을 모으는 방법 중 하나는 제3자 마케팅 회사와 독점적인 계약을 하는 것이다. 그 마케팅 회사는 부실채권투자에 집중하고 있는 다른 펀드와는 일하지 않을 것이고 폴크너는 다른 제3자 마케팅 회사와 일하지 않을 것이다. 폴크너는 그 마케팅 회사가 마케팅한 자금으로부터 받는 수수료의 1%를 지불한다.

"이것은 양쪽 모두에게 굉장한 조건이다. 그것은 내가 연구와 투자에 집중하게 해주는 동시에 그들에게는 돈을 모으고 영업적인 측면에서 고객관계를 원활하게 하게 해준다."

폴크너는 자신을 가치투자자라고 생각한다. 한 가지 특이한 점이 있다면 그는 문제가 있는 기업을 찾는다는 것이다.

"우리는 네 가지 주요 특성을 가지고 있는 기업을 찾는다. 그 특성은 높은 유형자산가치, 좋은 틈새시장, 경쟁력 있는 제품, 능력 있는 경영진이다. 일단 이 네 가지 요건이 충족되면 우리는 그것을 단순, 안전, 저렴의 세 가지 원칙하에서 접근한다."

폴크너의 이러한 전략은 오늘날 부실채권투자에서는 할 일이 별로 없다는 문제점이 있기는 하지만 결국 일시적인 문제를 극복할 수 있는 생존력 있는 기업을 발견하게 된다. 그는 연구를 통해 바닥을 쳤다는 계량적인 증거가 나오는, 구조조정 과정에 있는 기업을 찾는다. 어떤 경우 그런 기업은 수익이 증가하기 시작하고 과다한 재고 등이 감소된다.

"나는 40에서 50센트에 채권을 사서 80센트까지 오르기를 기다린다. 10센트에 사는 것은 반대하는데, 그것은 0으로 갈 가능성이 높기 때문이다"라고 폴크너는 말한다.

폴크너가 설명하는 단순, 안전, 저렴의 방법론은 다음과 같다.

'단순'은 그가 사는 것에 의해 정의된다. 그는 옛날 채권을 사고 최근 채권을 파는 것을 의미하는 자본구조차익거래$^{\text{capital structure arbitrage}}$의 기회가 없으며 유형자산이 많고 견고한 배급망을 가진 기업을 좋아한다.

'안전'은 그가 그 회사를 언제 어디서 사는가에 의해 정의된다. 대부분의 경우에 그는 불확실성이 매우 적을 때, 대개는 자본구조가 완전히 확정된 이후에 들어간다.

"만약 한 회사가 극단적으로 부채비율이 높은 대차대조표를 가지지 않다는 것을 의미하는 옛날 채권에 대해 작은 트랑셰^{tranche}(일종의 잔존부채)를 가지고 있으나 영업에서는 심각한 문제가 나타나고 있고 주가가 50% 이상 하락하였다면, 나는 그때가 바로 그 회사 주식을 살 시점이라고 생각한다. 이런 기업의 주식을 사는 것은 모든 면에서 상환우선권이 있는 파산한 기업의 옛날 채권을 사는 만큼 안전하다."

폴크너는 채권이 상환불능이 되어 지금 액면가보다 상당히 아래에서 거래되고 있으면서도 아직 부도가 나지 않은 좋은 기업이 별로 없기 때문에 부실주식영업에서 별로 할 일이 없다는 말에 동의한다. 그러나 아직도 그는 상당한 시장점유율을 가지고 어디서든지 팔 수 있는 좋은 제품을 가진 중견 브랜드의 기업들에서 할 일이 꽤 있다고 믿고 있다. 폴크너는 이런 기업들이 실수를 해서 주가가 떨어지게 되는 경우 그런 회사는 그 분야에서는 항상 선도자이기 때문에 자금차입을 할 만큼 어려운 상황은 아니라고 생각한다. 따라서 그는 그 회사에 투자할 수 있고 일단 상황이 반전되면 떼돈을 벌 수 있다고 말한다.

이런 종류의 기회를 준 기업에는 선빔^{Sunbeam}, 샘소나이트^{Samsonite}, 코퍼레이트 익스프레스$^{Corporate\ Express}$, 그리고 팻스마트^{PetSmart} 등이 포함된다. 이 회사들 모두 각 분야에서는 선도자였으나 경영진이 실수를 하여 심각한 어려움을 겪었다. 그러나 일단 경영진이 상황을 통제할 수 있게 되자 상황이 반전되었고, 아주 특별한 투자기회를 제공했다.

"일단 당신이 경영진과 이야기를 나눌 수 있다면 회사 사정이 최악을 벗어나고 있는지, 혹은 아직 고칠 문제가 남아 있으나 기본적으로 더 좋아지는 길에 들어섰는지에 대해 알 수 있다"라고 폴크너는 확신한다. "많은 부실증권 업계 사람들은 그것은 그들이 하는 일이 아니기 때문에 이런 종류의 하찮은 것을 사지 않는다. 하지만 그것은 잘못된 방식이다. 그 회사가 파산상태에 있지 않다는 것이 좋은 투자기회가 아니라는 것을 의미하지는 않기 때문이다."

폴크너는 그의 전략 중 '저렴'이라는 것을 내재가치로 정의하고 있다. 그는 항상 어떤 회사에 대해 민간시장이 평가한 가치 아래에서, 그리고 그가 믿기에 그 회사의 청산가치 밑에서 그 회사 증권을 사려고 노력한다. 그는 항상 "이 세상 마지막 날까지 최상의 헤지 방법은 싸게 사는 것이다"라고 말한다.

폴크너가 어떤 것을 사러 들어가기 전에 찾는 가장 중요한 퍼즐의 조각은 곧 일어날 것 같은 일종의 커다란 사건이다. 예를 들어 코퍼레이트 익스프레스라는 사무용품 공급업체를 사러 들어갔는데, 그 회사의 주가가 50% 이상 하락하였고 수익을 서서히 증가시킬 계획을 가지고 있었다 할지라도 턴어라운드에 대한 실질적인 촉매제는 비핵심자산을 정리하는 것임을 그는 이미 알고 있었다. 일단 이런 일이 일어나자 그 회사와 주식은 반등하였다.

폴크너는 저렴이라는 것을 구체화하기 위해 많은 요인을 검토한다. 어떤 경우에는 현금흐름을 정규화하여 사용하는 현금흐름 수익모델을 사용하기도 한다. 그는 또한 개인적인 관심으로서 그 기업에 대한 가치뿐 아니라 비핵심제품 판매의 가능성과 청산가치를 살펴보기도 한다. 일단 이런 문제에 대답을 하면 그는 여러 시나리오 하에서 본질가치를 도출해

냄으로써 그 회사가 얼마나 가치가 있느냐를 알게 된다. 폴크너는 이렇게 설명한다.

"우리가 기본적으로 하는 것은 한 사업을 검토하는 것이다. 그것이 X원만큼 가치가 있는데 만약 우리가 X원의 50, 60, 70%에 그 채권을 살 수 있다면 장기적으로 그것은 좋은 결과를 낳을 것이기 때문에 그 채권을 사는 것이 타당하다."

1998년에 폴크너는 알리앙스 엔터테인먼트Alliance Entertainment, 하라 재즈 카지노Harrahs Jazz Casino, 트랜스 월드 엔터테인먼트Trans World Entertainment 및 많은 유럽의 기업에 투자하고 있었다. 각 경우에 대한 연구결과에서 그는 그 기업들이 틈새시장을 공략하고 일단 상황이 반전되면 각 분야에서 강력한 힘을 지니게 된다는 것을 알게 되었다.

"나의 투자철학의 핵심은 대부분의 사람들이 처음에는 투자기회를 잘 파악하지 못하고 그것이 가치 있는지 알아보려면 부지런하게 뛰어다녀야 하는데 게을러서 이것을 하지 못한다는 점이다. 헤지펀드 세계의 사람들은 대부분 정보를 얻기 위해 블룸버그나 다우존스 투자자 뉴스를 보는 것 이상의 노력을 들이지 않는다. 나는 이런 정보원에서 가치 있는 어떤 것을 찾을 수 있다고 생각하지 않는다. 정말로 무슨 일이 일어나고 있는지를 이해하기 위해서는 당신은 그 기업에 전화를 해야 하고 파고들어야 한다. 기본적으로 우리는 다른 사람들이 너무 게을러서 전화를 하지 않을 때 돈을 벌어야 하는 것이다."

꼭 필요한 리서치를 하고 경영진과 이야기를 하고 대차대조표를 분석한 이후에야 폴크너는 그 기업의 장단점에 대한 정보를 가진 상태에서 의사결정을 할 수 있다고 믿고 있다.

"나는 나의 일을 좋아한다. 그것은 대학에서 공부하는 것과 같다. 대학에서 나는 많은 과정을 이수했는데, 시험을 보고 나서 다양한 학점을 받았다. 펀드도 마찬가지다. 나는 제너럴리스트이다. 어떤 산업이 어려움을 겪고 있을 때 우리는 관심을 가지고 그 산업을 분석한다. 우리는 밖에 나가보지도 않고 '길을 포장하는 사업은 지금 과대평가되었다고 생각한다' 라고 말하지 않는다. 길을 포장하는 사업이 어려움을 겪을 때 우리는 그것을 조사한다. 나는 여러 타입과 다양한 크기의 기업들을 검토하고 나서 투자결정을 내린다."

폴크너는 신문을 읽고 그가 아는 월스트리트 안팎에 있는 사람들과 이야기를 나누는 등 많은 정보망을 통해 기회를 포착한다.

"당신은 사건들을 검토한다. 당신은 흥미 있어 보이는 회사를 발견하고 그 일을 한다. 당신의 학점은 당신이 돈을 버느냐와 벌지 못하느냐에 달려 있다. 유일한 차이는 당신은 다른 사람의 돈을 가지고 한다는 것과 약간 더 스트레스를 받는다는 점이다."

폴크너는 헤지펀드가 성공하는 이유는 헤지펀드 경영진에 대한 보상구조 때문이라고 믿고 있다.

"그것은 매우 간단하다. 누가 경영진이 10% 이상을 소유한 기업에 투자하기를 원하지 않겠는가? 사람들은 주가가 올라가고 그들이 돈을 버는 경우에만 경영진이 보상을 받게 된다는 것을 알고 있다. 만약 주가가 떨어지고 돈을 잃게 되면 모든 것이 원상회복될 때까지 돈을 받지 못하게 된다. 이런 투자기관에 무엇을 더 원하겠는가? 왜 경영진이 이익의 20%를 가져가야 하는가에 대해 의문을 가지는 사람들은 뮤추얼펀드에 투자하는 것이 더 낫다. 뮤추얼펀드는 백 개가 넘는 종목을 가지고 있으며 매니저들도 자신이 보유하고 있는 종목을 모두 다 알지 못한다. 뮤추얼펀드매니저는 자신이 운용하는 자산이 얼마나 큰가에 근거하여 돈을 번다. 나는 나의 자산이 얼마나 이익을 내는가에 따라서만 돈을 번다."

폴크너는 모든 일이 인간본성에 의해 주도되며 월스트리트에 있는 대부분의 사람들이 부실증권투자에 성공하지 못하는 이유는 애널리스트가 그 상황을 완전히 파악하는 데 필요한 일을 할 동기가 거의 없다는 점이라고 믿고 있다.

"모든 사람이 추종하는 대중주에 대한 긴급보고서를 써내는 것은 매우 쉬운 일이다. 그런 회사는 큰 기관투자자에게 한나절이면 만들 수 있는 하찮은 정보들을 보내준다. 이런 종류의 일은 일반적으로 내가 하는 일보다 훨씬 쉽다. 수수료를 만들려는 목적의 분석보고서는 분석하기 어렵고 거래가 잘 되지 않는 회사보다는 대중주에 대해 쓰는 것이 훨씬 시간이 적게 든다."

폴크너는 계속하여 "나의 일은 쉽지 않다. 그 일을 하기 위해서는 어느 정도의 인내심과 원만한 대인관계가 필요하다. 어려움에 처한 회사에 전화해서 당신에게 상황을 설명하게 하고 리서치를 할 수 있도록 만드는 것은 어려운 일이다. 대부분의 경우 이런 회사들은 이야기하기를 원하지 않지만 만약 그 사람들과 좋은 관계를 가지고 있다면 당신은 일이 어떻게 돌아가고 있는지 감을 잡을 수 있고 거기에 따라 의사결정을 할 수 있을 것이다"라고 말한다.

폴크너가 투자결정을 할 때 맨 먼저 고려하는 일은 그가 얼마나 많이 잃을 수 있는가를 판단하는 것이다. 그는 때때로 자신이 실수를 한다고 인정하는 사람이다. 그래서 만약 어떤 나쁜 일이 일어날 때 그는 무엇이 정말 위험에 처해 있는지를 알기 원한다. 예를 들면 50센트까지 올라갈 것이라고 생각하고 채권 하나를 30센트에 샀는데 2백만 달러 가치가 되기는커녕 지금 현재 백만 달러 가치밖에 안 되는 경우가 있다고 하자. 그러한 경우 폴크너는 30센트에 들어가서 10센트까지 하락하는 경우를 보고 10센트에 물타기를 해서 20센트로 올라가자 그것 모두를 판 경험이 몇 번 있었다.

폴크너는 "지금은 어려움에 처해 있지만, 나는 업계의 선두이며 자신의 문제를 점차 해결해나가고 있는 기업에 관심을 기울인다. 따라서 내가 그 회사 주식을 산 후 상황이 정상화되면 나는 내가 원했던 기업을 정말로 싸게 산 것이다"라고 말한다.

폴크너는 일단 그의 펀드가 2억 달러에서 2억 5천만 달러에 이르게 되면 룸페레 펀드를 폐쇄하려고 생각하고 있다. 그는 리스크를 올리지 않고 투자하기 위해서는 포트폴리오의 10% 정도의 자본 크기가 투자하기 적절한 자본규모이며, 탄력적인 운용을 하기 위해서는 이 정도 수준의 자본이 이상적이라고 생각하고 있다.

리차드 반 호네와 거이 엘리어트
—글로벌 이머징 시장 투자전문 펀드매니저

리차드 반 호네와 거이 엘리어트는 이 시대의 탐험가들이다. 그들은 바스코 다 가마$^{Vasco\ da\ Gama}$와 에르난도 데 소토$^{Hernando\ de\ Soto}$처럼 항상 모험과 보물을 위해 지구의 끝까지 모험을 하는 사람들이다. 새로운 길과 새로운 세계를 찾던 유럽의 탐험가와는 달리 반 호네와 엘리어트는 새로운 투자기회를 찾아다니는 사람들이다.

이 두 사람은 구 소련에 있는 유정에서 북아프리카에 있는 농장설비에 이르기까지 모든 것을 투자하는 2억 5천만 달러의 헤지펀드 그룹인 크로에서스 캐피털 매니지먼트$^{Croesus\ Capital\ Manegement}$를 운영하고 있다. 1993

년에 시작된 이 펀드는 전세계 이머징 시장에서 독보적인 투자기회를 포착함으로써 상당한 수익을 기록했다. 1998년 봄에 주력펀드는 설립 이래 연복리수익률로 약 39%의 수익을 기록하였다. 그러나 러시아 채권시장에서의 변동뿐 아니라 많은 이머징 시장의 붕괴 결과 1998년에 그 펀드는 대략 40%의 마이너스 수익률을 기록하면서 마감했다. 반 호네는 이렇게 말한다.

"이것은 우리가 비참한 결과를 낸 첫 해이다. 우리는 정말로 우리에 대한 사람들의 신뢰를 테스트하고 있다. 1998년은 투자전략이 지역지향적이건 특정산업지향적이건 간에 이머징 시장에 투자하는 모든 전략에 대해 고통스러운 해였다. 몇 년 동안은 어려운 항해가 계속될 것이다. 우리는 아직 성공하지는 않았으나 생존 이상의 것을 하고 있다. 우리와 같이 여러 해 동안 투자해온 많은 투자자들은 우리가 자신들에게 많은 돈을 돌려줄 것으로 기대하며 그렇게 할 수 있을 것이라고 믿고 있다."

그 손실의 결과로 일부 투자자들은 펀드로부터 자금을 회수하였으며 이머징 시장이 안정화될 때까지 이러한 환매는 계속될 것으로 예상된다.

"우리의 많은 고객들은 펀드투자펀드에 들어 있다. 만약 한 투자자가 그의 돈을 펀드투자펀드에서 뺀다면 펀드투자펀드는 우리와 관련된 포지션을 회수해야 한다"라고 반 호네가 말한다. "우리 투자자의 일부는 모든 포지션을 헤지펀드로 가지고 있으며, 그들의 모든 포트폴리오가 하락하는 것을 보았다. 어떤 경우에는 사람들이 얼마나 많이 현금을 모을 수 있는가를 알아보기 위해 모든 것을 팔고 있기도 한다."

크로에서스 조직은 4개의 펀드로 구성되는데, 모두 다른 이머징 시장에 투자하도록 고안되어 있다. 한 펀드는 중부유럽에서 상업은행 자격으로 운용하고 있고 다른 펀드는 현지 통화표시 저변동성 부채에 집중하며, 세 번째 펀드는 오직 러시아의 주식시장에만 투자하며 네 번째 펀드는 이머징 시장에 있는 천연자원회사 주식을 전문적으로 투자하고 있다.

크로에서스의 철학은 시장은 대체로 체제전환경제에 투자하는 리스크를 이해하지 못한다는 것이다. 만약 당신이 그 리스크 위에 있는 기회를 잡을 수 있다면 그것은 경제적인 상황뿐 아니라 정치적인 상황을 이해하는 것을 의미하는데, 이런 환경은 종종 매우 큰 이익이 나는 투자기회를 제공한다. 엘리어트는 다음과 같이 말한다.

"체제전환경제는 커다란 기회를 제공한다. 자본부족시장은 투자자를 끌어들이기 위해 초과수익을 제공한다. 대부분의 경우에 우호적인 정책환경이 겸비된 시장은 자본을 끌어들일 수 있을 것이고 펀더멘탈*이 개선될 것이다."

펀더멘탈
Fundamental, 경제의 기본 체질 또는 기업의 실적, 본질적 가치.

러시아의 부채 및 주식시장을 뒤흔들었던 동요의 결과, 크로에서스 캐피털 매니지먼트는 러시아 단독 펀드에서 상당한 손실을 보았다. 그 펀드는 운용손실과 환매로 관리자산의 90% 이상을 잃었다. 그러나 그 동요가 진정된 후에 크로에서스 펀드는 러시아펀드의 포지션을 재평가하고 그 지역에 대한 투자를 지속하기로 결정했다.

"러시아는 아직도 불모지이다. 용감한 자만이 거기에 있을 수 있는 것처럼 보인다"라고 반 호네는 말한다. "우리는 그 지역을 신뢰하고 있으며, 가격차이를 이용하여 지속적인 투자수익을 얻는 동시에 러시아에서의 포지션을 계속해서 늘려나갈 것이다. 어떤 의미에서 러시아는 우리가 좋아하는 시장으로 만들어가면서 투자하기 시작한 1994년 때처럼 투자적격과 투자부적격의 경계에 있다."

1997년의 동요 이후 크로에서스 펀드는 포트폴리오에 더 이상 20종목을 보유할 필요가 없다는 것을 깨달았다. 대신에 오랫동안 상당한 수익을 제공할 것으로 믿는 최우량주식 대여섯 개의 종목으로 대체했다. 반 호네는 계속해서 말한다.

"러시아에 계속 투자한다고 투자자들이 기뻐하지 않으나 그것은 '시장이 상승한다면 펀드는 이 정도의 가치는 있는 것일 텐데, 여기서 더 가격이 떨어진다면 왜 이처럼 싼 가격에 그것을 팔아야 하는가' 하는 생각 때문이었다. 많은 투자자들은 그 돈이 이미 거기에 묶여 있으며 그것은 회수하는 것은 그리 쉽지 않다는 것을 알았다. 또한 손실보전조항 high water mark 때문에 만약 그 손실을 지원한다면 자본이득 모두는 투자자에게 갈 것이다."

반 호네와 엘리어트는 전세계를 담당하는 8명의 투자전문가로 구성된 팀과 같이 일한다. 대부분의 경우 그 회사는 투자를 고려하고 있는 다양한 지역에 있는 사람들과 같이 일한다. 투자지역 현장에 있는 사람들과 같이 일하기 때문에 그들은 정보를 가장 효율적으로 얻을 수 있고 새로운 기회를 재빨리 포착할 수 있다.

"우리의 파트너들은 우리가 리서치를 수행하는 데 필요한 일련의 정보를 쉽게 얻을 수 있도록 해줌으로써 투자기회를 발견하고 투자결정을 내리는 데 없어서는 안 될 존재들이다. 파트너들의 네트워크와 우리가 투자하려고 하는 세계 여러 지역에서의 접촉선이 없다면, 우리는 일하기가 훨씬 더 어려울 것이고 잘 할 수도 없을 것이다"라고 엘리어트는 말한다.

크로에서스 펀드의 전략은 투자할 지역, 산업, 특정 기업을 조사하면서 위험조정된 수익이 어디가 가장 높은가를 결정하는 것이다. 일단 이런 결정을 하고 나면 그들은 시장 펀더멘탈을 평가한다. 이런 단계에는 미시적·기술적인 분석뿐 아니라 거시경제 및 정치적 흐름을 검토하는 것도 포함된다. 일단 이런 절차가 모두 이루어지면 투자기준이 충족되고 그들은 포트폴리오를 구성한다. 그 매니저들은 높은 위험조정된 총수익을 얻을 수 있는 능력을 기본적으로 갖추고 있는데, 자본 배분뿐 아니라 시장 분할과 투자기간 등을 고려한다. 그 포트폴리오는 기본 자본을 보호할 필요를 잘 알고 있을 뿐 아니라 정치적·경제적·사회적 변화에서 돈을 벌도록 구성된다.

엘리어트와 반 호네는 뉴욕의 그랜드 센트럴 터미널 맞은편에 있는 한 사무실의 조그만 방에서 크로에서스 펀드 운용을 시작했다. 지금 크로에서스 펀드는 맨해튼 중심가의 빌딩 한 층을 독차지하고 있다. 관리자산, 사무실 크기, 직원 수에서 변화가 있었으나 그 펀드의 투자스타일은 거의 그대로이다. 유일한 차이는 더 많은 장소에 더 많은 돈을 투자하고 있다는 점뿐이다.

1992년에 반 호네는 엘리어트를 만났다. 반 호네는 그때 코네티컷에 본부를 둔 폰일렉 그룹 FondElec Group Inc.이라는 특화된 투자운용회사의 펀드와 같이 일하고 있었는데, 그 펀드는 라틴아메리카 전력 민영화에 투자하기 시작했다. 그때 그는 또한 이머징 시장 토탈리턴펀드라는 50만 달러도 안 되는 작은 펀드를 운용하고 있었는데, 거기에는 엘리어트도 투자했다. 1993년 1분기에 반 호네는 엘리어트가 시작하려고 하는 한 펀드에 투자해줄 것을 요청하는 전화를 받았고, 그들이 같이 사업을 해야 한다는 점을 깨달았다.

"내가 그 모집 전단과 엘리어트의 투자설명서 요약본을 보았을 때 그것은 펀드를 키우기 위해 내가 하려던 것과 매우 비슷하다고 생각했다. 나는 엘리어트에게 다시 전화를 걸어 만약 우리가 같은 투자기회를 추구한다면 서로 다른 사람의 펀드에 투자할 이유가 없으며 같이 일을 해야 한다고 말했다."

영국인인 엘리어트는 카질Cargill, Inc에서 일하는 동안 이머징 시장 투자에 관여하게 되었다. 그는 거기서 12년을 보냈는데, 이후 메릴린치에서도 일했으며 독립하기로 결정하기 전 이전의 카질 동료들과 헤지펀드를 시작하였다.

반 호네는 도쿄와 뉴욕에 있는 J. P. 모건에서 일할 때 이머징 시장에 대해 배웠다. 메릴린치에서 기관 세일즈맨으로 일한 후에 그는 자신이 투신사와 같은 자산운용부문에서 일하기를 원하며 세일즈는 미래를 보장하는 길이 아니라는 것을 깨달았다. 1993년 6월 4일 그들이 합쳤을 때 그들은 140만 달러의 관리자산을 가지고 있었다. 두 사람 모두 아는 친구 하나가 로이터 사용료와 전화료를 지불한다는 조건으로 자신의 사무실에 있는 방 하나를 그들에게 빌려주었다.

"우리는 시작할 때 매우 운이 좋았다. 이머징 시장이 정말 막 뜨기 시작했다"라고 반 호네는 말한다. "부채와 주식시장 모두에서 좋은 실적을 내서 투자자들이 자산을 증액하기 시작할 때까지 우리는 7개월간 견조한 수익을 냈다."

또한 도움이 되었던 것은 그 때에는 이머징 시장 펀드가 별로 없었기 때문에 오늘날 많은 펀드들이 직면하는 구축효과crowding-out effect가 없었다는 점이다.

1994년 1월까지 펀드 규모가 7천만 달러까지 커졌다. 그때 두 사람은 돈을 성공적으로 관리하고 효율적으로 운용하기 위해 신규자금 받는 것을 중단하기로 결정했다.

"우리가 적절한 장소에 적절한 시점에 시작했다는 것은 행운이었다"

고 반 호네는 말한다.

1994년 이후 크로에서스는 2명에서 25명으로 늘었다. 그들 중의 8명은 투자팀에 있고 나머지는 고객서비스와 관리 파트에서 일하고 있다.

기업이 커지자 반 호네와 엘리어트는 자신들의 시장관에 부합되고 지속적으로 추구할 만한 아이디어를 발전시켜왔다. 그 아이디어는 축적된 지식과 경험 위에 회사를 세우자는 것이다. 내가 크로에서스 펀드에 대해 토의하기 위해 그들을 만났을 때, 그 회사 자금의 반은 메인 이머징 시장 토탈리턴펀드^{the main Emerging Markets Total Return Fund}에 있었고 나머지는 더 작은 펀드에 있었다.

"이 비즈니스 모델은 투자팀을 늘릴 수 있도록 해주었다. 그것은 이런 독립적인 자산운용부문을 추가함으로써 수수료를 모을 수 있는데, 기본적 관리보수는 우리의 일상적인 운영비로 충당하고 연말에 받는 성과보수는 우리와 직원들에게 보수로 지불할 수 있기 때문이다."

반 호네는 투자전문가가 많이 있느냐의 측면에서 볼 때 크로에서스는 '막강한 능력'을 가지고 있다고 믿는다. 크로에서스가 운용하는 더 작은 펀드 중 하나는 러시아 펀드인데, 처음 두 사람이 사업을 시작할 때 만든 펀드이다.

"그 당시에 우리는 러시아를 매우 독보적인 투자기회로 보았다. 4년이 지난 지금 일이 완전히 달라졌고 우리는 투자스타일을 조정했다. 뉴욕에서 펀드를 운용하는 대신에 지금 우리는 러시아에서 선도적 독립 투자은행인 유나이티드 파이낸셜 그룹^{United Financial Group}과 조인트 벤처의 일부로 모스크바에 6명의 투자전문가가 있는 사무실을 가지고 있다."

유나이티드 파이낸셜은 한때 러시아의 부수상이고 두 번째 재무성장관이었던 보리스 피오도로프^{Boris Fyodorov}에 의해 설립되었다. 유나이티드 파이낸셜과의 파트너십으로 인해 크로에서스는 현지인을 보유하게 되었다. 엘리어트는 러시아에서의 투자환경을 양파에 비유한다.

"현재 러시아 금융계에는 많은 그룹이 있다. 어떤 사람들은 정보의 주변에 있는가 하면 어떤 사람들은 중심에 있다. 어떤 일이 진행되고 있는가에 대한 명확한 사정을 알고 나서 거기에 따라 투자하는 것이 성공의 핵심이다."

"우리와 유나이티드 파이낸셜 그룹의 관계는 나와 반 호네의 경우와 비슷하게 발전되었다. 나는 모스크바에서 우리 회사의 진로에 대해 그들과 토론하였다. 우리 회사가 추구하는 방향이 그들과 매우 유사하다는 것이 명확해지자, 우리는 혼자서 하는 것보다 같이 하는 것이 훨씬 더 좋은 수익을 낼 수 있을 것이라는 결론에 도달하였다."

몇 달 후에 운용에 관한 구조를 결정하고 두 회사는 힘을 합쳤다. 엘리어트와 반 호네의 이머징 시장에 대한 투자방법은 정말로 투자할 관심이 있다면 그 시장 내부로 깊숙이 들어가서 핵심을 파악한다는 것이다.

"투자할 때 항상 자신에게 진실해야 한다. 만약 당신이 진실하지 못하면 결국 시장에서 그것이 밝혀질 것이다. 우리가 우리 자신에게 진실하다는 의미는 시장 깊숙이 들어가서 우리가 투자하고 있는 것에 깊이 개입한다는 의미이다"라고 엘리어트는 말한다. "뒤로 물러앉아 브로커의 보고서를 읽거나 이것은 의미 있고 저것은 의미 없다는 식으로 말해서는 안 된다. 이것은 너무 피상적인 행동이다. 우리는 항상 초기 단계 이머징 시장 투자자이고, 그것은 우리가 직접 뛰어다녀야 한다는 것을 의미한다."

엘리어트와 반 호네의 강점은 항상 전세계 시장 구석구석에서 투자할 새로운 틈새를 찾아다닌다는 점이다. 일단 그 틈새가 널리 알려지게 되면 그들은 다음 기회로 움직인다. 엘리어트는 계속해서 말한다.

"나는 사람들이 잘 알지 못하는 새로운 투자기회와 틈새시장을 찾고 거기서 초과수익을 얻는 것이 무척 재미있다."

반 호네는 1998년의 재난에서 얻은 가장 큰 교훈 중 하나는 월스트리트는 이머징 시장에 대해 관심을 가질 의지가 없다는 점을 확인한 것이라고 생각한다.

"몇 년 전까지 이머징 시장의 특징 중 하나는 정보가 부족하고 비효율적이라는 것이었다. 하지만 최근 몇 년 동안 많은 사람들이 이러한 투자처로부터 새로운 투자기회를 발견하자 상황이 달라지게 되었다. 거기에는 투자할 만한 흥미로운 점이 있을 것이다. 주위를 직접 둘러보고 자신이 직접 연구하는 것의 가치가 다시 강조될 것이다. 브라질과 다른 이머징 시장에 대한 주식리포트를 제공하는 많은 증권사들은 그 이상의 일을 하려 하지 않는다. 증권사 애널리스트 10명 대신에 브라질에서 은행을 직접 조사하는 두세 명이 훨씬 더 큰 투자 기회를 줄 수 있을 것이다."

기술과 정보가 세계를 더 좁게 그리고 시장 데이터를 얻기에 더 효율적인 곳으로 만들고 있음에도 불구하고 반 호네와 엘리어트는 자신들은 성공적으로 투자할 이머징 시장을 항상 발견할 수 있을 것이라고 믿고 있다.

"나는 1980년부터 자금을 운용해왔다. 나는 처음 3년을 외환거래로 보냈는데 그때 이후로 머릿속에 항상 같은 생각을 가지고 있다. 그 생각이란 일단 당신이 어떤 일에서 돈을 벌게 된다면 당신은 '다음 기회는 무엇인가?'라고 말한다는 것이다"라고 엘리어트는 말한다. "우리가 크로에서스에서 하려는 일은 시장을 분할하고, 다른 일은 다른 팀이 하도록 시키고, 투자 아이디어를 수집함으로써 투자기회를 발견할 가능성을 높이기 위해 노력하는 것이다. 당신이 찾으려고만 들면 세상에는 항상 기회가 있다."

엘리어트는 성공하기 위해서는 자신의 기술을 시장에 적용할 수 있어야 한다고 강조한다.

"시장의 한 국면에서 돈을 버는 사람들이 반드시 다음 국면에서 돈을 버는 사람들은 아니다. 거기에는 항상 좋은 수익이 나는 장소가 있다. 좋은 수익이 나는 장소에 항상 있는 사람들이 있는데, 그들이 늘 좋은 수익을 냈기 때문에 사람들은 그들을 천재로 오인하기도 한다. 그러나 실제로는 그들이 적합한 기술을 가졌거나 적합한 시간에 적합한 장소에 있었거나 또는 심하게 레버리지를 사용했기 때문이다. 그러나 시장은 계속해서 움직이게 마련이다."

"우리는 좋은 수익이 나는 모든 장소에 있을 수는 없겠지만 좋은 수익이 나는 몇몇 장소에 있는 최초의 사람일 것이라는 점을 알고 있다. 그러나 만약 우리가 세련된 기술을 가진 사람이라면, 우리는 계속해서 멋진 수익을 낼 것이라는 점을 잘 알고 있다. 세상에는 항상 어떤 면에서 우리보다 약간 더 많은 수익을 내는 사람이 있을 것이다. 그러나 우리에게는 지속성이 있다고 믿고 있다."

반 호네는 사람들이 때때로 이머징 시장에서의 투자의 본질, 즉 그와 엘리어트가 굉장히 자주 인용하는 이론인 인식과 현실의 차이에 대한 통찰력을 잃어버리는 경우가 많다고 생각한다.

"이머징 시장 투자에서 성공하는 한 가지 방법은 인식과 현실의 차이를 조사하는 것이다. 이상적인 투자기회는 시장이 인식에 근거하여 가격을 결정하고 있는 그런 곳에서 발견할 수 있는데, 인식은 현실과 동떨어져 있기 때문이다"라고 반 호네는 말한다.

"우리 스스로 연구를 하고 파트너로 일하는 전문가와 접촉함으로써 우리는 현실이 무엇인지에 대해 좀더 잘 이해할 수 있다. 우리는 자신이 있고 현실이 무엇인지에 대한 우리의 견해가 옳다는 절대적인 확신이 든 이후에야 돈을 집어넣는다. 만약 우리가 옳다면 결국 인식이 무너지고 시장의 가격은 우리가 생각했던 방향으로 변동할 것이다."

반 호네는 브라질, 러시아 그리고 크로아티아 모두 현실과 인식 사이에 차이가 나는 곳이라고 믿고 있다.

"인식이 참되지 못하다는 것은 아니다. 거기에는 부패나 마피아와 같은 부도덕성은 없다. 그러나 인식에 근거해서는 돈을 벌지 못한다. 현실에 근거해야 돈을 번다. 그래서 인식에 대해서는 일부분 진실한 측면도 있으나 진정한 진실은 현실이 어디에 있는가와 돈을 어디서 벌 수 있는가를 이해하는 것이다."

1997년 말에 주력 펀드의 수익률은 31%까지 상승하였고, 설립 이래 연복리수익률로 39%를 기록했다. 그 펀드는 새로운 자금을 받고 있고 과거 몇 년 동안 지속적으로 돈이 들어오고 있다. 다른 펀드들은 인기가 떨어졌지만 그 펀드는 독특한 투자방법 때문에 계속 인기가 있다.

"우리는 투자자들에게 다른 평범한 이머징 시장 투자기관보다 더 흥미 있는 것을 줄 수 있기 때문에 우리의 사업을 성공적으로 마케팅할 수 있다"라고 반 호네는 말을 잇는다. "우리는 세계 최고의 사람들이 돈을 벌 테마를 찾고 투자전략을 실행하기 때문에 우리의 투자스타일에 관심을 보인다고 생각한다."

크로에서스를 더 도전적으로 만드는 한 가지 일은 더 많은 브로커와 투자은행과 매니저들이 크로에서스가 하고 있는 일을 하려고 한다는 점이다. 최근 몇 년 안에 이머징 시장 펀드의 폭발적인 성장이 있었고 크로에서스는 더 경쟁이 심한 곳에서 좋은 투자기회를 찾아야 된다는 상황을 받아들여야 했다.

"고객에게 가치 있는 서비스, 즉 좋은 위험-보상 조합과 높은 투자수익을 계속 제공하는 길은 우리가 하고 있는 일을 하는 것이고 그것은 우리가 수용하는 리스크를 능가하는 수익을 제공하는 기회를 찾는 것이다"라고 반 호네는 말한다. "나는 이런 기회들이 앞으로도 최소한 15년 동안은 남아 있을 것으로 확신하는데, 그때까지 우리가 할 일은 계속해서 집중을 하고 집중하는 지역에 더 깊이 들어가는 것이다."

크로에서스는 기회가 있다고 믿는 지역의 사람들과 파트너십을 형성함으로써 다른 사람들이 잡지 못하는 수익을 잡을 수 있다고 믿는다.

"우리는 항상 새로운 기회를 찾고 있다. 우리가 점점 더 신경을 써야 할 일은 세계의 거시경제 상황을 주의깊게 관찰하는 일이다. 펀더멘털이 전세계적으로 변화함에 따라 우리는 유동성 문제와 자금의 국제적인 흐름에 관심을 가질 필요가 있다. 왜냐하면 그것은 국내외 정치적 또는 사회적 환경만큼 강력하게 이머징 시장에서의 주가에 영향을 줄 것이기 때문이다. 그리고 그런 일들은 우리가 펀드를 시작한 이래 더 복잡하게 전개되고 있기 때문이다."

반 호네는 그 펀드가 크기면에서 두 배로 성장할 수 있고 시장들이 계속해서 발전하기 때문에 견실한 수익을 창출할 수 있다고 믿는다. 우리와 만날 당시 엘리어트는 아프리카에 대한 리서치와 투자기회를 모색하는 데 집중하고 있었다. 크로에서스는 아프리카와 그 지역의 개발도상국에서 네 가지 타입의 아프리카 투자펀드를 설립했다. 크로에서스는 아프리카의 유동 및 비유동부채에 투자하고 새로운 벤처에 초기 자본을 제공하며 주식투자도 한다. 엘리어트는 말한다.

"거기에는 항상 잘 안 되는 나라가 있는가 하면 잘 되는 나라도 있다. 그래서 우리에게는 아프리카 이후의 투자처는 없을지도 모른다. 예를 들면 사람들은 우크라이나는 항상 러시아에 3년 뒤진다고 말한다. 그러나 우크라이나는 상황이 나빠지고 있고 이제 러시아에 7년 뒤지는 상황이다. 그래서 아마도 3년 내에 우크라이나가 러시아에 15년 뒤지게 될 것이고, 그러면 우크라이나는 우리에게 흥미로운 곳이 될 것이다. 만약 당신이 진정한 기회를 보고 그것을 다른 것과 구분할 수 있다면 우크라이나는 당신이 초과수익을 얻을 수 있는 곳이 된다."

데일 제이콥스 — 금융업종 투자전문 펀드매니저

데일 제이콥스는 오늘날의 진정한 헤지펀드매니저를 말한다면 단연코 자신이 거론될 것이라고 믿고 있다. 제이콥스는 금융서비스 업종의 주식에만 투자하는 펀드를 운용할 뿐 아니라 헤지펀드의 전통적인 존스의 모델을 채택하고 있다. 그는 리스크를 관리하기 위해서 숏을 사용한다.

50대 중반의 제이콥스는 월스트리트의 많은 일류회사에서 25년 동안 일했으며 지금은 1992년에 자신이 설립한 펀드인 파이낸셜 인베스터 Financial Investor Inc.의 사장이자 포트폴리오 매니저이다. 파이낸셜 인베스터는 설립된 이후 430%가 넘는 수익을 냈고 S&P 지수를 200%포인트 넘게 이겼으며 Keefe와 Bruyette & Woods Inc. 은행지수 bank stock index를 150%포인트 이상 이겼다. 그러나 대부분의 펀드처럼 1998년은 좋은 해가 못 되었고 파이낸셜 인베스터는 연말에 손실을 기록했다.

"우리는 투자제안서에 우리가 하겠다고 말한 것을 실행함으로써 그렇게 좋은 성과를 낼 수 있었다. 원칙에 따라 열심히 일하고 모든 종목이

홈런을 치지는 못한다는 것을 이해함으로써 우리는 오랫동안 일관성 있는 수익을 낼 수 있었으며, 이러한 추세는 앞으로도 지속될 것이라고 생각하고 있다."

많은 사람들이 제이콥스가 한 업종에만 투자하며 그 업종이 얼마나 좋은 성과를 내느냐에 따라 성과가 좌우되는 업종 펀드를 운용하고 있다고 생각할지도 모르지만 제이콥스 자신은 그것이 그가 하는 일의 전부는 아니라고 생각한다.

"나는 우리를 전통적인 업종 펀드로 생각하지 않는다. 헤지펀드로서 우리는 테이블 위에 더 좋은 성과를 가져오기 때문이다. 만약 우리가 헤지를 하고 기회를 잘 포착해서 움직이고 시장이 오르든 내리든 간에 돈을 벌 수 있다는 의미에서 순수한 헤지펀드로만 운용한다면, 이것은 그 업종에 적용되는 완전히 다른 타입의 투자전략이다. 우리를 금융서비스 업종에 투자하는 뮤추얼펀드와 비교하는 것은 사과를 오렌지에 비교하는 것과 같다. 업종투자 전문 뮤추얼펀드에 투자하는 것은 전적으로 투자하는 업종이 어떻게 되느냐에 배팅하는 것이다. 우리는 그 업종에 100% 투자하지만, 성과는 우리가 따르는 전략과 철학과 원칙 때문에 그 업종의 성과에 100% 좌우되지는 않는다."

제이콥스는 투자자가 진실로 그 차이를 이해하기는 어렵지만, 자신이 펀드를 운용하는 방식을 이해하는 것이 매우 중요하다고 생각한다.

"만약 헤지펀드로 설립된 업종 펀드가 롱포지션만 취한다면, 그것은 헤지펀드 수수료를 부과하는 헤지펀드로 위장된 뮤추얼펀드이다. 그것은 잘못된 것이다. 헤지펀드의 개념은 헤징 기법을 사용하는 것인데, 오늘날의 환경에서는 이러한 개념을 따르고 있는 사람이 많지 않다. 우리의 일은 리스크와 변동성을 감소시키는 동시에 시장을 이기기 위해서 할 수 있는 모든 수단을 사용하는 것이다. 만약 헤지펀드가 그것을 하지 않으면 투자자가 무엇 때문에 그렇게 비싼 수수료를 지불한다는 말인가? 어떤 매니저는 리스크를 감소시키지 않고 오히려 레버리지를 통해 더 많은 리스크를 지기도 한다. 그것은 헤지펀드가 할 일이 아니다."

제이콥스는 비록 유명하지는 않지만 많은 매니저들이 좋은 수익을 올리면서 리스크를 줄이는 엄격한 투자원칙을 따르고 있다고 믿는다. 그는 또 자신을 그 범주에 넣고 있다. 제이콥스는 이렇게 말한다.

"우리의 일은 수익을 극대화하는 동시에 위험을 최소화하는 것이다. 우리가 아는 한 그렇게 하기 위해서는 시장을 이기려고 레버리지를 사용하지 않는다는 엄격한 투자철학을 따른다. 우리는 시장이 오를지 내릴지에 대해 분명한 견해를 가진다. 또한 기본적 분석을 통해서 우리는 성공하기 위해 무엇을 해야 할지 알고 있다."

제이콥스는 많은 정보 소스를 통해 경제뿐만 아니라 시장에 대한 자신의 생각을 발전시킨다. 구할 수 있는 모든 것을 읽고 다양한 사람들의 이야기를 듣는다. 또한 그는 레이건 대통령의 경제자문관 의장과 재무담당 비서를 지낸 버리 스프링클 Berly L. Sprinkle 박사와 아주 가깝게 일한다.

"스프링클은 내가 거시경제적 견해와 연방은행의 이자율정책을 이해하도록 도와준다. 그는 우리의 거시경제적 견해가 나오는 출발점이고 우리는 주의를 기울여서 스프링클에게 얻은 정보를 가공하여 모자란 곳을 채운다."

제이콥스는 또 "은행과 저축기관 주식에 대한 가치평가에 대해서는 잘 알지만 전체시장이 고평가되었는지 저평가되었는지에 대해서는 잘 알지 못한다. 그러나 이 둘은 서로 밀접하게 연관되어 있다"라고 덧붙인다. "스프링클과 함께 일하면서 우리는 이자율과 연방은행의 정책, 그리고 그것이 의미하는 바를 정말로 잘 이해할 수 있다. 그러고 난 후 나는 은행산업과 은행주에 대해 이자율과 연방은행의 정책들이 의미하는 바를 추론한다."

은행과 저축기관 주식의 가치평가 문제를 좀더 살펴보면 다음과 같다. 과거 9년 동안 그 산업은 규제가 지속적으로 완화되었으며 전국적인 은행과 초지역적 은행 집단의 설립에 이르기까지 많은 변화가 있었다. 그것 모두를 통해서 제이콥스는 독보적인 투자 및 트레이딩 기회를 발견하기 위해 그 산업의 움직임에 촉각을 곤두세우고 있었다.

"우리는 가치평가로 볼 때 수익을 올리기 아주 좋은 기간에 있다. 1991년 이후 그러하였다. 금융주 특히 은행주와 저축기관 주식을 보유하는 것은 매우 매력적이다. 어떤 사람들은 은행주의 PER(주가수익비율) 배수를 살펴보고 PER 배수가 너무 높고 정당화되지 않는다고 말한다. 그러나 나는 그 말에 동의하지 않는다. 은행주나 저축기관의 PER은 절대적인 PER을 기준으로 과거치와 비교하는 경우에는 높다고 할 수 있다. 그러나 상대적인 관점에서 보면 은행주나 저축기관의 PER은 결코 높지 않고, 오히려 지속적으로 시장 전체 PER에 비해 할인된 상태로 있을 것이다."

제이콥스는 가치평가면에서 싸다는 것은 은행주를 소유하는 한 가지 이유에 불과하다고 믿고 있다. 그는 "합병을 하고 있는 산업은 어떤 산업이든지 투자하기에 좋은 산업이다"라고 말하면서, 1980년대 이후 합병은 흥망성쇠를 거듭하고 있으나 앞으로도 합병은 계속될 것이라고 믿고 있다.

"뱅크아메리카^{BankAmerica}와 네이션뱅크^{NationsBank}의 합병은 이 나라에서 가장 큰 은행을 탄생시켰고, 국내 예금의 약 10%를 보유하게 되었다. 예금의 10%를 점유하는 은행을 가진 나라는 세계에서도 드물고 다른 누구도 따라오지 못한다. 앞으로도 합병을 위한 많은 여지가 있으며 오랫동안 그러한 현상은 계속될 것이다."

제이콥스가 은행 산업이 매력적이라고 믿는 세 번째 이유는 은행이 매우 적극적으로 자본금관리를 한다는 점 때문이다.

최근까지만 하더라도 은행 산업은 자본금의 보전이라는 개념으로 경영되었다. 제이콥스는 "지금까지 누구도 주식을 되사기를 원하지 않았다. 지금 은행들은 많은 수익을 내고 있어서 엄청나게 증가하고 있는 자본금을 가시적인 사업을 통해 효율적으로 이용할 수가 없다. 따라서 은행경영에 대한 문제는 어떻게 이 자본을 주주의 이익을 위해 가장 효과적으로 사용할 것인가이다. 그런 점에서 은행들은 자사주 매입, 기업매수와 같은 본업이 아닌 일들을 하고 있다. 그리고 지금은 한 걸음 더 나아가 보상의 일부로서 현금을 직접 주는 방법도 택하고 있다."

제이콥스는 또한 경영진이 배팅을 하는 사람으로 전환되었다고 생각한다. 합병이 지속되면서 매니저는 사업을 하는 비용을 이해하고 효율성을 높이는 데 더 많은 관심을 보이고 있다.

"합병을 촉발하는 동기 중 하나는 동등합병이든 흡수합병이든 간에 당신이 결합된 회사로부터 비용을 회수할 수 있다는 점이다."

제이콥스가 금융서비스 산업을 매력적이라고 생각하는 또 다른 요인은 금융서비스 산업에 새로운 상품과 배급채널을 발전시키는 능력이 있다는 것이다. ATM, 수퍼마켓 지점을 통한 서비스 배급능력을 결합하여 보험과 다른 상품 및 서비스를 팔 수 있다는 점은 주주의 입장에서는 매우 매력적인 상황이다. 왜냐하면 다양한 수익창출이 가능하기 때문이다.

"그 산업에서는 여러 가지 많은 수익모델들이 논의되고 있다. 당신이 이런 기업들이 S&P 500 수익률보다 훨씬 더 높은 수익을 운용하고 창출한다는 사실을 인정한다면, 어떻게 그것을 시장수익률보다 할인해서 파는 것이 가능한가를 자문해보아라. 대답은 그렇게 해서는 안 된다는 것이다. 나는 과거에 그랬기 때문에 지금도 그렇다라고 말하는 것을 이해할 수 없다. 아직도 많은 포트폴리오 매니저들은 어떻게 은행주가 평가되어야만 하는지에 대해 논의하면서 그것을 역사적으로 보려고 하는 경향이 있다."

기술은 또한 은행들을 매력적으로 만들고 있다. "기술은 은행이 무엇인지, 어떻게 운용되는지를 정의하는 방식 자체를 변화시키고 있다"라고 제이콥스는 지적한다.

"한 은행은 인터넷상에서만 작동할 수 있다. 만약 그 은행이 자신의 고객과 친밀하고 쉽게, 그리고 적절하게 연결하여 팔기 원하는 모든 서비스를 팔 수 있다면, 이전에 상상했던 것보다 훨씬 빠르게 그 산업의 방향을 변화시킬 수 있다."

업계의 정상에 머무르기 위해서 제이콥스는 경영진과 끊임없이 접촉한다. "은행에 반드시 투자할 필요가 없는 사람과 단지 은행서비스만 이용하는 사람들이라면 은행은 그저 은행일 뿐이라고 생각할지 모른다. 그러나 그것은 진실과는 거리가 멀다. 모든 은행은 각기 다른 기관과 차별화되는 독특한 전략을 가지고 있다고 믿고 있다. 투자자는 항상 이런 차이점을 보지 못하고 한 지점이 다른 지점과 어떤 차이가 있는지 제대로 평가하지 못한다. 씨티은행도 한 유형의 은행이고 시카고에 있는 노던 트러스트Northern Trust도 또 다른 유형의 은행이다. 그들은 완전히 다르지만 둘 다 은행이다. 그들은 유일하고 그들 스스로를 서로 다르게 경영할 뿐 아니라 스스로 다르다고 생각한다. 이런 점은 나의 사업을 매우 재미있게 만든다."

제이콥스는 자신의 펀드를 세 가지 핵심 구성요소로 나누어서 운용한다. 하나는 머니센터와 대형 지역은행주에 투자하는 그룹인데, 시장상황에 따라 포트폴리오의 0~20%까지 보유한다.

완전히 반대편에 있는 또 다른 포트폴리오에는 거래량이 아주 작은 작은 지역 및 틈새지향은행과 저축은행 주식을 편입한다. 이 포지션은 유동성이 매우 낮으므로 대개 포트폴리오의 20% 정도로 구성한다. 전체 포트폴리오에서 큰 비중을 차지하는 나머지 부분은 이 둘 사이에 있는 모든 것에 투자하는데, 회사가 어디에 있든 적당한 크기의 은행 및 저축기관의 주식에 투자한다. 다만 그 펀드는 외국 주식이나 사모투자는 하지 않는다. 제이콥스는 이런 주식을 이해하고 트레이딩하기 위해 펀더멘탈 분석을 사용한다.

대부분의 경우 제이콥스는 1년 이상 한 주식을 소유하지 않는다. 대개 그 기간 내에 그가 이익을 극대화했거나 그 주식이 더 이상 성과를 내지 못하는 어떤 일이 일어나게 마련이라고 보기 때문이다.

"우리는 그 회사 하나만을 보고 주식을 사지는 않는다. 우리는 우리가 투자할 수 있는 여타 주식과 비교하고 그 주식이 정말로 살 만한 것인지 그리고 왜 우리가 그것을 사야 하는지를 결정한다. 매일 우리는 계속 보유해야 하는지, 더 사야 하는지, 아니면 팔아야 하는지를 생각한다. 그래서 우리는 항상 우리가 포지션에 대해 해야 할 일을 생각하고 결정한다."

제이콥스의 펀드가 자금을 완전히 다 투자할 경우 포트폴리오에 90개의 주식을 보유한다. 우리가 만난 날 그 펀드는 60종목을 보유하고 있었다. 시장이 불확실하고 부정적으로 보이나 투자대상그룹의 펀더멘탈은 좋을 때, 즉 영업이 잘 되고 수익이 목표치에 있을 경우에 제이콥스는 숏포지션을 취하지 않는다. 대신에 그는 현금비중을 올리기 위해 롱포지션을 적게 가져간다. 아직도 부동산에 대한 우려, 자본감소, 대규모의 무수익 여신 등의 이유로 주식을 대규모로 처분했던 1990년대처럼 제이콥스는 그 투자대상그룹에 대해 숏포지션을 가질 펀더멘탈한 이유를 찾고 있다. 그는 하락장에서도 돈을 벌 수 있다는 사실을 알고 있기 때문이다.

"우리 같은 헤지펀드가 가지는 강점의 하나는 만약 당신이 '이 주식을 보유하기를 원하지 않는다'라고 말했을 때 당신이 숏포지션을 취해야만 한다고 조언한다는 것이다"라고 제이콥스는 확언한다. "뮤추얼펀드매니저들은 '나는 그것을 보유하기를 원하지 않는다. 그래서 현금을 늘리자'라고 말하는 반면 헤지펀드매니저들은 '나는 그것을 보유하기를 원하지 않는다. 그래서 숏을 치기를 원한다'라고 말한다. 나는 시장이 하락할 때도 돈을 벌기를 원한다."

제이콥스는 숏포지션과 인덱스 풋을 모두 이용하여 포트폴리오에 헤지를 한다. 다시 말해 상황이 악화될 경우 포트폴리오를 방어하기 위해 특정한 인덱스에 다양한 옵션을 건다.

역외펀드이고 미국내 파트너십과 몇 개의 작은 이차적 파트너십으로 구성된 파이낸셜 인베스터Financial Investors Inc.에 대해 제이콥스는 관리자산의 규모를 공개하려 하지 않는다.

제이콥스는 "규모는 중요한 것이 아니다. 나에게는 성과가 중요하다"라고 말한다. "우리는 오랫동안 매우 잘 해왔고 과거 7년 동안 복리로 계산해서 20%가 넘는 수익률을 투자자에게 주었다. 또한 앞으로도 계속 그렇게 하려고 한다. 그것은 남아도는 몇 시간을 투자해서 성과를 얻을 수 있는 그런 사업이 아니다. 그런 식으로 접근해서는 성공할 수 없다.

나는 자금관리 비즈니스에서는 오랫동안 변하지 않을 확고한 철학과 방법론을 가져야 한다고 생각하고 있다. 성공의 열쇠는 성과가 아니라 시장환경에 따라 방법론을 개선하고 적응시키는 능력이다."

거이 와이저 프라테 — 차익거래 및 M&A 투자전문 펀드매니저

펀드를 모호하게 운용하고 상류층 고객만 상대하는 것으로 보이는 다른 헤지펀드매니저와 달리, 거이 와이저 프라테Guy Wyser Pratte는 정말로 평범한 일반인이다. 와이저 프라테의 이름을 걸고 있는 그의 펀드와 회사는 리스크 차익거래와 기업지배구조에 전문화하여 운용한다.

와이저 프라테는 25년 이상 월스트리트에서 일해왔으며 차익거래분야의 대부로 불린다. 그러나 과거 몇 년 동안 주주의 권리를 쟁취하고 기업지배구조의 많은 부분을 변화시킨 그의 노력은 투자자들에게 상당히 높은 수익을 가져다주었을 뿐 아니라 많은 뉴스 머릿기사에 그의 이름을 올려놓았다.

"기업지배구조의 틀을 변화시킨 우리의 노력은 많은 기업이 그들의 경영권이 위협당할 때 사용하는, 단지 'No'라고 말하는 방어막을 파괴시킬 것이다"라고 그는 말했다. 또 "그것은 독약조항▪의 남용을 종식시킬 것이고 이사회에서 경영진들이 쉽게 간과하는 주주의 이익을 최우선에 두도록 생각하고 행동하게 할 것이다. 사람들은 경영진이 독약조항을 사용해온 방식에 대해 질려 있다. 회사와 주주를 방어하는 수단으로 사용하는 대신에 경영진들은 자기방어의 수단으로 독약조항을 사용해왔다"라고 덧붙였다.

독약조항은 경영진에게 적대적 공개매수에 대응하기 위

독약조항
poison pill, 원하지 않는 M&A 매수자가 오는 것을 막기 위해 기업 정관에 있는 여러 가지의 법적 방어조항.

한 통제권을 주기 위해 1980년대에 만들어졌다. 독약조항은 주주들에게 수억 달러 가치의 주식을 매우 싸게 살 수 있는 권리를 준다. 반대로 경영권을 얻기 위해 필요한 주식수를 상당히 증가시키기 때문에 M&A 매수자를 겁주어서 쫓아버리게 된다.

와이저 프라테는 독약조항의 존재를 알고 있는 매수자라면 기업인수를 시도하지 않을 것이기 때문에 독약조항의 사용은 주주들에게 이익이 되기보다는 오히려 해가 된다고 믿고 있다. 이것은 주주들에게 그들의 투자가치 극대화를 실현시키지 못하게 하고 경영진에게 현 지위를 유지시키게 한다. 따라서 그는 개선된 독약조항을 고안했다.

"새로운 독약조항은 전통적인 독약조항의 장점을 유지하되 경영자들이 그들 자신을 보신하는 것은 허용하지 않는다. 그것은 경영진들이 항상 주주의 이해를 최우선시하는 행동을 하게끔 한다."

개선된 독약조항을 사용한 가장 좋은 예는 1997년 후반에 있었다. 그 당시 유니온 퍼시픽 리소스 Union Pacific Resource Inc. 는 펜즈오일 Pennzoil Corp. 을 인수하려는 비우호적 공개매수 제의를 철회했다. 유니온 퍼시픽은 펜즈오일을 주당 84달러에 매수제의했으나 펜즈오일은 단지 'No'라고 말하는 방어막을 쳐버리고 말았다. 그 비우호적 공개매수는 주당 20달러의 프리미엄을 제시한 것이고, 펜즈오일의 시장가치를 10억 달러 높이는 금액이었다. 그러나 일단 유니온 퍼시픽이 발을 빼자 와이저 프라테는 펜즈오일의 경영진이 그 협상을 파기할 어떠한 근거도 없다고 생각하고 거기에 개입했다. 1997년 후반에 펜즈오일 주식은 60달러 중반에 거래되었지만, 1998년 7월 30일에는 40달러 이하에서 거래되고 있었다.

와이저 프라테는 펜즈오일의 일부 조직 중 하나를 합병함으로써 그 회사에게 주주의 이해를 최우선시하는 행동을 하도록 강요했다. 와이저 프라테의 펀드가 펜즈오일 주식의 1.5% 이상을 보유했기 때문에 그도 주주였다. 펜즈오일은 또한 미래의 공개매수 제의에 주주들의 의사를 전달할 개선된 독약조항을 채택했다. 와이저 프라테의 노력으로 펜즈오일이 채택한 그 개선된 독약조항은 만약 비우호적 공개매수 제의가 평균거래가격의 35%를 넘을 경우에는 경영진이 그것을 받아들여야 한다고 명시하고 있다.

이사회가 자신의 생각을 채택하도록 하기 위해 와이저 프라테는 회사와 일전을 벌일 마음으로 이사회 이사에 입후보하고, 이사회 표결과 관련되어 있는 정관부칙 개정을 위해 연방소송을 제기하였다. 1998년 초에 양측은 펜즈오일 이사회에 사외이사를 한 명 추가하고 주주들에게 정기주총 이외에 특별주총을 소집할 권한을 주는 정관부칙을 채택하는 것이 포함된 합의에 도달하였다. 그 합의의 일부로 와이저 프라테는 연방 소송을 취하하고 이사회 이사 입후보를 철회하였다. 와이저 프라테는 그것이 자신의 개선된 독약조항을 채택하도록 만든 마지막 경우라고 생각하지 않는다. 그는 개별기업보다는 전체기업에서 독약조항과 그것의 옹호자들과의 싸움으로 방향을 전환했다. 해병 출신인 그는 전투에 대해, 그리고 이기는 법에 대해 배웠다. 와이저 프라테는 다음과 같이 말했다.

"이것은 우리와 델라웨어Delaware와 델라웨어에 편입된 모든 기업들 사이에 중요한 쟁점이 되고 있는 부분이다. 우리는 이것을 쟁취하려고 하고 있는데 기관투자가위원회와 위스콘신주의 연금이사회가 적극적으로 지원하고 있다. 우리는 내년에 독약조항을 폐기한 모든 기업이 개선된 독약조항을 채택하기를 원한다. 주주들은 많은 돈을 잃었기 때문에 단지 'No'라고 말하는 방어막에 진저리가 나 있다."

와이저 프라테는 기업지배구조를 바꾸려는 노력이 주주들에게 정당한 일을 하는 것이라고 믿고 있다. 그렇지만 이런 노력은 헤지펀드 업계에서는 그리 환영받지 못한다. 대부분의 경우 헤지펀드 운영자는 그들이 돈을 벌고 난 후에 좋은 일을 하고 자선단체에 시간을 투자하겠다고 한다. 반면 와이저 프라테는 좋은 일을 그의 일상적인 자금관리업무의 일부로 생각한다.

"경영진이 독약조항 뒤로 숨을 때, 그들은 기업민주주의가 아무리 존재한다 할지라도 그것을 파괴하고 기업지배구조를 비웃는다."

푸르덴셜 바쉐$^{Prudential\ Bache}$의 차익거래그룹을 경영하던 시절, 와이저 프라테는 기업지배구조 문제에 흥미를 가지게 되었다. 1974년에 그는 설탕회사 그레이트 웨스턴 유나이티드$^{Great\ Western\ United}$의 우선주를 소유하고 있었는데, 그가 배당을 받을 시기가 되었을 때 무언가 잘못되어 있다는 것을 깨달았다. 설탕가격은 오르고 있었으나 배당금이 오지 않았다. 마침내 그와 동료 한 명은 그 회사를 상대로 그들이 받을 배당금에 대해 소송을 하기로 결정했다. 소송을 제기한 지 며칠 만에 설탕회사에서 수표 한 장을 받을 수 있었고, 그는 주주 활동가가 됨으로써 돈을 벌 수 있다는 사실을 깨달았다.

1974년 이전에 와이저 프라테는 차익거래자였다. 차익거래를 가장 간단하게 정의하면 한 시장에서 한 품목을 사고 다른 시장에서는 그것을 파는 것이다. 그는 1929년 파리에서 와이저 프라테라는 회사를 시작했던 그의 아버지로부터 주식 차익거래 사업을 배웠다. 이후 그 회사는 바쉐$^{Bache\ \&\ Co.}$로 합병되었고, 다시 얼마 후 푸르덴셜에 합병되었다. 1990년에 와이저 프라테는 그 기업을 독보적인 존재로 부활시켰고, 푸르덴셜과의 관계를 정리하고 그의 아버지처럼 그 기업을 독자적으로 운영하고 있다.

와이저 프라테는 대개 한 번에 서너 개의 딜을 하는데, 어떤 것은 미국에서 어떤 것은 유럽에서 한다.

"우리는 가능한 한 많은 딜을 다루기보다는 최상의 기회에 초점을 맞추고 그것이 우리에게 가장 유리한 방향이 되도록 매우 열심히 노력한다. 우리가 무엇이 일할 만한 가치가 있는 것인가를 결정하는 방법은 우리가 기대하는 수익률을 얻기 위해 부담해야만 하는 리스크의 크기를 조사하는 것이다. 높은 리스크와 낮은 수익은 우리가 피하려고 하는 것이며, 낮은 리스크와 높은 수익은 우리가 매우 관심을 기울이는 것이다."

와이저 프라테가 관계하고 있는 다른 투자처는 프랑스 호텔 및 샴페인 재벌인 타팅거$^{Tattinger\ S.A.}$였는데, 그와 그의 파트너들은 대략 타팅거 주식의 13%를 소유하고 있었다.

"우리는 타팅거 주식을 계속해서 모으고 있으며 경영진이 주주들에게 올바른 일을 해야만 한다고 말하고 있다. 우리는 그 회사에서 저평가된 자산에 대해 관심을 이끌어내고 있다. 거기서 우리가 하고 있는 일은 많은 일반 주주들에게 환영을 받고 있으나 기득권층은 우리의 용기를 싫어한다."

와이저 프라테의 펀드가 타팅거에서 주주가치를 증대시키려는 노력은 1998년 11월 11일자 《월스트리트 저널》 1면 논설의 주제였다.

와이저 프라테는 대개 회사가 M&A 협상에서 인수제의를 거절하여 매수자가 협상을 철회할 때 개입한다. 일단 개입하면 그는 그 협상이 이루어지도록 노력한다. 와이저 프라테가 매수자에게 이야기를 하거나 그 회사와 어떤 협약을 맺은 것은 아님에도 불구하고, 그의 노력은 항상 그를 포함한 주주들을 위한 가치극대화에 집중된다.

"매수 희망자가 협상을 깨고 나갈 때, 그들은 대부분 회사를 벼랑 끝으로 몰기 위해 우리가 개입하기를 기대한다. 대부분의 매수 희망자들은 우리가 만약 그 회사가 주주에게 최상의 이익이 되도록 행동하지 않는다고 판단한다면 그들에게 총을 겨누고 주주가치를 극대화하게 만들 것이라는 점을 알고 있다."

와이저 프라테가 주식을 사는 것이 아니라 행동주의자로서 깊이 관여하게 된 경우는 여러 가지이다. 그 중 두 가지는 아메리칸 인터내셔널 그룹American International Group이 다른 사람이 매수제의를 하도록 허용하지 않고 아메리칸 뱅커스 인슈어런스American Bankers Insurance를 사려고 시도한 것과 에치린Echlin Inc.이 코네티컷에서 반주주법을 통과시키려는 시도였다. 두 경우에서 와이저 프라테의 펀드는 그 두 회사 주식을 모두 보유하고 있었으며, 와이저 프라테는 그 회사들이 주주들을 생각하도록 하기 위하여 행동을 할 필요를 느꼈다.

"당신이 실제로 할 수 있다는 확신을 가짐으로써 당신이 원하는 일을 이룰 수 있다는 것을 깨닫는 것은 매우 재미가 있다."

와이저 프라테의 펀드는 상당히 성공적인 성장을 보였다. 그의 펀드는 5백만 달러가 안 되는 금액으로 출범하였으나 1997년 말에는 6억 달러 이상이 되었다. 1967년 이래로 그는 복리수익률로 29.78%의 수익률을 기록하였는데, 같은 기간 중 S&P 500 지수는 단지 13.34%의 수익률을 올리는 데 그쳤다. 펀드가 출범되기 전에 와이저 프라테는 푸르덴셜 바쉐에서 자금을 관리했다. 그의 성과에 대한 자료는 푸르덴셜에서 돈을 관리했던 기간까지 포함한다.

12명의 직원으로 구성된 그의 기업은 맨해튼 인근에 있다. 대부분의 경우 그는 투자결정을 하고 전략을 보완하기 위해 동료들과 협의한다.

그 기업이 독립한 이후 지금까지 와이저 프라테는 미국과 유럽에서 모두 15개 기업의 지배구조 딜을 다루어왔는데, 모두 성공했다. 그의 투자자는 상류층 개인과 연금펀드이다.

사실 와이저 프라테의 기업지배구조에 대한 노력은 유럽에서 진행되는 일에 적극적으로 관심을 기울인 결과이다. 와이저 프라테는 다음과 같이 말했다.

"해외에서 운용한 경험을 바탕으로 우리는 여기 미국에서 직면하는 많은 문제에 어떻게 대응해야 할지 알게 되었다. 해외에서는 이런 비상식적인 일을 하지 않는다. 거기에서 가장 중요하게 생각하는 것은 경영진을 보호하는 것이 아니라 주주를 보호하는 것이다. 여기 아메리칸 바 어소시에이션American Bar Association 때문에 모든 일에서 독약조항을 둘러싼 소송을 촉발시키고 있고 그들이 하는 일이란 주주의 돈을 낭비하는 것이다."

1940년에 프랑스 비키Vichy에서 태어난 와이저 프라테는 1947년에 가족들과 함께 미국으로 이주해서 1953년에 미국시민이 되었다. 뉴욕대학의 MBA를 졸업한 후 1966년에 해병대에서 대령으로 예편했다. 그는 아버지 유진 와이저 프라테Eugene Wyser-Pratte에게 차익거래를 배웠는데, 그의 아버지는 한 시장에서 주식을 매수하고 다른 시장에서 그것을 파는 전통적인 차익거래전략을 실행했다.

"나는 아버지의 사업에 전혀 흥미를 느끼지 못했다." 와이저 프라테는 회상한다. "하지만 아버지가 나에게 그 사업이 점점 흥미로운 일이 되고 있으며 지적인 도전을 해볼 만한 일이라고 권유하기에, 한번 살펴보기로 결정했다."

1967년에 그의 아버지는 더 큰 규모의 자본에 접근하기 위하여 가족회사를 바쉐에 합병하기로 결정했다. 그는 1971년 1월에 은퇴할 때까지 그 기업을 운영하였다.

거이 와이저 프라테는 그 회사를 물려받아 결국 푸르덴셜 바쉐의 차익 거래 업무 모두를 책임지게 되었다. 푸르덴셜이 합병회사 문제로 줄다리기를 하고 있던 1980년대 말과 1990년대 초에 문제가 생겼다. 푸르덴셜의 모회사인 미국의 푸르덴셜 생명보험이 그 사업을 철수함에 따라 자기 책임 트레이딩(단순중개가 아닌 딜링)을 위해 사용할 자본을 가질 수 없다는 통보를 받자, 그는 1991년에 회사를 떠나기로 결정했다.

"1992년에 나는 많은 사업설명회를 열었다. 그때 내가 모을 수 있는 자본은 3백만 달러였다. 그러나 그때 이후 6년 만에 우리는 현수준까지 성장했고, 나는 우리가 매우 잘 하고 있다고 생각한다. 그것은 혼자 하는 일이 아니기 때문에 기업지배구조와 관련해서 하는 일이 특히 도움이 된다."

와이저 프라테가 푸르덴셜 바쉐에서 일하고 있을 때 어떤 문제를 해결해달라는 요청을 받았다. 와이저 프라테는 이사회가 매수제의 하나를 거절했고 연이은 매수제의를 이사회에 안건으로 상정하지 못하도록 막았다는 이유로 휴스턴 천연 가스Houston Natural Gas를 고소했다. 그는 휴스턴 천연 가스의 이익이 손상을 받았다고 설명한 이후 그 소송을 바로 푸르덴셜의 총수에게 넘겼다. 그러나 누구도 '푸르덴셜 바쉐가 휴스턴 천연 가스에 대해 소송을 제기하다'라는 뉴스가 속보로 나오는 그 순간에 우연히 휴스턴 천연 가스의 회장 사무실에 있었던 푸르덴셜의 총수에게 그 사실을 알려주지 않았다.

"휴스턴 천연 가스의 회장은 푸르덴셜과 커다란 투자은행 딜에 막 날인하려고 하고 있었다. 물론 그것은 날인되지 않았다. 결국 휴스턴 천연 가스의 회장은 자신의 행동 때문에 해고되었고, 그 회사를 인수하기 위한 다른 회사가 나타났다."

와이저 프라테는 해병대에서 복무하면서, 그 어느 때보다도 규율에 엄격하게 복종하는 삶을 경험하였다. 그는 이 경험이 사업에 성공할 능력을 갖추는 데 중요한 역할을 했다고 믿고 있다. "해병 출신이라는 것은 월스트리트에서 나의 경력을 쌓는 데 놀랄 만큼 큰 도움이 되었다. 그것은 나에게 각기 다른 개성을 지닌 사람들을 어떻게 평가해야 하는지 알려주었고, 위험에 빠졌을 때 의존할 수 있는 사람이 누구인지를 재빠르게 판단하는 데도 도움을 주었다. 그리고 그 기술은 월스트리트에서 성공하는 데 매우 중요하다."

와이저 프라테는 기업지배구조를 바꾸는 데 상당히 재미를 느끼고 있지만 아직도 차익거래 기회를 추구하는 데 집중하고 있다. 차익거래자로서 와이저 프라테는 회사가 어떤 딜을 발표할 때 그 회사 주식에 관계한다. 그의 방법은 매수자와 매도자의 가격 스프레드를 포착하여 이익을 얻는 것이다. "사업에 집중하는 동시에 한 가지 상황에 빠지지 않고 원칙을 지키는 한, 우리는 앞으로도 성공할 것이다"라고 그는 확언한다.

와이저 프라테는 전망이 있는 딜이 발표될 때 바로 행동으로 옮긴다. 즉시 그 발표를 점검하면서 그와 그의 팀은 그것을 평가하고 사업성이 있는지 결정한다. 만약 리스크와 잠재적인 수익 면에서 가치가 있다는 것을 발견하면 그들은 투자한다.

기업지배구조가 언론에 알려진 와이저 프라테의 전문 분야이기는 하지만 그의 펀드는 아직도 투자자들에게 이익을 내주기 위해 전통적인 차익거래 전략을 사용한다. 와이저 프라테는 자신의 위험차익거래기법을 인수합병의 성공 가능성을 결정하는 데 사용한다. 그리고 대개 거래가 일어날 때 그의 펀드는 그 기업 주식의 일정 포지션을 가지고 있다.

"이 사업의 성공 포인트는 우리가 하려고 하는 분야에서 계속해서 강점을 살리는 것이다. 우리는 성공할 것이라고 믿는 전략에 집중하고 그 전략과 관련한 기술을 축적할 필요가 있다."

펜즈오일의 경우에 와이저 프라테는 자신의 기업지배구조에 대한 지식과 차익거래기법 모두를 이용하여 상당한 수익을 얻을 수 있었다. 그 석유회사는 기본적으로 그와 싸우는 데 진절머리가 났고, 최선의 해결책은 서로 화해하는 것이라는 결론을 내렸다. 그 화해 조치의 일부로 펜즈오일은 와이저 프라테가 제안한 정관부칙에 동의했고, 이사회에 독립적인 이사 한 명을 추가하였다.

"그것은 우리들 모두에게 윈-윈 상황이었다. 그들은 그들이 원하는 것을 얻을 수 있었고 나 역시 내가 원하는 것을 얻을 수 있었다. 그리고 주주는 이익을 얻을 수 있었다."

일단 그 타협에 도달하자 펜즈오일은 자동차오일 부문을 퀘이커 스테이트$^{Quaker\ State}$와 합병하기로 결정했고 그것을 분리한 후 석유탐사회사만 남겼다. 그 분리조치로 펜즈오일 주주들은 두 회사의 주식을 받게 되었다. 와이저 프라테는 처음부터 펜즈오일을 매수하려고 쫓아다녔던 기업들도 결국에는 어떤 방식으로든 자동차오일 부문을 팔았을 것이기 때문에, 일단 기업분리가 완결되면 펜즈오일은 다시 기업매수의 표적이 될 것이라고 믿고 있다.

"남아 있는 것은 견실한 사업 부문과 우리들의 개선된 독약조항이기 때문에 매력적인 회사가 된다. 내 생각으로는 한 달도 안 되어서 다시 매수제의를 받게 될 것이다"라고 와이저 프라테는 공언한다.

우리가 만났을 때 와이저 프라테는 펜즈오일 주식을 백만 주 이상 소유하고 있었고, 퀘이커 스테이트에 대한 그의 지분은 팔고 석유탐사회사에 대한 지분은 그대로 보유하기로 결정하였다. 와이저 프라테는 그와 그의 투자자들이 돈을 버는 것보다 인생에서 더 중요한 일이 있다고 믿는다.

"나는 나의 사업에 자선사업을 관련시키지 않는다. 나의 일은 투자자들에게 충분한 수익을 벌어주는 것이다. 그러나 인생에서 우리 모두는 우리가 하는 일에서 어떤 도덕적인 측면을 찾고자 한다. 나는 일생 동안 내가 하는 일에서 그것을 충족시킬 수 있다."

마틴 코에닉—시장중립형 투자전문 펀드매니저

마틴 코에닉$^{F.\ Martin\ Koenig}$은 깔끔하고 쉬운 일을 좋아한다. 그는 시장의 거친 변동에 흥미가 없을 뿐 아니라, 시장이 어디로 움직일지를 맞추는 데 하루를 몽땅 소비하는 사람이 아니다. 코에닉은 시장 중립적인 것을 좋아한다. 코에닉은 순수한 기술적 분석가이다. 투자기회를 발견하기 위하여 기본적 분석과 기술적 분석을 결합해서 사용하는 많은 펀드매니저와는 다르게, 그는 전략과 이론에 의존한다. 그는 분산투자이론*을 사용함으로써 대부분의 펀드매니저들이 같은 타입의 수익을 얻기 위해 감수하는 리스크를 부담하지 않고 지수를 지속적으로 이길 수 있다는 확고한 믿음을 가지고 있다.

분산투자이론
portfolio diversification theory, 투자자들이 이익 수준이 주어진 상황이라면 가능한 한 수익이 분산되기를 원한다고 가정하는 이론.

그의 운용의 기초인 분산투자이론에 따르면, 가치가 반대로 변동하는 경향이 있는 자산에 투자함으로써 분산투자를 할 수 있다고 말한다. 한 주식이 올라가면 다른 주식은 내려가는 성질이 있는 두 주식에 모두 투자함으로써 하나의 자산에 투자하는 것보다 더 나은 성과를 얻을 수 있다.

"장기적인 관점에서 만약 당신의 돈을 절반은 금에, 절반은 채권에 넣을 경우 당신은 경제적인 요인이나 시장요인에 따라 판단해볼 때 양쪽에서 매우 비슷한 수익을 얻을 것이다. 대부분의 사람들은 만약 내가 각각에서 똑같이 10%의 수익을 얻는다면 돈을 반으로 나누어서 투자하든 그것을 한 곳에 투자하든 문제가 되지 않는다고 말한다. 수익면에서 본다면 그 말은 사실일지 모르나 리스크 측면을 감안한다면 그것은 틀린 이야기이다."

금과 채권이 같은 변동성* 리스크를 가지고 있을지 모르지만, 코에닉은 두 자산의 가격변동이 서로 다른 국면에서 나타나기 때문에 만약 반반씩 투자한다면 포트폴리오의 총 변동성을 감소시킬 수 있다고 날카롭게 지적한다.

변동성
volatility, 주어진 기간에 걸쳐 가격의 표준편차에 근거한 한 증권의 변동 정도.

"당신은 두 자산에서 같은 복리수익률을 얻을지 모른다. 그러나 그 자산들이 서로 반대방향으로 움직이기 때문에 당신의 수익은 훨씬 더 안정적일 것이다. 리스크 한 단위당 수익이 개선되고 포트폴리오에서 변동성의 크기를 감소시킬 수 있다."

코에닉은 또한 매시점마다 포트폴리오로부터 초과수익을 내는 증권을 확실하게 골라내기 위해 포트폴리오 리밸런싱을 한다.

"두 자산집단이 평균에서 벗어나면 다시 평균으로 되돌아가려는 평균회귀적인 성질을 가지고 있는 한, 리밸런싱은 효과를 발휘할 것이다. 이렇게 함으로써 운용기간 말에 당신은 각각의 자산을 평균한 수익보다 실제로 더 높은 수익을 얻을 수 있게 될 것이다."

코에닉은 그 과정이 리스크를 감소시키고 또한 기대수익을 상당히 증가시킨다고 믿는다.

"서로 관련이 없는 자산의 스타일과 그룹에 투자할 필요가 있다. 당신은 분산투자를 함으로써 리스크를 감소시키고 당신이 사용하는 모든 스타일, 전략, 자산집단의 평균값보다 약간 더 높은 수익을 얻을 수 있다는 것을 알고 있을 것이다. 그것은 리스크 한 단위당 수익을 크게 개선시킬 것이기 때문에 한 스타일에 투자하는 것보다 훨씬 더 좋은 투자방법이다. 핵심은 리스크 한 단위당 수익을 극대화하는 것이다."

코에닉은 투자기회를 판단하기 위해서 여러 가지 방법을 사용한다. 하나는 최고치 대비 손실률* 대한 관리인데, 이것은 최고수익 대비 하락비율을 의미하는 것으로 위험관리의 지표 중 하나이다. 그는 분기, 월간부터 주간, 일간에 이르기까지 주어진 기간 동안 그의 포트폴리오에 어떤 최악의 상황이 발생할 수 있는지 파악하려고 노력한다.

<small>**최고치 대비 손실률**
draw downs, 주어진 기간 동안의 손실 비율.</small>

"만약 레버리지를 사용한다면 최고치 대비 손실률은 커질 수 있기 때문에 최고치 대비 손실률의 크기와 빈도를 모두 극소화할 필요가 있다"고 코에닉은 조언한다.

"우리는 수익 패턴을 비대칭적으로 가져가기 때문에 위쪽으로의 변동성이 아래쪽의 변동성보다 더 크다. 그리고 그것은 실행하기가 쉽지 않다. 그러나 그렇게 함으로써 우리는 리스크를 측정할 수 있고 거기에 따라 리스크에 대한 우리의 위험 노출을 제한하도록 움직일 수 있다."

그는 하나의 비율이나 위험-수익 측정치가 절대적이라고 믿지는 않는다. 그러나 그는 포트폴리오를 구성할 때 가장 중요한 일은 두 가지 중요한 원칙 즉, 리스크를 극소화하고 수익률을 극대화한다는 원칙 위에 포트폴리오 구성의 기초를 두는 것이라고 생각한다.

"만약 당신이 수익을 극대화하는 데 집중하고 위험에는 별로 관심을 기울이지 않는다면 당신은 금방 망할 것이다."

우리가 1998년 봄에 만났을 때 코에닉은 전체 시장이 고평가되어 있다고 생각했다. 코에닉의 포트폴리오는 대형주는 숏포지션에, 중소형주는 롱포지션에 두는 포지션으로 구성되어 있었다.

"불균형 포트폴리오는 매우 위험하기 때문에 대부분의 경우 우리는 포트폴리오를 균형 상태로 유지한다. 그러나 타당성이 있고 확실히 리스크가 떨어지는 경우에는 포트폴리오를 불균형으로 만들기도 한다."

코에닉은 일반적인 시장리스크를 제거하는 데 집중하고 있다. 이것을 위하여 그는 같은 추세를 보이는 여러 형태의 자산으로 구성된 다양한 포트폴리오를 구성한다. 예를 들면 그는 과대평가되어 있고 추세추종적인 저성장주식으로 구성된 포트폴리오를 구성하는데, 그것은 기존에 있는 롱포지션의 포트폴리오와는 정반대이다. 그래서 그가 두 포트폴리오를 합친다면 천만 달러는 롱포지션, 천만 달러는 숏포지션인 포트폴리오가 완성된다. 이 포트폴리오를 통해 그는 리스크를 통제하면서도 더 높은 수익을 얻을 수 있다.

"만약 우리가 롱포지션에서는 이익을 얻었지만 숏포지션에서는 손해를 본다면 우리는 낮은 변동성과 그들 각자가 제공하는 분산효과의 이익을 얻을 수 있다. 각 포지션의 수익은 반대방향으로 움직일 것이고 그것은 전체 포트폴리오가 리스크는 전혀 증가시키지 않으면서도 항상 시장을 200~300bp 이길 수 있게 되어 최저수익률이 매우 안정적인 포트폴리오를 유지시키게 된다."

어떤 사람들은 코에닉이 하는 것을 세밀히 조사하고 나서 그것은 '수익이 높아진 변형된 재무성 어음 전략'에 불과하다고 본다. 그것은 재무성 어음의 거의 두 배에 달하는 기대수익을 제공하면서도 표준편차는 약간 더 높은 수준이며 변동성이 거의 0에 가깝다는 것을 의미한다.

"나는 공매를 계속하여 5%의 현금을 벌 수 있고 주식선택으로 또 5%를 벌 수 있다. 그것은 나에게 10%의 수익을 준다. 그러나 변동성의 특성을 베타로 측정한다면 나는 재무성 어음과 거의 같은 어떤 것을 가지고 있는 것이다."

코에닉의 투자자들은 리스크에 영향을 주는 변수는 비슷하지만 재무성 어음의 두 배의 수익을 얻을 수 있는 곳은 별로 없기 때문에 그의 스타일을 좋아한다. "우리는 재무성 어음보다 약간 더 높은 변동성을 가지고 있으나 그것으로 두 배의 수익을 얻고 있고 그것은 대단히 매력적이다" 하고 코에닉은 말한다.

대부분의 사람들은 그 정도로도 만족하지만 코에닉은 그렇지 않다. 따라서 그는 계속해서 리스크를 아래로 떨어뜨림으로써 수익을 개선하려고 노력한다.

"우리는 기대수익률을 떨어뜨리지 않고 리스크를 떨어뜨리도록 노력하고 있다. 나는 수익-리스크 비율(리스크 한 단위당 수익)이 개선되거나 그대로 유지되는 한 우리가 리스크와 수익이 떨어지는 것은 신경쓰지 않는다."

코에닉은 만약 그가 충분히 낮은 리스크 수준을 얻을 수 있다면 그때 레버리지를 사용하는 것은 안전하다고 믿고 있다.

"만약 내가 재무성 어음의 두 배의 수익을 얻을 수 있고 T-Bill+ 1%로 자금을 빌릴 수 있다면 나는 6%로 돈을 빌려서 10%를 버는 것이며, 내가 걱정해야 할 것은 그 거래와 관련된 리스크이다. 만약 당신이 레버리지를 200배 사용한다면 당신은 파산할 위험이 있기 때문에 레버리지를 통제할 필요가 있다. 그러나 그런 모험을 하지 않고 우리가 하는 것처럼 서너 배의 레버리지를 쓴다면 그것은 상당히 안전하다고 생각한다."

코에닉은 세 가지 집단의 투자자를 가진 하나의 펀드를 고안했다. A, B, C 형 투자자로 구성되는 헤지펀드인 뉴월드 파트너$^{\text{New World Partners}}$는 투자자가 참여할 세 가지 방법이 있다. 첫 번째 집단은 우대회원$^{\text{Preferred Members}}$이라고 불린다. 투자자들은 T-Bill+1%를 지불하고 법인투자자들에게는 35%의 세금이 면제되는 조건이 부가되어 있는 변동금리 증권을 받는다. 코에닉은 투자자에게 가는 수익의 반은 정당한 자격이 있는 배당$^{\text{qualified dividends}}$의 형태로 나올 것이기 때문에 이런 세금혜택을 받을 수 있다고 믿고 있다. 우리가 만났을 때 코에닉은 그 펀드에서 이런 투자 부문을 마케팅하고 있지는 않았지만, 그는 그것을 확정급부연금$^{\text{defined benefit plans}}$까지 확대하려는 계획을 가지고 있었다.

"이것은 확정급부연금이 실제로 부채가 아니고 어떠한 이자비용도 없는 레버리지를 사용하는 방법이다. 그것은 철저하게 근로자퇴직소득보장법$^{\text{ERISA: Employee Retirement Income Security Act}}$ 하에서 허용된 것이고 어떠한 비관련사업 세금부과의 문제도 없다. 연금이 이자를 부담하는 레버리지된 펀드에 투자하면 그들은 어떤 면세 혜택의 특혜를 잃게 된다. 그러나 이 경우는 그것은 하나의 우선적 참가증권이고 어떠한 면세 혜택 지위도 잃지 않는다. 그것은 기업과 확정급부연금투자자 모두에게 이득을 주는 일종의 작은 세금차익거래이다."

뉴월드 펀드는 '회원'이라고 불리는 투자자들에게 두 번째 그룹의 지분을 준다. 이 집단에서 코에닉은 자본의 90%가 보호되고 투자금액은 레버리지되지 않는다고 투자자들을 안심시킨다.

세 번째 집단은 준회원이라고 불리는데 3:1 레버리지를 사용한다. 이 그룹의 투자자들은 자본의 66%까지 보호받을 수 있다.

"투자자들은 각 그룹의 손절매 규정 때문에 우리가 파산하는 경우 최악의 시나리오가 무엇인지 펀드에 가입하는 즉시 알게 된다. 만약 그 변동금리부증권을 가진다면 당신은 아무것도 잃지 않을 것이고, 만약 당신이 레버리지되지 않는 쪽을 선택한다면 10%의 손실이 날 수 있으며, 당신이 레버리지된 투자그룹을 선택한다면 자산의 1/3을 잃을 수 있다. 내가 알기에 헤지펀드가 파산했을 때 투자자들이 돌려받을 것이 얼마인지를 말해주면서도 레버리지를 하는 헤지펀드는 없다. 우리는 그것이 우리만의 독특하고 멋진 특성이라고 생각한다."

코에닉은 자신이 체이스 맨해튼 은행의 시장중립적 포트폴리오를 운용하는 동안 파트너들과 함께 개발했던 매우 정교한 주식 선택 소프트웨어를 사용한다.

"그 정교한 소프트웨어는 주식전체집단을 평가하여 하나의 매트릭스에 놓는다. 그 시스템은 미래 수익의 특성치와 다른 기술적인 정보뿐 아니라 15개의 펀더멘탈 요소를 분석한다.

우리와 월스트리트의 차이는 우리는 철저하게 객관적인 모델을 사용해서 주식을 고른다는 것이다. 대부분의 애널리스트는 매수-매도 추천을 해야만 하는 모델을 사용한다. 만약 애널리스트가 그 주식을 좋아한다면 그들은 분석결과가 긍정적으로 나오는 데이터를 사용할 것이고, 만약 좋아하지 않는다면 분석결과가 부정적으로 나오는 데이터를 사용할 것이다."

코에닉이 중점을 두는 부문은 애널리스트가 추정치를 위로 또는 아래로 수정하는 경우이다. 예를 들면 한 주식에 대해 15명의 애널리스트가 담당하는 경우를 생각하자. 만약 15명 중 10명의 애널리스트는 추정치를 위로 수정하고 다른 사람들은 아래로 수정한다면 그 시스템은 증가된 수정치로부터 감소된 수정치를 빼고 이를 애널리스트의 숫자로 평균을 내게 된다. 그 시스템은 점수가 가장 높은 주식이 최상의 투자로 고려되도록 구성되어 있다.

코에닉은 계량적인 롱-숏/숏-시장 중립 그리고 헤징 첨가 전략을 다루기 위해 자신의 시스템을 사용하는 이외에 그 포트폴리오를 운용하기 위해 서로 상관성이 없는 스타일과 전략을 사용한다. 전세계 리스크 차익거래, 전세계 전환사채 차익거래 convertible arbitrage, 가치주식 운용, 평균회귀형 차익거래, 깊이 숨겨진 가치주 투자 등이 여기에 포함된다. 이런 스타일과 전략에 대해 코에닉은 오랫동안 보조조언자로서 같이 일해왔던 여러 매니저에 의존한다. 이 보조조언자 누구도 그 펀드의 일부분에 대해서 재량권을 가지고 있지 않다. 그들의 유일한 역할은 리서치와 정보를 제공하는 것이다.

보조조언자들의 능력을 알아보기 위하여, 코에닉은 보조조언자들이 제안한 모델로 자신의 포트폴리오를 과거 9년 동안 운용했더라면 어떠한 결과를 얻었을 것인가를 예측하기 위해 자신의 모델에 더해서 그들이 제시한 정보를 받아들이고 그것을 결합한다.

"실제 데이터가 포함되는 손익계산서를 작성함으로써 우리는 과거에 무슨 일이 일어났는가를 알 수 있다. 그리고 나서 우리가 해야할 일은 누가 우리들의 전략에 적합한지를 알아보고 매니저들을 결합하고 서로 짝을 찾아주는 것이다. 그것은 어떤 매니저가 자신의 이론을 검증하고 그들이 믿기에 미래를 예측하는 새로운 방법이라고 제안할 때 하는 것과는 완전히 다르다"고 코에닉은 말한다. 계속해서 그는 "그들이 정말로 하고 있는 것은 데이터를 사용하여 특정한 방법론에 가장 좋은 성과를 내는 새로운 모델을 발견하는 것인데, 미래에도 그것이 작동할 것이라는 어떠한 확신도 없다. 우리는 어떠한 스타일과 전략이 미래에도 잘 작동할지를 결정하기 위한 다양한 검증을 하는데, 이를 위해 실제 매니저의 실제 데이터를 사용한다"라고 덧붙인다.

코에닉은 시장을 예측할 새로운 방법을 발견했다고 생각하는 많은 매니저들이 실제로는 자신과 투자자들을 바보로 만들고 있고 아마 곧 망할 것이라고 믿고 있다.

"만약 당신이 과거 데이터를 두 개의 다른 시간 국면으로 나누고 한 국면에서의 데이터만을 이용하여 모델을 개발하고 다른 국면에서 그 모델을 적용해서 이전 국면과 일관성이 있는 결과를 얻는다면, 그 모델은 가치 있는 것이다. 당신은 그것이 여러 면에서 타당하기 때문에 그러한 결과가 나왔다는 것을 알고 있다."

많은 보조조언자로부터 나온 다양한 스타일과 전략을 사용함으로써 코에닉은 서로 연관성이 없는 수익흐름을 얻을 수 있었다. 그 시스템이 작동하기 위해서 여전히 그 보조조언자들은 중요하고 그 펀드의 전체전략과도 잘 조화된다.

보조조언자들과의 관계에 있어 한 가지 흥미로운 점은 코에닉은 가중치를 다르게 주는 전략을 검증했다는 점이다. 각 경우에 그것은 60-40, 70-30, 80-20 등과 같이 가중치를 달리 하였다. 그는 그 전략들이 포트폴리오에서 어떠한 가중치를 주는 것과 상관없이 놀랄 만큼 비슷하고 안정적이라는 것을 발견했다.

"우리는 보조조언자들을 일렬로 세우고 그들의 투자과정을 검토한다. 만약 그 과정이 명확하게 이해되지 않을 때는 그들을 쓰지 않는다. 그러나 만약 우리가 그 투자과정을 이해하고 거기서 발생하는 수익흐름이 다른 것과 연관되어 있지 않다는 것이 확인되고 거기서 나온 결과들이 일관성이 있다면, 우리는 그들과 같이 일할 것을 고려한다."

우리가 만났을 때 코에닉의 등록된 투자자문사업의 관리자산은 100만 달러였던 반면 자신의 펀드 내 관리자산은 2천7백만 달러였다. 그는 그 펀드를 1999년 말까지 1억 달러까지 성장시키고 싶다고 말한다. 그리고 자신의 투자스타일은 거의 무한대의 돈을 관리할 수 있다고 믿고 있다.

"우리의 방법론을 계속 유지하는 한 우리의 시스템은 미래에도 계속해서 잘 작동할 것이라고 확신한다. 우리가 계속해서 성공할 수 있는 이유는 시스템이 매우 안정적이어서 펀드 중 하나가 파산하는 경우에도 우리는 파산하지 않는다는 것이다."

코에닉은 자신의 사업 성공이 직장생활 초반에 일본 회사에서 일한 경험으로부터 나오고 있다고 믿고 있다. 어떤 일이 일어나든지 일을 더 좋게 만드는 것을 배운 곳이 바로 거기였다.

"그들은 나에게 항상 더 나아질 수 있으며 내가 가지고 있는 것을 더 좋게 만들 수 있다고 가르쳤다. 거기에는 두 가지 부류의 경영진이 있다. '망가지지 않으면 고치지 않는다'는 부류와 '당신이 그대로 가만히 있다면 당신은 아마도 설 땅을 잃고 말 것이다'라는 부류이다. 이 두 가지 부류는 서로 비교될 수 없는 것처럼 들리지만, 그들과 우리는 항상 그 두 가지 모두를 하려고 한다."

빌 마이클첵―채권차익거래 및 펀드투자펀드 투자전문 펀드매니저

월스트리트에는 주식맨과 채권맨이 있다. 주식맨은 30개의 다우존스 공업평균주식의 이름을 부르고 어떤 수준에서는 포트폴리오를 계속 가져가기도 정리하기도 한다. 채권맨은 앨런 그리스펀과 연방은행의 일거 수 일투족에 목매달고 있고, 대중매체는 독자나 시청자들에게 수익률은 가격과 반대방향으로 움직인다는 점을 상기시키면서 너무도 당연하다는 듯이 웃음을 터뜨린다.

나는 채권맨이다. 나는 월스트리트의 정규 훈련을 모두 채권회사에서 받았고 아직도 일상적인 트레이딩의 대부분을 미국 재무성 채권으로 한다. 그래서 빌 마이클첵$^{Bill\ Michaelcheck}$이 한 케이블 뉴스 채널에서 미국 재무성 채권시장과 그의 헤지펀드에 대하여 이야기하는 것을 보았을 때, 나는 자연히 그와 그의 운용방식에 대하여 자세히 알고 싶어졌다.

마이클첵은 채권맨으로, 1970년대 초반에 하버드에서 MBA를 마친 후에 재무성 채권을 트레이딩했다. 그는 자신이 월스트리트의 가장 힘 있는 채권부서로 만들었던 베어 스턴스에서 둥지를 틀기 전에 J. F. Eckstein and Co.와 세계은행에서 일했다. 월스트리트의 전설 앨런 에이스 그린버그와 함께 일하면서 마이클첵은 베어 스턴스에서 채권부문을 급성장시켰으며, 공기업으로 전환한 민간기업의 파트너로서 상당한 보상을 받았다.

1992년에 마이클첵은 자신의 돈을 운용할 안전한 투자기관을 원했으며 전통적인 헤지펀드인 매리너 투자그룹$^{Mariner\ Investment\ Group}$을 발족시켰다. 1998년 여름 우리가 만났을 때 그 회사의 관리자산은 거의 3억 달러에 달하였다.

"지난 몇 년 동안 우리의 조직은 내가 프로매니저라고 부르는 수준까지 발전되었다. 그것은 우리 회사 자체적으로 돈을 관리할 뿐 아니라 다른 펀드매니저에게 배분한다는 것을 의미한다."

매리너 펀드는 현재 파트너들의 돈을 관리하는 2개의 상품을 가지고 있다. 그 회사의 초기 헤지펀드는 미국 재무성 채권 차익거래에 집중하는 저위험투자펀드이고 완전히 회사 자체적으로 운용된다. 매리너 펀드는 또한 외부자금관리자에게 자금을 배분하는 방법으로 관리하는 약간 더 공격적인 펀드투자펀드를 운용한다.

매리너 펀드는 또한 마이클첵이 회장으로 있는 한 보험회사의 자산관리자 역할을 하고 있는데, 이런 상황은 워렌 버펫이 버크셔 헤더웨이 Berkshire Hathaway Inc.에서 맡았던 역할과 비슷하다. 마이클첵은 이렇게 말한다.

"오늘날의 헤지펀드는 두 가지 범주로 나눌 수 있다. 첫 번째 범주는 줄리안 로버트슨과 조지 소로스 같은 사람들로, 모든 조직을 가지고 있는 진정한 기관투자자이다. 당신이 사실상 10억 달러를 가진 몇 명만을 고객으로 가지고 있다면 당신은 그들을 제외한 나머지, 즉 천만 달러에서부터 5억 달러 사이의 금액을 가진 두 번째 사람들의 범주에 들어가 있는 것이다."

"우리가 원하는 것은 사람들이 자신의 돈을 관리할 통로가 되는 것이다. 만약 어떤 사람이 로버트슨이나 소로스의 펀드에 가입한다면 그들은 우리를 필요로 하지 않는다. 그러나 만약 그들이 우리처럼 작은 펀드 회사의 펀드에 가입한다면 당신이 실수를 할 가능성이 충분히 있기 때문에 고객은 당신이 하는 일에 더 큰 관심을 기울일 것이다."

마이클첵은 헤지펀드 자체가 상당히 유망할 뿐 아니라 투자자의 요구사항이 지난 5년 동안 엄청나게 변해왔기 때문에 그의 회사가 성공할 것이라고 믿고 있다.

"과거에는 어떤 회사의 중견 파트너이면서 어느 정도 이름이 알려진 사람들이 5명 정도의 친구들과 함께 약 천만 달러를 가지고 헤지펀드를 시작하였다. 이제는 한 번에 천만 달러나 2천만 달러의 금액으로 나누어서 몇억 달러를 투자하고 있는 커다란 가족회사와 기관들이 있다. 그리고 그들은 가만히 앉아서 운을 기다리고 있는 사람들에게는 투자금액을 나누어주려고 하지 않는다. 그래서 우리는 사람들에게 내부적으로나 외부적으로 모두 헤지펀드를 하는 자산운용회사라고 자신 있게 말하고 있다. 우리는 컨설턴트가 아니다. 우리는 과거 성과가 미래 성과의 지표가 아니라는 점을 이해하고 있고, 지금까지도 월스트리트에서 활동하는 현직 매니저들이다."

비슷한 사업을 벌이려고 했던 사람들과 다르게 마이클첵과 그의 동료들은 과거에도 트레이더였고 현재도 트레이더이기 때문에 자신들이 하나의 모범사례가 되고 있다고 생각한다. 그들은 매일매일 시장에 있으며 매우 오랫동안 시장에 있었다.

마이클첵은 "우리는 항상 더 좋은 수익모델$^{mouse\ trap}$을 만들려고 노력했다. 우리는 개인숭배자가 되려고 하지 않으며, 그저 일이 되는 사업을 원한다. 우리는 특정인에 의존하는 수입을 원하지는 않는다"라고 단호하게 말한다.

매리너 펀드는 마이클첵이 자신의 부를 유지하고 축적하기 위해 필요로 했던 서비스를 다른 사람에게 제공할 기회가 있다는 사실을 깨달은 이후 지금의 형태로 발전했다.

"우리는 일종의 펀드투자펀드인 동시에 헤지펀드이다. 우리는 헤지펀드 세계에서 독보적인 위치를 차지한다."

맨해튼 중심지에 있는 사무실에서 매리너 펀드는 국채시장과 회사채시장에서 다양한 차익거래전략을 채택하여 채권을 거래한다. 그 회사는 또한 시장의 움직임을 이용하여 이익을 얻기 위해 주식-BW(워런트: 신주인수권) 차익거래전략을 사용하여 기술주를 거래한다.

"우리는 주로 여러 채권시장에서의 가격차를 이용하는 저리스크 헤지펀드를 운용한다. 우리는 폼을 잡으려고 여기에 있는 것이 아니라 할 수 있는 한 리스크 없이 최대한의 수익을 얻기 위해 여기에 있다. 우리는 여기 저기서 작은 이윤을 얻을 수 있는 수많은 작은 거래를 함으로써 이런 목적을 달성할 수 있다."

매리너 펀드는 고수익 차익거래와 M&A 차익거래부터 여타 차익거래 전략에 이르기까지 다양한 스타일의 매니저에게 자금을 위탁한다. 회사 자체에서 운용하는 것과 달리 외부매니저들은 내부매니저보다 좀더 빨리 승리를 내려고 한다.

"나는 채권시장 출신이라서 주가의 방향을 맞추는 투자를 그다지 신뢰하지 않는다. 당장은 매우 쉬워 보이지만 나는 그것이 쉽다는 것을 발견하지 못하였고 믿지도 않는다. 나는 무슨 일이 일어났는지, 또 무슨 일이 일어나야 하는지를 이해할 수 있기를 원한다. 또한 다우존스산업평균지수에 의존하지 않는다. 나는 홈런을 칠 필요가 없다. 다만 거의 리스크를 지지 않으면서 큰돈은 아니지만 아주 적은 돈이라도 많이 벌 수 있게 해주는 전략을 택하는 것이 마음이 편하다."

마이클첵은 입소문을 듣고 자신이 투자할 잠재 매니저를 발견한다.

"사람들은 우리가 무엇을 하는지를 아는 듯하며 우리에게 전화를 해서 이런 저런 사람을 검토해보라고 이야기한다. 우리는 그런 사람을 찾아 그가 하고 있는 일이 우리의 투자기준에 적합한가를 알아본다. 우리가 찾는 펀드매니저의 운용펀드가 몇 등인지, 수익률이 몇 %인지에 대해서는 별 관심이 없다. 왜냐하면 그것은 우리가 운용하는 방식이 아니기 때문이다. 우리는 우리에게 아이디어를 주는 많은 사람들을 알고 있다."

매리너 펀드는 기업인수, 경영권 박탈^{divestitures}, 자산분리$^{spin-offs}$, 파산^{bankruptcies} 등 매니저들이 완전히 이해할 수 있고 마음대로 주무를 수 있는 일과 같이 일회성 사업 전략을 채택하고 있는 펀드매니저들뿐만 아니라 차익거래 및 여타의 시장중립적인 전략을 택하고 있는 펀드매니저를 찾고 있다. 일단 마이클첵이 어떤 펀드에 투자할지 결정하면 그는 그 포트폴리오가 어떠한 시장상황에도 잘 작동하는지 알아보기 위하여 스트레스 테스트$^{Stress\ test}$를 실시하고 안정적인 수익을 창출할 수 있는 펀드들의 균형잡힌 포트폴리오를 따라잡으려고 노력한다.

마이클첵은 주식을 잘 선택하는 것이 궁극적으로 불가능하다고 믿는다. 전세계의 뮤추얼펀드와 포트폴리오 매니저를 살펴본다 해도 그는 자신이 하고 있는 일을 아는 사람이 거의 없다고 믿는다.

"물론 항상 예외는 있으나 통계적으로 볼 때 그것은 석탄더미에서 다이아몬드를 찾는 것과 같다. 따라서 어떤 사람도 주식을 잘 선별할 수 없다면 어떤 사람도 주식을 사고 팔 수 없으며 대부분의 헤지펀드는 그저 요행을 바라고 있는 셈이다. 모든 주식 브로커, 뮤추얼펀드매니저, 그리고 대부분의 헤지펀드매니저가 자신이 주식을 잘 선별할 수 있는 사람이라고 주장하지만 사실 그들 중의 99%는 그렇지 않다. 주식에만 집중하는 헤지펀드매니저가 되는 것은 마케팅하는 데는 굉장히 좋은 방법이지만 대부분의 경우 투자자들은 속게 되는 것이다."

마이클첵은 오늘날의 시장상황에서 대부분의 헤지펀드는 투자자에게 부가가치를 주지 못하고 있으며, 이것은 시장이 횡보할 때 점점 더 명확해진다고 믿고 있다. 그는 "만약 당신이 S&P나 국채수익률과 비교해서 많은 헤지펀드의 위험조정수익을 살펴본다면, 극소수의 헤지펀드만이 플러스의 알파(초과수익)를 가진다는 점을 발견할 수 있을 것이다"라고 지적한다. 대부분은 겨우 시장수익률을 따라갈 뿐이다. 시장을 겨우 따라가는 것은 헤지펀드와 관련하여 관리보수 1%와 성과보수 20%를 줄 가치가 없다. 차라리 인덱스펀드에 가입하는 것이 더 나을 것이다.

오늘날 대부분의 헤지펀드는 상당한 돈을 번다. 그러나 엄청난 변동성^{volatility}을 보이고 있으므로 투자자들은 S&P를 레버리지하는 것이 더 나을 것이다. 하지만 만약 당신이 우리와 다른 사람들이 각각 무엇을 하는지를 잘 살펴본다면, 우리의 펀드는 5년짜리 국채보다 변동성이 작으며 시장상황이 어떠하든 상당한 수익을 지속적으로 낼 수 있다는 점을 알게 될 것이다.

일이 그렇게 잘 되고 있기는 하지만 매리너 펀드는 항상 순조롭게 항해할 수는 없었다. 1998년 6월과 8월에 매리너의 펀드는 험한 바다에서 손해를 입어 설립 이래 최초로 돈을 잃었다. 그 이전에는 월기준으로 결코 마이너스를 낸 달이 없었다. 마이클첵은 그것이 그해 여름에 발생한 채권시장에서의 혼란 때문이라고 믿고 있다. "그해 여름은 끔찍했다. 당시 부채시장은 경기후퇴를 예상하고 있었으므로 정크본드의 스프레드는 5년 사이에 가장 크게 벌어지고 있었으며, 사람들이 정말로 신용경색$^{credit\ crunch}$이 진행되지 않을까 우려하기 시작하였기 때문에 우량등급의 회사채의 스프레드도 확대되었다."

우리가 만났을 때 매리너는 20개의 헤지펀드에 투자되어 있었으며 1998년 7월 한 달 동안의 순수익률은 14bp(0.14%)였다.

"머리가 좋은 매니저는 정말 많다. 그러나 총자산의 1%를 보수로 얻을 수 있기 때문에 시장이 오르든 내리든 상관없이 돈을 버는 유일한 사람들은 헤지펀드매니저이다. 반면에 우리는 그들이 우리를 위해 수익을 내주기를 기다려야 한다."

마이클첵은 현재의 시장상황이 헤지펀드가 커다란 어려움을 겪고 많은 펀드가 파산하고 사업을 정리하던 30년 전의 상황과 굉장히 비슷하다고 생각한다.

"당장이라도 우리는 1968년과 유사한 상황에 빠져 있는 사례를 볼 수 있다. 시장이 급등하고 월스트리트의 모든 사람들이 헤지펀드를 시작하며 그중 상당수는 망한다. 내 견해로는 매니저들은 투자자들이 당연하게 생각하는 수익률 수준을 낼 수가 없다. 비록 망하지는 않더라도 사람들이 더 이상 미미한 수익률을 내는 펀드에 돈을 맡기지 않을 것이기 때문에 많은 펀드들이 사업을 접게 될 것이다.

주식 헤지펀드는 매니저가 엄청난 리스크를 지지 않으면 20% 성과보수를 부과할 수가 없기 때문에 가장 먼저 인기가 떨어질 것이다. 고객은 1968년처럼 돈을 빼게 될 것이고 헤지펀드 산업은 상당히 후퇴할 것이다."

마이클첵은 1998년 여름에 일어난 시장의 요동은 아시아 위기와 관련되어 있으며 그것은 러시아 위기를 촉발시키고 미국채권 보유자들에게 경기후퇴가 임박했다는 공포심을 주었다고 생각한다.

"많은 사람들이 러시아가 파산선고를 했을 때 돈을 잃었다. 많은 사람들이 청산을 위해, 또는 증거금을 메우기 위해 현금을 모을 필요가 있었다. 러시아와 아시아 시장에서의 유동성이 말라버린 상황에서 현금을 모으기 위해서는 다른 나라의 주식을 팔아야만 했다. 사람들은 러시아 주식을 팔 수도, 투자자금을 회수할 수도 없었다. 현금을 모으는 유일한 방법은 잘 굴러가고 있고 유동성이 있는 증권을 파는 것이었다. 그러한 상황은 같은 일이 일어났던 1994년과 비슷하다."

이런 상황에 대한 언급 없이도 마이클첵은 헤징 전략을 채택하고 위험조정수익에 관심을 기울임으로써 매우 적은 리스크로 상당한 수익을 얻을 수 있다고 믿고 있다.

"우리는 돈을 이리저리 굴리지 않는다. 우리 포지션의 장점은 상당히 좋은 아이디어를 여러 개 가지고 있다는 점이다."

마이클첵은 그가 모집한 많은 사람들이 자신의 돈으로 무엇을 할 것이냐고 물었을 때 펀드투자펀드의 아이디어를 내놓았다.

"나는 개인 자금을 가지고 더 큰 리스크를 지고 공격적으로 운용하는 것에 관심이 있었다. 그래서 나는 펀드투자펀드를 시작하였고 사람들이 점차 이를 알고 자기도 들어올 수 있는지 물어보게 되었다. 나는 그것을 마케팅하지 않는다. 그것은 기본적으로 당신의 돈으로 무엇을 할 것인가 하는 문제이다."

우리가 만났을 때 그 펀드는 대략 6천만 달러가 되었고 마이클첵은 그 펀드의 가장 큰 파트너였다. 그는 돈을 모으기는 쉬우나 투자할 장소를 찾기는 어렵다는 것을 알았다.

"여기저기 굴러다니는 돈은 많이 있으나 그 돈을 넣어둘 좋은 곳을 선택하기는 어렵다. 1998년은 성과 측면에서 근래 들어 가장 나쁜 해가 되고 있고 의사결정을 더 어렵게 만들고 있다."

그는 보험회사를 대신해서 돈을 투자할 때 버펫과 비슷한 모델을 사용하지만 주식을 골라내는 대신 헤지펀드를 골라낸다. "우리는 헤지펀드를 뽑아내고 우리를 위해 투자할 펀드매니저에게 돈을 배분한다. 이런 아이디어는 상당히 공격적일 수밖에 없는데, 서로 연관이 없는 펀드에 투자해야 하며 이를 통해 우리는 시장상황에 상관없이 일정한 수익을 항상 얻을 수 있게 된다."

마이클첵은 주식을 뽑아내는 자신의 능력이 상당히 정확하다고 믿고 있지만 이런 판단이 절대적이라고 생각하지는 않는다. 그래서 그는 보험회사의 돈을 주식펀드에 투자해서 보유하고 있다.

"나는 내가 틀릴 수 있다는 점을 항상 주지하고 있기 때문에 나 자신을 보호하기 위해 어떤 돈은 주식펀드에 집어넣는다. 나는 사람들은 주식을 골라낼 수 없으며 그것에 성공하는 사람은 단지 행운이라고 철저히 믿고 있다."

회사의 구조 이외에 마이클첵이 다른 헤지펀드매니저와 다른 점은 그의 회사가 시장에 들어가고 나갈 때 항상 모든 수익을 다 취하지는 않는다는 것이다.

"우리의 거래전략은 그렇게 화려하지는 않다. 우리들의 운용 철학은 더 부자가 되는 것이 아니라 부자인 상태로 머무르는 것이다. 우리는 밤에 잠자고 휴일에 여가 생활을 즐기고 싶어한다. 우리는 피곤함을 느끼게 되면 새로 착수했던 일을 하지 않고 재빨리 원궤도로 후퇴해버린다."

낸시 하벤스 해스티
—리스크 차익거래 및 부실채권 투자전문 펀드매니저

분명히 월스트리트는 어느 정도 나이가 있는 남자들의 정보망이 매우 잘 작동하는 장소이다. 과거와 상당히 달라졌다고는 하나 여자들이 남자만큼 크게 성공하기란 아직도 매우 힘들다. 많은 여성들이 시도는 하지만 단지 여성이라는 이유로 실패한다. 이러한 상황에서도 성공적으로 펀드를 운용하는 한 여성이 있다. 바로 낸시 하벤스 해스티$^{\text{Nancy Havens-Hasty}}$다. 50대의 이 헤지펀드매니저는 코넬대학에서 학부과정을 이수하고 하버드에서 MBA를 졸업한 후 남성 위주의 월스트리트에 당당히 진출하였다. 그녀는 베어 스턴스 최초의 여성이사로 선출되었으며 월스트리트에서 성공한 첫 번째 여성투자은행가로 인정받고 있다. 지금 그녀는 몇 안 되는 성공한 여성 헤지펀드매니저 중의 하나이다.

1995년 그녀는 헤지펀드를 시작하기 위해 월스트리트의 가장 막강한 회사 중 하나인 베어 스턴스 증권사의 둥지를 떠났다. 당시 그녀는 베어 스턴스에서 100명의 직원을 거느리고 5억 달러가 넘는 자금을 주물렀으며, 회사에서 월급을 가장 많이 받던 15명의 직원 중 하나였다. 그녀의 펀드인 하벤스 파트너$^{Havens\ Partners}$는 1998년 가을에 약 5천만 달러 규모였으며 리스크 차익거래와 부실채권$^{distressed\ debt}$을 전문적으로 취급하였다. 6명의 팀으로 하벤스 해스티는 이익을 낼 수 있는 확실한 기회를 찾으면서 채권과 주식시장에서 거래를 한다. 운용을 시작한 지 1년 만인 1997년에 그 펀드는 15%를 약간 넘어섰고, 우리가 만났을 때 그 펀드는 그해 동안 수익률에는 변동이 없었다.

"나는 내가 피라미드의 꼭대기에 있으며 여성으로서 더 이상 올라가기는 힘들다는 점을 알았기 때문에 베어 스턴스를 떠났다. 나는 돈을 벌었고 회사에서 일하는 동안 연중으로 결코 돈을 잃지 않았기 때문에 내가 원하는 것을 이루었다. 이사회의 멤버가 되었을 때 나는 갑자기 나 자신이 돈을 버는 것이 중요한 것이 아닌 완전히 정치적인 상황에 있다는 것을 발견하였다. 나는 정치를 하는 것보다는 돈을 버는 것을 더 좋아한다."

두 아이의 어머니인 하벤스 해스티는 베어 스턴스에서 더 높은 자리로 올라가는 것은 엄청나게 많은 일을 해야 하고 그녀의 성격마저도 변하게 만들 것이라고 생각하였다. 그래서 그녀는 회사를 떠났고 자신의 펀드를 설립하였다.

"나는 정치하는 것보다는 돈 버는 것에 매우 흥미를 느끼며 이것이 나 자신이 완전히 행복해지는 길이라는 것을 깨달았다. 나는 직접 실무를 하고 일이 되게끔 하는 리서치를 수행하는 것을 즐겼다. 그러나 그 업무의 정치적인 측면을 좋아하지는 않았다."

지금 하벤스 해스티는 자신과 파트너들의 돈을 벌기 위해 일을 한다. 그녀는 지금도 누가 헬스케어 코디이고 누가 네트워크 조정자network administrator인지와 같은 정치적이고 사무적인 문제를 다루어야 하지만 그것 모두는 그녀 자신의 이익을 위해서이다. 가끔씩 받아들여야 하는 한 가지 불편함은 어떤 기계적인 설비에 문제가 생겼을 때 그녀가 전화를 해서 문제를 즉시 처리할 수가 없다는 점이다.

"베어 스턴스에 있을 때 내 기계가 고장이 났다면 나는 총무과에 전화를 했을 것이고, 그들은 내 직함을 보고 내가 즉각 문제를 해결해야 할 위치에 있는 사람이라는 것을 알았을 것이다. 지금은 전화할 사람도 없고 일을 처리하려고 할 때 우리는 우선순위 명단 맨 아래에 있다. 그것이 익숙해지는 데 상당한 시간이 걸렸으나 시간이 지나면서 나는 그것이 가치 있다는 점을 확신하고 있다."

처음 그녀가 리스크 차익거래에 관심을 가진 것은 컴퓨터 산업을 커버하는 주식 애널리스트로서 잠시 일하는 동안 생긴 것이다. "나는 지속적으로 관심을 기울여야 할 어떤 것을 찾고 있었다. 나는 투자은행가였고 주식도 담당하는 상황이었으나 이런 일이 지루해졌다. 차익거래는 당시 나에게 매우 흥미로웠으며 내가 정말 좋아하는 것이 되었다."

오늘날 하벤스 헤스티의 펀드는 차익거래와 부실채권에 특화하고 있으나 시장의 여건 때문에 부실채권의 비중은 극히 낮은 상황이다.

"과거 몇 년 동안 부실채권은 투자하기 매우 부적합한 부문이었다.

왜냐하면 부도율이 전 기간에 걸쳐 매우 낮았고, 부도율이 매우 높았던 1990년대 초기에 많은 돈을 벌었던 사람들이 있었고 그들은 모두 아주 작은 거래에 매달리고 있었으며 위험보상이 시원치 않았기 때문이다. 나는 살 만한 부실채권도 없을 뿐더러 사람들이 거래물건을 찾아 돌아다니고 있기 때문에 부실채권거래를 1년 전에 그만두었다."

하벤스 해스티 사람들은 부실채권거래를 위해 인도네시아와 한국에도 눈을 돌렸는데 연구 결과 펀드 자본을 투자할 가치를 느끼지 못했다.

"당신은 한국과 인도네시아 물건을 일정 가격 이상으로는 사지 않는다. 나는 계약이 잘 유지되지도 않고 아무것도 아닌 것을 가지고 끝없는 리스크를 져야 하기 때문에 그러한 채권을 사지 않을 것이다."

그녀는 남미 부채, 그 중에서도 브래디 채권을 거래했는데 이는 당시 아주 나쁘게 돌아가고 있던 그 지역의 상황을 투자기회로 이용하기 위해서였다. 미국 재무성 장관 니콜라스 브래디의 이름을 딴 브래디 채권은 국제업무를 하는 은행의 달러 표시 대출인데 장기채권으로 전환되어왔다. 미국 달러로 발행되고 미국 재무성 영구채에 의해 보증되는 브래디 본드는 남미국가에 의해 주로 이용되었다.

"내가 비록 시장을 잘 알지 못하지만, 나는 가격이 한쪽으로 완전히 떨어졌을 때 시장에 들어가서 내가 알고 있는 최우량 등급의 채권을 산다. 처음에는 남들보다 조금 비싸게 사지만 나중에 다른 사람들은 나보다 더 비싸게 사게 된다. 그것이 내가 좋아하는 게임이다. 나는 정말 고물 수집상처럼 채권을 사들이지만 이 일을 아주 즐긴다."

최근 그녀는 부실채권거래를 하지 않기 때문에 대부분의 시간을 온갖 형태의 리스크 차익거래에 보낸다. 그녀는 리스크 차익거래를, 회사합병으로 주식 교환이 이루어지면 인수당하는 기업의 주식을 사고 그 양만큼 인수하는 기업주식을 파는 것이라고 정의한다. 그러나 만약 그것이 현금 거래로 이루어지면 그녀는 스프레드 거래를 하고 혹시 그 거래가 수포로 돌아갈 경우 자신을 방어하기 위해 노력한다.

"이런 종류의 시장에서는 될 수 있는 한 가장 양질의 거래를 하는 것이 매우 중요하다. 엄청한 하락 가능성이 있다고 생각되면 나는 하락 위험을 방어하기 위해 상승의 이익의 일부를 포기할 수 있는 풋매수를 할 것이다. 만약 하락 위험이 낭떠러지 같아 보일 경우에는 당신은 잡고 있을 만한 어떤 것이 없다면 그 낭떠러지를 살펴보려고 하지 않는다."

그녀가 자신을 방어할 풋을 샀던 한 거래는 데칼브 제네틱스$^{Decalb\ Genetics\ Corp.}$사가 몬산토$^{Monsanto\ Co.}$사를 인수했을 때이다. 그 주식은 40달러부터 올라와서 우리가 만났을 때 주당 90달러에 거래되고 있었다.

"데칼브 제네틱스가 성과를 내기 시작했기 때문에 그 회사의 주요 경쟁자는 패배를 하게 되었고 그래서 하락의 위험성을 잘 알지 못한다. 이런 회사를 바라보고 있는 매수 희망자들이 많이 있었기 때문이다. 그러나 분위기가 점차 변하고 지금 우리는 무슨 일이 일어날 수 있는지를 알지 못한다. 이와 같은 상황에서 내가 깨달은 점은 포지션을 원할 때는 자신을 보호하기 위해 최선을 다해야 한다는 것이다. 이런 시장상황에서 가장 중요한 점은 자신을 보호하는 것이다."

시장이 하락함에 따라 거래 성사가 확실히 줄어들었으며 하벤스 해스티는 부실채권 쪽으로 되돌아갈 계획을 하고 있다.

"일단 시장이 요동을 치면 많은 기회가 생긴다. 파산한 많은 사람들은 과거 그들의 위치에 집착하기 때문에 더 심하게 당하게 되었다. 지금은 부실채권 분야에서 경쟁이 옛날보다는 훨씬 덜하다."

부실채권시장은 정말 1998년 하반기에 요동을 쳤다. 하벤스 해스티는 그해 3월에 37.25달러 언저리에서 팔았던 포지션을 가지고 있었다(과거 그것은 38.75달러에서 1포인트의 스프레드 내에서 움직였다). 그녀가 단말기에서 그 가격을 보았을 때 18달러부터 25달러 사이에 거래되고 있었다.

"이런 상황과 관련하여 과거가 잘못된 것이 아니다. 과거 2포인트였던 스프레드는 지금 7포인트이다. 정말로 험한 시장이다. 나는 누구도 그것을 사고 팔 것이라고 생각하지 않는다."

거래에 대한 정보를 얻기 위해 하벤스 해스티는 월스트리트의 정통 연구소와 내부 애널리스트를 동시에 이용한다. 월스트리트에 오랫동안 있었기 때문에 그녀는 많은 정보망을 가지고 있다.

"우리는 알지 못하는 사람들에게 전해 들은 말을 그저 반복하는 사람이 아닌, 정말로 일을 아는 사람들로부터 정보를 얻기 원한다. 나는 언제든지 그것이 가능하다. 나는 일이 어떻게 돌아가고 있는지를 아는 사람들과 선이 닿아 있어 최선의 결정을 내릴 수 있다. 거래와 관련된 문제가 무엇이든지 간에, 나는 문제에 대한 어떤 통찰력이 있는 사람이 누구인지를 알려고 노력할 것이다."

사업을 처음 시작했을 때 하벤스 해스티는 사업을 진행하는 데 할 일이 너무나 많다는 것을 알았다.

"나는 이런 사업을 시작한다는 것이 얼마나 어려운 일인지, 일이 되도록 하기 위해 해야 할 잡다한 일이 얼마나 많은지를 알고 놀랐다. 우리는 다른 회사의 업무처리의 우선순위에서 맨 꼴찌였다. 그러한 점은 내 문제를 가장 신속하고 우선적으로 처리하는 대우를 받았던 베어 스턴스에 있던 나에게는 가장 큰 변화였다. 나는 더 이상 베어 스턴스의 직원이 아니었으며 다른 모든 사람들이 우선순위에서 내 앞을 차지했다."

최근 몇 년 동안에 그녀는 그러한 잡무로부터 벗어나 그녀가 좋아하는 연구를 할 수 있었다.

"나는 연구하고 그 연구를 통해 거래가 될 만한 일을 찾아내기를 좋아한다. 정상에서 벗어난 상황을 이해하기 위해서는 특정한 상황에서 일이 제대로 진행되고 있는지를 파악하는 것이 중요하다."

그녀는 또한 그녀가 알고 이해하는 것에 집중하기를 좋아한다.

"좋은 차익거래자가 되기 위해서는 분석하는 것을 좋아해야 한다. 그것은 게임과 같다. 그것은 여기 미완의 세계와 저기 완결의 세계 사이에 있는 길에 어떤 위험이 있는지를 이해할 뿐만 아니라 사업의 관점에서 볼 때 이 거래가 왜 의미가 있는지, 그 특성은 무엇인지를 이해하는 것이다. 그것은 새로운 기술의 선두에서 항상 새로운 어떤 것을 배우는 일이기 때문에 정말 재미가 있다."

항상 새로운 산업과 기업들을 공부함에도 불구하고 그녀는 단지 성과를 높이기 위해 전략을 바꾸는 것을 좋아하지 않는다. 그녀는 일이 자신에게 불리하게 움직일 때는 시장에서 벗어나서 시장이 돌아서기를 기다리는 것이 최선이라고 생각한다.

"우리는 운용자산의 6% 이상을 하나의 포지션으로 가지지 않는다. 나는 더 좋은 성과를 내기 위해 불필요한 리스크를 지는 것에는 관심이 없다. 정말 잘 이해하지 못하는 일을 쫓아다니는 것보다 이해할 수 있는 상황이 되고 일이 해결될 때까지 앉아서 조용히 기다리는 것이 낫다."

하벤스 해스티는 원금을 보전하기 위해 어떻게 헤지를 할 것인가와 어떻게 리스크를 관리할 것인가를 사업의 가장 중요한 부분으로 생각한다.

"많은 사람들은 어떻게 리스크를 헤지하고 관리해야 할지 생각하지 않는다. 그래서 어려움을 겪게 된다. 성공하기 위해서는 여러 금융상품과 그것들이 어떻게 거래되는지 알아둘 필요가 있다. 만약 그것을 하지 않는다면, 특히 레버리지를 1:11로 하는 경우에는 하나의 거래 실수가 사업 전체를 날려버릴 수도 있기 때문이다."

그녀의 펀드는 강력한 실적을 보여주며 그녀의 사업이 계속 번창하는 데 집중하고 있다. "나는 일이 잘 풀려서 내가 바라는 결과를 달성하기를 원한다. 나는 수익률이 15% 아래에 있는 것을 원하지 않는다. 비록 1998년에는 이를 달성할 수 없었으나 우리가 어떻게 하는지를 알고 그것을 계속하는 한 좋은 실적을 올리는 것이 가능하리라고 생각한다."

하벤스 해스티는 1998년 4분기가 매우 어려운 상황으로 가고 있으며 시장에서는 불확실성이 너무 크고 일이 어떻게 진행될지도 불확실하다고 생각했다. 시장이 11월 말에 위기 이전 수준으로 되돌아갔음에도 불구하고 그녀는 아직도 모든 부문에서 변동성이 크다고 느꼈다.

"우리가 할 수 있는 최선은 시장이 가려고 하는 방향에 대해 준비하는 것이다. 나는 우리가 진정한 재난에 처해 있다고 생각한다. 즉, 세계가 커다란 불황으로 빠지고 우리도 거기에 휩쓸리고 있다는 말이다. 시장은 위아래로 400포인트 이상 변동할 수 있으며, 만약 그러한 일이 일어난다면 우리는 확실한 준비를 할 필요가 있었다."

하벤스 해스티의 펀드는 4분기에 분발을 해서 연간 7%를 상회하는 성과를 냈다. 하벤스 해스티는 소위 하잘 것 없는 시장으로 불리는 곳에서 많은 이득을 보았는데, 그녀는 거기에서 많은 거래에 참가하여 이익을 남길 수 있었고 시장이 회복됨에 따라 파도를 탈 수 있었다.

1999년에 펀드는 좋은 성과를 보였는데 3분기까지 수익률이 16%를 상회하였다. "우리는 하락에서 생존할 것이다. 내가 하고 싶은 것은 실제로 이런 시장에서 돈을 버는 것이다. 그것을 하기 위해 나는 우리가 과거에 했던 것보다 더 시장중립적으로 전략을 변경해왔다."

하벤스 해스티가 전략을 수정하기 위해 취한 일은 훨씬 더 적은 리스크를 지닌 거래를 하는 것과 풋을 사용함으로써 더 많은 매도를 하고 훨씬 더 적은 포지션을 가지는 것을 의미한다. "앨런 그린스펀이 이자율을 낮춘 이후 전세계는 몇 달 만에 처음으로 투자할 만한 분위기가 잡히는 것처럼 보이기는 하지만, 나는 아직 만족할 수준은 아니라고 생각한다. 나는 아직 희망적이라고 보지 않는다. 그것이 내가 풋을 가지고 있고 또한 우리의 포지션 규모와 레버리지 사용을 더 적게 해왔던 이유이다."

하벤스 해스티는 자신을 적극적 투자자라기보다는 방어적 투자자라고 생각한다. 그녀가 위험차익거래를 전문으로 다루기는 하지만 그녀의 방법은 앞에서 다루었던 와이저 프라테와는 다르다. 예를 들면 몇 년 전의 커다란 차익거래 건수 중의 하나는 펜즈오일과 관련된 거래였다. 와이저 프라테와 마찬가지로 하벤스 해스티도 그 거래에 참여했으나, 그녀는 그 거래가 처음 결렬되었을 때 주당 80달러에 나왔고 그 협상이 풀리기 시작했을 때 69달러에 공매를 했다. 그녀의 실수는 공매를 너무 빨리 거두었다는 점이다.

"나는 주당 60달러에 공매를 거두었는데 지금 그것은 주당 37달러에 거래되고 있다. Net-net 펜즈오일은 나에게 좋은 거래였으며 나는 일년 내내 그러한 거래를 하기를 원한다. 나는 나만이 차익거래를 할 수 있다고 생각하지 않는다. 나는 풀밭에 앉아서 관찰하고 분석하는 것을 훨씬 더 좋아한다."

하벤스 해스티가 반드시 지키는 펀드운용 원칙은 그녀가 펀드를 시작했을 때 헤지펀드매니저인 친구가 해준 "하나의 거래에 사업 모두를 배팅하지 말아라"라는 말이다.

우리가 만났을 때 그 펀드는 대략 20명의 파트너로 구성되어 있었지만 운용자금의 20% 이상이 하벤스 해스티 자신의 돈이었다. 그녀는 정말 자신의 생각을 행동으로 보여주고 있다.

스티브 코헨―기회포착형(모멘텀) 투자전문 펀드매니저

월스트리트 밖에서는 스티브 코헨이 어떤 사람인지 알지 못하는 것 같다. 그는 신문에 이름이 거론된 적도 없고 잡지나 TV 프로그램에서 인터뷰를 한 적도 없다. 그러나 헤지펀드 세계에서 그는 위대한 인물이다. SAC 캐피털이라고 불리는 그의 펀드 그룹은 한때 8억 달러를 운용했으며 어떤 날에는 1,500만 주가 넘는 주식을 사고 파는 주문을 실행하기도 한다. 참고로, 미국 주식거래소에서 하루 평균 거래되는 주식의 양은 2,800만 주이다.

코헨은 외부에 가장 알려지지 않은 가장 유명한 헤지펀드매니저 중 한 명이다. 그는 그룬탈사Gruntal & Co.에서 여러 해 동안 주식과 옵션 거래를 한 이후 1992년에 사업을 시작하였다. 그때부터 지금까지 한 번도 연간으로 마이너스를 내지 않고 헤지펀드 세계에서 가장 인기 있는 펀드의 하나로 성장하며 사업을 키워왔다. 코헨은 그룬탈에서 일하는 동안 많은 경험을 쌓고 훈련을 받았으나 거래에 관한 공식적인 교육은 아주 어린 시절부터 받았다.

"나는 가격표시판을 읽는 사람이다. 나는 열세 살 때 내가 사는 곳의 지방증권사 사무실에 가서 가격표시판을 관찰함으로써 어떻게 주식을 거래하는지 배웠다. 거기서 나는 무슨 일이 진행되고 있는지, 어떻게 거래가 이루어지는지, 또 가장 중요한 것은 스크린을 획 지나가는 숫자들로부터 어떻게 기회를 찾을 것인가를 배웠다."

오늘날 그의 펀드 조직은 가격표시판을 관찰하는 이상의 일을 한다. SAC 캐피털은 트레이더와 애널리스트에서 후선지원부서와 사무원까지 포함해서 모두 130명의 사람을 두고 있다. 코네티컷의 스탬포드 본부와 뉴욕 사무소를 두고 있는 그 펀드는 설립한 이후 직원을 크게 늘려왔다.

첫 해에 SAC는 대략 2,300만 달러를 운용해서 17.49%의 수익을 얻었고 결코 아래로 떨어지지 않았다. 매년 지속적으로 평균 이상의 수익을 올리며 계속해서 두 자릿수의 성과를 냈다. 최근까지 가장 좋은 성과를 낸 해는 1993년이었는데 수익률이 무려 50%를 넘었다. 1998년에 그 펀드는 3분기까지 50%가 넘기도 했으나 결국 40%를 넘는 수익으로 마무리했다. 성과에 관한 한 코헨과 그의 트레이더들은 빈틈이 없다. 코헨은 시장상황에 대한 이해와 아이디어가 성공의 열쇠라고 믿는다.

"이것은 정보사업이고 성공할 유일한 방법은 일이 어떻게 돌아가고 있는지 관심을 집중하여 의미 있는 상황을 찾아내는 것이다. 우리만이 할 수 있는 이유 중 하나는 우리가 S&P에 있는 대부분의 업종을 다 커버하고 있으며 또한 우리만의 독특한 거래경력을 가지고 있기 때문이다.

우리는 포지션에 매달리지 않는다. 만약 생각했던 대로 일이 잘 진행되지 않으면 우리는 즉각 빠져나온다. 우리는 거기 앉아 기다리지 않고 일이 흘러가는 대로 내버려둔다. 우리는 매우 적극적이며, 항상 시장에서 무슨 일이 진행되느냐에 따라 거래를 한다. 운용자산이 늘어남에 따라 SAC는 거래전략, 스타일, 기법 등을 끊임없이 개발하고 있다.

관리해야 할 자본이 커질수록 당신은 점점 빠르게 움직이기 어려워진다. 그래서 결국 당신은 당신이 주식에 들어갔던 이유나 투자기간이 변할 때조차도 주식을 들고 있을 수 있는 모델을 가진 시스템을 개발해야만 한다. 시장은 상당히 유동성이 있고 우리는 주로 대형주를 거래하기 때문에 그것은 유동성의 문제가 아니다. 그러나 현실은 우리가 더 커지면 커질수록 주식을 소유하는 데 더 많은 근거가 필요하다는 것이다."

SAC의 설립 전 코헨이 상당히 작은 규모의 자산을 거래하던 때에는 단지 시장이 올라갈 것으로 생각했기 때문에 IBM 주식을 5만 주 살 수 있었다. 그는 가격표시판을 보는 감각에 의존해 투자결정을 했다. "나는 주식이 올라갈 것 같다는 단순한 사실에 근거해서 사는 결정을 내렸다. 당시 나는 IBM을 좋아하는 어떤 펀더멘탈한 이유도 없는, 보이는 그대로 투자하는 방식을 좋아했다. 지금은 아마도 수많은 이유에서 IBM을 샀을 것이다. 컴퓨터 분야는 유망하고 애널리스트가 일이 잘 될 것이라고 전망했기 때문일 수도 있다. 우리는 지금 어떤 것을 사고 어떤 것을 팔아야 할 것인가 결정을 하기 위해서 그전과는 다른 근거가 있어야 한다."

코헨이 최근에 더 어려워진 이유는 주식을 거래하는 개인투자자, 특히 인터넷을 통해 거래하는 사람들이 폭발적으로 증가했기 때문이다. 그는 전자통신으로 거래하는 대부분의 투자자들은 모멘텀 투자자라고 믿고 있다. 그들은 일단 올라갈 것으로 보이면 주식을 산다. 그러나 실제로 그들은 어떤 일이 진행되는지 왜 주가가 움직이는지에 대해서는 정확히 이해하지 못한다.

"나는 그것이 노름과 같다고 생각한다. 주식의 움직임이 크면 클수록 과거보다 더 빨리 움직인다. 그것은 어떤 재화에 대한 수요가 많아지면 다른 사람들도 그 경향에 따라서 수요를 증가시키는 편승효과를 의미하는 일종의 밴드왜건 효과$^{bandwagon\ effect}$와 같다. 어떤 것이 움직이면 모든 사람들이 사기를 원한다."

이러한 점 때문에 코헨은 자신의 거래 스타일을 바꾸고 가격 움직임에 더 많은 관심을 가지게 되었다.

"만약 어떤 뉴스가 나왔는데 내가 그것이 별것 아니라고 생각하여 평가절하할 경우, 보통 때 같으면 나는 시장에 들어가서 그 주식을 공매했을 것이다. 그러나 지금은 그 게임에 참여하고 있는 많은 다른 사람들로 인하여 일이 완전히 엉뚱하게 진행될 가능성도 있기 때문에 나는 잠시 기다려야만 한다. 그것은 정말 믿을 수 없는 일이며 나는 그것을 이용해서 돈을 벌려고 하고 있다."

코헨이 변화하는 환경에서 자신의 장점을 이용한 한 가지 예는 USA 네트워크와 그 회사의 새로 상장된 자회사 티켓마스터 온라인-시티 서치Ticketmaster Online-City Search, Inc.를 거래한 경우였다. 티켓마스터의 신규 상장 이전에 USA 네트워크 주식은 상승하였고 코헨은 그 주식에 숏을 치기로 결정하였다. 그의 경험으로 볼 때 대부분 모회사가 자회사를 내보내는 경우 모회사의 주가가 크게 오르는데 자회사가 상장되고 나면 모회사의 주가는 폭락했다. 코헨이 얼마에 숏을 쳤는지, 또 얼마에 다시 거두어들였는지 말하려 하지는 않지만 IPO에 앞서 그 주식은 32달러 이상에서 거래되고 있었고 28달러까지 하락하였다. 그의 숏포지션은 50만 달러 이상이었다.

"이것은 개인투자자와 인터넷 투자자들이 얼마나 가격을 극심하게 움직이게 만드는가에 대한 하나의 예이다. USA 네트워크는 12분의 1로 할인되었고 그 시장에는 많은 넌센스가 있었기 때문에 가격은 더욱 올랐다. 만약 게임의 규칙이 변경되지 않았으면 이 주식은 결코 31달러나 32달러 이상으로 갈 수 없었을 것이다. 이 사업에는 변하지 않는 것이 없다. 계속해서 시장에 적응하여야 하고 새로운 게임이 무엇인지 배우고 발전시켜서 그에 따라 경기를 해야 한다."

SAC는 자본을 다양한 트레이더와 펀드매니저에 의해 운용되는 스타일과 업종 포트폴리오에 배분한다. 이러한 다양한 스타일은 코헨이 8명의 트레이더와 함께 운용하는 거래전략의 핵심요소이다. 그는 트레이더를 여러 명 두고 거래하는 것이 펀드수익률을 더 높일 수 있는 방법이라고 믿고 있다.

"나는 사람들이 개별적인 수익과 이익에 대해 걱정하기보다 어떻게 하면 그룹 전체가 수익을 얻을 것인가에 대해 고민하기를 원한다. 예를 들어 한 사람이 운이 안 좋아 백만 달러를 잃었다면 다음 날 그는 내게 와서 게임을 그만두겠다고 말한다. 그러나 만약 그룹 전체가 2백만 달러를 벌었다면 다음 날 그는 와서 아직 게임 중에 있으며 앞으로도 거래를 계속하겠다고 말한다. 그는 운이 없어 득점을 하지는 못하였으나 득점하는 데 도움을 주었을 것이다. 우리는 회사 전체의 입장에서 손익을 따지는 경영방침을 가지고 있으며, 그것은 시간이 지남에 따라 매우 좋은 성과를 내게 해줄 것이다."

우리가 만났을 때 SAC는 기관과 개인을 포함해서 대략 75명의 투자자로 구성되어 있었다. 관리보수 1%~성과보수 20%를 부과하는 일반펀드와 달리 SAC는 투자자들이 선택하는 전략이나 스타일에 따라 다양한 보수를 받고 있다. 어떤 경우에는 관리보수 없이 이익의 50%를 성과보수로 떼는 경우도 있다. 반면 다른 스타일과 전략을 가진 펀드는 통상적인 1+20 구조를 가진다. 코헨은 보수는 성과에 의해 정당화된다고 믿는다. 최악의 경우 그들의 보수는 25%였다. 1998년에 가장 좋은 두 달은 9월과 10월이었는데 이때는 롱텀캐피털과 다른 많은 헤지펀드들이 어려움을 겪고 있을 때였다. 코헨은 그의 펀드가 업계를 황폐화시킨 대재난에서도 이익을 얻었다고 믿고 있다.

"우리는 기회를 잘 잡는데, 시장의 변동성이 심해질 때 더 많은 거래

기회가 있기 때문에 변동성으로부터 이익을 얻는다." 코헨은 시장의 힘에 적응하기 위해 끊임없이 그의 거래전략을 변경하는 한편 자신의 회사 구조도 변화시켜왔다.

"나는 몇 년 안에 10개 정도의 다른 펀드를 운용하려고 한다. 우리는 투자자들의 다양한 요구에 부응하는 다른 투자전략을 제공할 수 있다. 어떤 사람은 리스크 차익거래를 원하고 다른 사람은 특정 업종에 투자하기를 원한다. 우리는 본질적으로 우리에게 투자하려고 하는 모든 사람의 요구를 충족시킬 수 있는 조직을 만들기 원한다. 나는 우리를 하나의 헤지펀드 지붕 아래 있는 헤지펀드 집단으로 부르려고 한다."

코헨은 1977년에 펜실베니아 대학을 졸업하고 1978년부터 형의 친한 친구의 부탁으로 그룬탈의 옵션차익거래 부서에서 일하기 시작하면서 월스트리트에 발을 내딛었다.

"우리는 기본적으로 주식을 사고 풋과 콜로 그것을 헤지하였다. 그때는 그것이 돈을 찍어내는 면허증이라 불릴 만큼 모든 일이 정말 쉽고 굉장한 일이었다."

얼마 후에 코헨은 헤징이 항상 합리적이지는 않다는 결론을 내리고 포지션을 보유하기 시작하였고 방향 트레이더$^{directional\ trader}$가 되었다. 그가 처음 그룬탈에서 거래를 하기 시작했을 때, 그는 결코 다른 사람들과 이야기하지 않았고 연구 리포트도 이용하지 않았다. 그는 모든 결정을 가격표시판 위에서 그가 보는 것에 의존해서 내렸다.

"옛날에는 가격표시판을 관찰하면 일이 어떻게 돌아가고 있는지 알 수 있었다. 지금은 가격표시판이 너무 빨리 움직이고 더 많은 요인들이 거래와 가격움직임에 내포되어 있어 파악하기 어렵다." 오늘날 그는 모든 대형 증권사에 의해 도움을 받는데 분석보고서와 애널리스트의 추천

종목으로 파묻혀 있다. 지금도 그는 브로커나 애널리스트와는 별로 이야기를 하지 않는 대신 수많은 정보를 다루는 그의 스태프들에 의존한다.

"우리는 누가 좋고 누가 좋지 않은가를 구분할 수 있어야 하고 투자은행들이 우리에게 제공하는 정보가 기본적으로 과대평가되어 있다는 점을 감안하여 받아들일 필요가 있다. 당신이 애널리스트와 잘 알게 되고 관계가 깊어지면 그들은 당신이 좋은 의사결정을 하는 데 도움이 될 사항들을 알려줄 것이다."

코헨은 SAC에서 일할 철새 같은 월스트리트 사람과 철새가 아닌 사람 모두를 고용한다. 최근에 그는 혼자서 일하는 데는 서투르지만 그의 회사와 같은 좋은 환경에서는 열심히 할 것으로 보이는 펀드매니저들을 고용했다.

"업계에는 자신의 펀드를 운용하고자 하나 이 사업을 제대로 키우기는 너무 힘이 들고 딱히 갈 곳도 없는 사람들이 많이 있다. 그들 중 많은 사람들은 시스템이 갖추어져 있고 안정된 조직에서 적응하면서 있는 것이 훨씬 더 낫다는 것을 깨닫는다. 우리 회사에는 스스로 만족하고 정말로 위대하지는 않으나 우리와 함께 일하기 시작하면서 폭발적인 능력을 발휘한 사람이 몇 명 있다. 나는 업계가 침체에 빠지게 되면 오히려 우리와 같이 일하려는 사람들이 많아질 것이라고 확신한다."

코헨은 자신의 펀드 규모가 어느 정도 되어야 적절한지에 대해서는 확신이 없다. "나는 내 펀드가 커지기를 원하지 않고 운용에 대한 압력을 많이 받고 싶지도 않다. 그러나 펀드가 올바른 방법으로 운용된다면 더 키우고 싶은 생각은 있다. 그러기 위해서 우리는 능력을 발휘할 것이고 새로운 펀드를 설립할 것이다. 이렇게 함으로써 나는 리스크를 경감시키고 다른 사람들이 나의 실적에 미치는 영향에 대해 걱정하지 않고 나의 펀드에 집중할 수 있다."

코헨은 회사를 발전시킴에 따라 월스트리트의 모든 사람에게 영향을 미치고 있는 새로운 변화에 적응하고 있다. 그가 사업을 시작한 이후 가장 크게 변한 일은 이 사업이 기술에 의존한다는 점이다.

"이전까지는 아침에 출근해서 4시 30분에 퇴근하고 다음 날 아침 다시 와서 거래를 재개하는 것이 관례였다. 지금은 모든 정보가 어디에나 있기 때문에 24시간 업무가 된다. 업무가 계속해서 수행되는 것이다."

그는 변화가 좋은지 나쁜지 확신할 수 없지만 확신할 수 있는 것은 일이 점점 더 흥미로워진다는 점이다. 물론 지금은 실적이 좋지 않은 경우에 트레이더들은 하루종일 컴퓨터 앞에 앉아 있어야만 하고 거래시간이 결코 종료되지 않는다는 문제점이 있다.

"이것은 완전히 진이 빠지는 업무이기는 하지만 재미가 있다. 매일매일 새로운 어떤 것이 있다. 그것은 게임이다. 마치 매일매일 스포츠 경기를 하는 것과 같다."

4. 헤지펀드 투자하기

Hedge Fund Investing

좋은 헤지펀드를 가려낼 수 있는 특별한 기술은 없다. 그러나 헤지펀드에 투자하고 있는 많은 투자자들이 특정한 펀드를 선택하는 데는 많은 이유가 있다.

이 장에서는 여러 투자자와 컨설턴트들이 어떤 헤지펀드에 투자해야 할 것인가를 알려준다. 이익을 내기 위해 매니저들이 여러 가지 전략을 구사하는 만큼 투자할 헤지펀드를 고르는 데도 많은 다양한 방법이 있다. 다행히도 이 장을 읽음으로써 당신은 사람들이 어떻게 펀드매니저를 고르고 어떤 점을 유의해야 하는지 더 잘 이해할 수 있을 것이다.

어떤 사람들은 헤지펀드 투자자들이 좋은 헤지펀드를 고르는 것은 완전히 운에 맡긴다고 생각하는 반면 다른 사람들은 어떤 헤지펀드가 올바른 전략과 목표를 가지고 관리되는가를 알아보는 투자적격심사$^{due\ diligence}$가 이루어진다고 믿는다. 유명한 피델리티의 펀드매니저인 피터 린치는 "사람들은 냉장고의 성능이 아니라 냉장고의 색깔을 고르는 데 더 많은 돈과 시간을 낭비하며, 주식을 고를 때도 마찬가지다"라고 하면서 헤지펀드에 투자할 자금이 없는 개인투자자들에 대해 언급하였다. 그러나 이 말은 노련한 투자자나 그렇지 못한 투자자 모두에게 적용되는 말이다.

헤지펀드 투자에서 발생하는 문제 중 하나는 업계 내부자 및 외부자에 의해 언론에 나오는 모든 잘못된 정보이다. "언론이 기사를 제대로 쓰는 경우는 극히 드물다. 그들은 헤지펀드가 정말로 무엇인지를 깊이 이해하지 못한다. 하지만 이런 언론의 부정확한 보도는 헤지펀드가 언론에 그들이 하고 있는 것을 정확하게 알려주지 않기 때문이기도 하다. 또한 언론이 부정확한 보도를 내보내는 이유는 사실을 정확하게 쓰는 것보다 자극적인 머릿기사를 더 좋아하기 때문이다"라고 한 업계 관계자는 말한다.

가장 큰 문제는 언론이 다양한 전략과 위험-수익 구조를 가진 다양한 유형의 헤지펀드가 있다는 점을 이해하지 못한다는 점이다. 대부분의 경우 언론은 두세 명의 개인에 대해 기사를 쓰면서 그들이 모든 사람을 대표한다고 가정한다. 언론은 신출귀몰한 행동으로 시장을 움직이는 감추어진 인물에 초점을 맞춘다. 헤지펀드 컨설턴트인 론 레이크$^{Ron\ Lake}$는 다음과 같이 말했다.

"일단 사람들이 모든 헤지펀드가 롱텀캐피털, 소로스, 로버트슨, 스타인하트가 아니라는 점을 깨닫고 나면, 사람들은 헤지펀드에 대한 어떤 독특하고 흥미로운 투자기회가 존재하는지, 그것이 투자자에게 획득가능한 것인지를 이해할 수 있을 것이다."

이러한 문제 때문에 헤지펀드에 투자하는 사람들은 대부분 자신이 특정 펀드에 투자하는 이유를 잘 알지 못한다. 그러므로 사람들이 헤지펀드 컨설턴트와 투자조언자$^{Investment\ Adviser}$를 찾는 이유를 이해할 수 있다.

모든 투자와 마찬가지로 헤지펀드 투자의 한 가지 속성은 탐욕이다. 탐욕과 더불어 오는 것은 단기부동자금 hot money 이다.

"헤지펀드에 투자하는 많은 사람들은 핫머니를 가지고 한다. 이들은 작년에 몇 퍼센트 올랐으니 올해도 다시 그럴 것이라고 믿기 때문에 즉각 펀드에 돈을 넣는 사람들이다. 그러나 연말이 되어 펀드가 그들의 기대수준에 미치지 못하는 순간, 그들은 돈을 빼서 좋은 실적을 보이고 있거나 보여왔던 다른 헤지펀드매니저를 찾는다"라고 코헨은 말한다.

코헨은 대부분의 투자자들이 특정한 펀드에 투자하는 이유를 알지 못한 채 투자한다고 생각한다. 그는 좋은 실적의 매니저를 찾지 않는 사람들은 자기만족을 위해, 혹은 시장과 같이 움직이기 위해 투자하는 사람들이라고 믿는다.

"사람들은 투자할 때 매우 비상식적으로 행동한다. 대부분의 경우 그들은 그러한 행동에 대한 어떤 이유도, 어떤 생각도 없다."

코헨의 생각은 사람들이 펀드매니저와 투자전략을 고르는 것을 도와주는 컨설턴트나 애널리스트의 생각과 비슷하다. 컨설턴트들은 헤지펀드 세계에 정통한 투자자문가로, 매니저와 업계에 대한 지식을 투자자에게 제공하고 수수료를 받는다. 다양한 투자자가 있는 것처럼 다양한 투자자문가도 있다. 어떤 사람들은 특정 매니저를 위한 마케팅 대리인으로 행동하면서 헤지펀드와 증권사와 연계되어 일하는 반면 어떤 사람들은 완전히 고객의 입장에서 일하고 자문에 대한 대가로 수수료를 받는다. 대부분의 경우 헤지펀드 컨설팅 서비스를 제공하는 사람들은 정직하게 일을 한다. 헤지펀드 업계는 주류투자 부문에 비해 워낙 좁기 때문에 비윤리적으로 행동하는 것은 상상할 수 없다. 따라서 투자자들은 너무 높고 실현되기 어려운 수익률을 낼 수 있다고 약속하는 사람들을 조심할 필요가 있다.

적극적으로 활동하는 많은 헤지펀드 컨설턴트들은 자주 CNBC 등 유명 언론에서 다루어지거나 인터뷰를 한다. 그들은 특정 매니저와 업계에 대한 순수한 의견을 제시하는 사람들로 인식된다.

투자조언자

론 레이크는 코네티컷 그린위치에서 레이크 파트너$^{Lake\ Partners\ Inc.}$를 경영한다. 레이크 파트너는 개인, 가족회사, 법인과 같은 투자자에게 자산배분, 매니저 선택, 그리고 투자프로그램 운영 등을 조언하는 투자자문회사이다. 레이크는 업계에 대한 정보 데이터베이스를 팔지도 않고 펀드를 마케팅하지도 않기 때문에 다른 헤지펀드 컨설턴트와는 성격이 다르다.

레이크 파트너의 고객들은 입장이 각각 다르다. 따라서 레이크가 고객의 투자수요를 가장 잘 충족시키고 투자결정을 도와주기 위해서는 판에 박힌 가이드라인을 따를 수 없다.

"우리는 기본적으로 고용되어 일하는 투자 스태프이다. 어떤 사람들은 우리에게 와서 '내가 돈 좀 있는데 어떻게 투자해야 할지 알고 싶다'라고 한다. 또 다른 고객은 우리에게 와서 이미 돈을 어디 어디에 투자했는데 그 투자에 대해서 여러 측면에서 분석해달라고 요청한다."

1999년 말에 레이크는 15억 달러의 자산을 관리하고 있었다. 어떤 경우에는 레이크가 재량권을 가지고 직접 투자결정을 하며, 또 다른 경우에는 레이크와 그의 스태프가 자문하는 대로 고객이 투자를 한다. 투자자는 서비스에 대한 대가로 레이크의 회사에 자산의 일정 비율을 자문료로 지불하고 있다.

레이크는 어디에 투자할지 결정할 때 다양한 방법을 사용한다. 그 첫 번째 단계는 돈의 성격과 고객의 투자목표가 무엇인지를 명확하게 결정하는 것이다.

"나는 투자자가 더 폭넓은 투자계획하에서 헤지펀드에 접근해야 한다고 생각한다. 투자자들은 투자계획에 따라 수익이나 위험을 올리기 위해서 다양한 방식으로 헤지펀드를 이용할 수 있는데, 상이한 위험구조를 지닌 다양한 헤지펀드가 있기 때문에 투자자들은 전체적인 투자계획의 관점에서 헤지펀드에 접근해야 한다."

레이크는 헤지펀드 투자자와 다른 투자자의 차이가 거의 없다고 생각한다. 두 분야 모두 어떤 사람들은 매우 영리한 반면 다른 사람들은 그렇지 못하다.

"당신은 어떤 종류의 펀드가 적절한가를 이야기하기 전에 당신의 투자 포트폴리오에서 헤지펀드가 어떤 역할을 해야할지 인식할 필요가 있다. 일단 어떤 종류의 헤지펀드가 적절한가를 결정하면 당신은 특정 헤지펀드에 대한 이야기를 시작할 수 있다."

레이크에 따르면 어떤 사람들은 자기들이 무언가 배울 수 있을 것이라는 기대 때문에 그를 고용하고 다른 사람들은 톡톡 튀는 투자 아이디어를 내놓을 사람을 원하기 때문에 그를 고용한다고 한다.

"투자자의 행동이나 동기에 대한 정해진 법칙이나 패턴은 없다. 이는 우리와 같이 일하는 투자자들이 매우 다양하기 때문이기도 하다. 즉 어떤 사람들은 헤지펀드와 아주 깊이 연관되어 있어 노련한 투자자인 반면 어떤 사람들은 상대적으로 헤지펀드에 대해 생소하여 헤지펀드에 자산배분을 조금밖에 하지 않는 투자자라는 의미이다."

일단 투자자가 투자목표(수익률 목표, 유동성, 리스크 허용치 등)를 결정하면 레이크는 헤지펀드가 포트폴리오에서 어떤 역할을 수행할 것인가를 결정한다.

"만약 어떤 사람이 채권을 많이 가지고 있는 매우 보수적인 투자자라면, 그 사람은 헤지펀드를 완전히 다른 영역으로부터 절대수익률을 얻을 수 있는 수단으로 인식하고 있는지 모른다. 그들은 이미 투자하고 있는 것과는 완전히 다른, 더 공격적인 어떤 것을 원할 수도 있는데, 그것은 아마 거시 매니저에게 적합할 것이다."

레이크는 고객이 대개 자신의 헤지펀드 투자와는 다른 것을 원한다고 말한다. 언론은 모든 헤지펀드 투자자를 한 부류로 뭉뚱그려 생각하지만, 그는 헤지펀드에 투자하는 보수적인 투자자와 공격적인 투자자는 성격이 전혀 다르다고 생각한다.

"투자자의 유형은 그들이 원하는 바에 따라 크게 두 가지 타입으로 나눌 수 있다. 기초공사를 하지 않고 집을 지을 수 없듯이 올바른 조언을 하기 위해 우리는 투자자의 타입과 투자목표를 명확히 파악하려고 매우 열심히 노력한다."

레이크의 회사는 투자계획을 세우고 발전시키는 과정에서 대개 여러 해 동안 고객들과 지속적인 관계를 유지한다. 일단 투자가 고객이 원하는 방식으로 이루어지면 레이크는 대개 투자자 스스로 조정할 수 있는 영역으로 이끌어준다.

헤지펀드 투자와 관련한 가장 큰 과제 중 하나는 투자조언자, 브로커, 또 제3자 마케팅 담당자와 펀드매니저 사이의 잠재적인 이해 상충이 무엇인지를 이해하는 것이다. 레이크는 이렇게 말한다.

"업계에 있는 사람들을 괴롭히는 것은 사람들이 두 개의 모자(컨설팅, 마케팅)를 써야 한다는 점과 완전히 노출되지 않고 다른 것 아래 감추어져 있다는 것이다. 순수한 제3자 마케팅 전문가에게는 일이 간단하다. 모든 사람들은 그들이 마케팅 담당자라는 것을 알고 있고 컨설팅은 컨설턴트가 맡으면 된다. 그러나 여러 개의 모자를 쓰고 있는 사람도 많다. 일반인들이 그들이 누구인지를 정확하게 알지 못할 때 문제가 생긴다."

레이크는 헤지펀드 산업은 여러 개의 산업이 하나의 우산 아래 모여 있는 것과 같은 형태의 산업이며, 대부분의 경우 상당히 안정적인 사업이라고 생각한다.

"헤지펀드 산업은 온갖 종류의 사람들이 온갖 종류의 일을 한다는 점에서 건강관리 산업과 같다. 특정한 시점에서 볼 때 어떤 부문은 매우 잘 하고 있는 반면 다른 부문은 그렇지 못하다. 경우에 따라서는 다른 부문을 희생시키기도 한다. 어떤 헤지펀드는 실패하여 환매로 인하여 운용자산이 감소되고 있는 반면, 어떤 펀드는 결과적으로 더 많은 자본을 끌어들이고 있다. 또한 이것은 투자자에게 가장 큰 관심 사항이다."

1998년의 대재앙에 이어 언론은 엄청난 동요가 헤지펀드 산업을 휩쓸었으며 투자자들이 대규모로 자본을 회수하였다는 사실을 재빠르게 보도하였다. 레이크는 대부분의 언론이 오보를 했다고 비판했다.

"언론은 어떻게 이런 자본 회수와 혼란이 발생하게 되었는가에 대해 상세하게 설명하였으나 더 중요한 이야기는 빠뜨렸다. 바로 환매가 있었으나 그 돈은 다른 헤지펀드로 되돌아갔고, 대부분의 경우 회수자본은 다른 곳에 투자되고 있다는 사실이다."

레이크는 헤지펀드 세계를 이해하는 데 가장 큰 걸림돌은 헤지펀드의 다양성을 잘 이해하지 못하는 것이라고 생각한다. 그는 "많은 사람들은 헤지펀드마다 완전히 다른 스타일과 전략을 가지고 있으며, 뮤추얼펀드와 마찬가지로 어떤 펀드는 잘 하고 어떤 펀드는 그렇지 못하다는 점을 이해하지 못한다. 우리의 일은 고객에게 올바른 정보를 제공함으로써 고객이 이 정보에 근거하여 자신들의 투자목표에 부합하는 의사결정을 하도록 도와주는 것이다"라고 말했다.

기관투자가

헤지펀드 투자자에 대한 이야기를 할 때 사람들은 대부분 돈많은 개인이나 부유한 가족을 생각한다. 이런 투자그룹은 헤지펀드에 매우 적극적으로 투자하기는 하지만, 사실 헤지펀드를 이용하는 가장 크고 중요한 고객은 기관투자가이다. 이런 연금펀드, 보험회사, 은행, 증권사, 다국적 기업들은 수천억 달러를 가지고 일반 주식과 채권에서 생소한 파생상품과 헤지펀드에 이르기까지 모든 곳에 투자한다.

그들은 대부분 아주 은밀하게 자금을 운용한다. 하나의 불문율은 누가 어떤 펀드에 투자하는지에 대해 외부에 알리는 것을 금하고 있다는 점이다. "기관투자가는 투자자금의 규모가 워낙 크기 때문에 기관투자가가 없는 펀드를 찾지 못할 것이다"라고 한 업계관계자가 말한다.

어디에 얼마나 많이 투자할 것인가를 결정하기 위해 기관투자가가 거치는 절차를 이해하기 위해서는 누가 투자의사를 결정하는가를 알 필요가 있다. 하지만 대부분의 기관투자가들은 기록으로 남아 있는 그들의 자산배분과 투자전략이 공개되는 것을 꺼린다. 헤지펀드에 매우 활발하게 투자하고 있는 한 기관투자가는 이름이 나오지 않는 조건으로 인터뷰에 응했다. 그 연금펀드는 2백억 달러를 운용하고 있다. 1998년 말에 자산의 8%를 헤지펀드에 배분하였으며 가능하다면 1999년 말까지 12% 이상을 배분할 계획을 가지고 있었다. 우리가 인터뷰할 당시 그는 5개의 헤지펀드에 투자하고 있었는데, 그 펀드 모두는 자금을 직접 운용하고 있고 롱-숏 시장중립 전략을 채택하고 있었다. 1999년에는 더 공격적으로 헤지펀드에 자금을 늘려서 투자할 계획을 가지고 있었다.

기관투자가의 철학은 추가적인 수익을 창출하기 위해 연금투자과정에서 가장 공격적인 투자를 추구한다는 것이다. 그들은 다른 연금펀드가 하지 않는 일을 기꺼이 한다.

"만약 다른 사람들이 순전히 리스크 문제 때문에 투자하지 않는다면 우리는 그것이 우리의 포트폴리오에서 초과수익을 창출할 것이라고 믿는다"라고 연금펀드의 운용이사 중 한 사람이 말했다.

연금펀드는 리스크가 문제가 될 수 있다고 믿는 곳에서는 매우 엄격하게 리스크를 통제하려고 한다. 예를 들어 채권투자 부문에서는 아주 엄격하게 리스크를 통제하는 반면 미국 주식투자 부문에 대해서는 약하게 통제한다. 그는 덧붙여 말했다.

"리스크를 통제함으로써 우리는 롱-숏 프로그램 또는 더 높은 수익을 내는 시장중립형 절대수익률 전략을 수행할 때 더 많은 리스크를 감내할 수 있다.

우리는 기본적으로 헤지펀드가 독특한 직관력과 투자능력, 그리고 뛰어난 위험통제능력을 가지고 있다고 믿고 있기 때문에 헤지펀드에 투자해왔다. 전체 투자 프로그램을 통틀어 이러한 세 가지 능력이 헤지펀드에서 일관성 있게 나타난다면 우리는 추가적으로 리스크를 지지 않고 상당한 수익을 얻을 수 있을 것이다. 기관들은 롱-숏 전략이 자본을 더 효율적으로 사용하게 한다고 믿는다. 지수에 연동하는 데 초점을 맞춘 매수만 하는 롱매니저로부터 돈을 뽑아서 개별주식 선택에 초점을 맞춘 롱-숏매니저로 옮기는 계획도 그러한 관점이다. 전략을 수정함으로써 우리는 매니저의 능력을 배가시켜 가치를 더하고 동시에 수익을 올릴 수 있다고 믿는다."

연금펀드는 헤지펀드의 과거 운용실적 및 자신의 포트폴리오에 가져다주는 헤지펀드의 분산투자효과를 고려하여 자금을 배분한다. 만약 헤지펀드가 그러한 기준을 통과한다면 연금펀드는 1억 달러에서 5억 달러 사이의 자금을 헤지펀드에 배분한다.

"우리는 자산을 추가하는 것처럼 매니저를 추가한다. 그러나 우리는 매니저마다 수명이 있으며 어떤 매니저는 노쇠하고 있다는 것을 인식하고 있다. 그래서 우리가 선택하는 방법은 매니저가 최고점에 도달할 때 다른 펀드로 옮기는 의사결정을 하는 것이다. 다행히도 우리는 바닥을 치기 전에 펀드로부터 빠져나올 수 있다. 그 방법의 진정한 가치는 하나의 펀드에 너무 오래 매달리지 않는 것이다."

연금펀드는 헤지펀드 중 3개를 탈락시킬 계획을 하고 있는데, 20억 달러를 운용하면서 내년에는 5개의 헤지펀드를 포트폴리오에 추가할 계획이다. 연금펀드는 특정 펀드에서의 지분을 그 펀드 총자산의 20%로 제한하고 있다. 따라서 특정 펀드에 대한 투자액을 늘리는 가장 좋은 방법은 젊은 매니저를 선별하여 함께 성장하는 것이다.

"우리는 대형 펀드이기 때문에 천만 달러를 가지고 운용하는 것은 별 의미가 없다. 우리는 20억 달러가 될 때까지 성장할 수 있는 매니저를 찾고 있다. 그러한 경우라면 우리는 5천만 달러의 포지션으로 시작해서 2억 달러 내지 3억 달러까지 자산규모가 커질 것이다."

그 연금펀드는 현재 헤지펀드를 고르기 위해 컨설턴트를 이용하지는 않지만 실무진들은 투자규모가 커짐에 따라 앞으로는 컨설턴트를 이용할 것이라고 예상하고 있다. 예를 들어 정상적인 경우에 투자하기 어려운 일부 헤지펀드에 접근하기 위해서 펀드투자펀드 매니저를 고용할 계획이다.

"헤지펀드에 투자하게 될 때 사람들은 헤지펀드에 대한 투자적격심사가 제대로 되었는지 그리고 올바른 선택을 했는지 확인하고 싶어한다. 우리는 스스로 그것을 할 수 없다는 사실을 인지하고 있는 만큼 우리가 실수하지 않고 있다는 것을 확인하기 위해 그 펀드 내부로 깊이 파고들어가기를 원한다.

펀드투자펀드 매니저를 고용하는 장점은 더 작은 투자단위, 예를 들면 천만 달러나 천오백만 달러 정도의 투자도 가능하게 된다는 것이다. 또한 우리는 직접 운용의 리스크에서 벗어날 수 있으며 만약 일이 잘못되면 그들을 비난할 수 있다."

그 연금펀드는 개별 펀드나 단기금융시장 매니저를 찾는 것과 같은 방식으로 펀드투자펀드 매니저를 찾을 것이다. 펀드투자펀드 매니저는 최고의 경쟁력이 있고 믿을 수 있고 좋은 위험통제수단을 사용하며 또한 포트폴리오에 좋은 펀드를 넣을 뿐 아니라 투자적격성 심사도 공유할 수 있는 펀드투자펀드를 선택할 것이다.

"펀드투자펀드와 관련해서 그것은 단순히 위험-수익의 문제가 아니다. 우리는 헤지펀드를 이용할 수 있도록 도와줄 수 있는 파트너를 찾고 있다"라고 운용담당이사는 말했다.

그 운용담당이사는 많은 기관투자가들은 매니저가 앞으로 이룰 성과를 내다보지 않고 과거 실적과 매니저의 명성에 근거해서 의사결정을 한다고 생각한다. 이런 것은 누구에게나 잘못된 일이며, 레버리지된 상태에서 배팅을 하는 롱-숏 헤지펀드에게는 엄청난 재앙을 줄 수도 있다.

"롱-숏 투자와 관련된 리스크는 일반 사람들이 생각하는 것보다 훨씬 더 크다. 대형 성장주 펀드를 운용하는 매니저보다 롱-숏 투자 매니저는 더 고도의 기술을 요하기 때문에 매니저별 성과와 리스크의 차이가 훨씬 더 크다. 따라서 이런 타입의 헤지펀드매니저를 선택할 때는 훨씬 더 주의를 기울여야 한다.

기관투자가 중 많은 수가 이런 타입의 투자를 할 때 심사숙고하지 않는 것 같다. 비록 겉으로는 다른 기관투자가들이 의사결정을 어떻게 하는지 알 수는 없지만 심사숙고하지 않을 것이 뻔하다."

투자할 자금이 많다는 것의 장점은 연금펀드는 공격적으로 수수료를 낮추고 많은 질문을 할 수 있고 펀드가 어떻게 운용되는지에 대해 참견할 수 있다는 점이다.

"어떤 사람들은 우리가 운용에 너무 깊이 개입한다고 생각하기 때문에 우리와 영업을 하기 원하지 않는다"라고 운용담당이사는 말한다.

어떤 헤지펀드매니저는 자존심이 너무 강해 주제넘게 나서는 투자자를 용납하지 않는다. 특히 한 헤지펀드는 자신 있게 더 높은 수수료를 받고 연금펀드 자금을 대체할 일반 자금이 있다고 믿기 때문에 수수료를 협상하려 하지 않는다.

"우리는 욕심이 있고 수익을 원하기 때문에 이 펀드로부터 돈을 회수하지 않았다. 그들이 우리를 원하지 않는다는 것이 우리가 그들을 원하지 않는다는 의미는 아니다. 이것은 완전히 자존심의 문제다. 만약 우리가 자존심을 치워버릴 수 있다면 자존심을 버릴 수 없는 다른 투자자보다 더 많은 돈을 벌었을 것이다."

그 연금펀드는 한 달이나 두 달마다 헤지펀드매니저와 미팅을 하고 펀드의 일별 실적과 포지션을 검토한다. 만약 문제가 되는 상황이 발생하면 연금펀드매니저는 일이 어떻게 돌아가고 있는지 알아보기 위해 즉시 전화를 한다.

"우리는 이것이 시장이 하는 일이고, 이것이 매니저한테 바라는 일이고, 그리고 이 매니저는 그 생각과 일치되게 행동하지 않는데 그 이유에 대해 이해할 필요가 있다고 되뇌이면서 항상 우리 자신을 점검한다"라고 연금운용이사는 말한다. 그 연금펀드의 매니저는 지금이 헤지펀드의 포지션을 늘릴 때라고 믿고 있다.

"지금까지 우리는 다른 사람의 돈을 가지고 어떻게 헤지펀드에 투자할 수 있는가에 대하여 많이 배웠다. 많은 투자자들은 겁이 나서 헤지펀드에 대한 투자를 하지 못한다. 지금이 우리의 프로그램을 확대시킬 적기이다. 헤지펀드에 들어가서 앞으로 계속 잘할 사람들을 고르는 것은 우리의 능력이다."

제3자 마케팅 전문가

헤지펀드매니저가 성공하기 위해서는 뛰어난 실적과 자본금만 있으면 된다. 헤지펀드 업계에 있는 많은 사람들은 '꿈의 경기장 이론'을 지지한다. 만약 펀드가 좋은 성과를 낸다면 투자자들이 올 것이다. 운용실적을 쌓는 것이 가장 시간이 드는 일인데, 펀드만 열심히 운용하다 보면 항상 자본을 모을 시간이 없다.

"자본을 모으는 것이 가장 어려운 일 중 하나이다. 내가 펀드를 시작했을 때 나는 좋은 주식을 고를 수 있고 좋은 실적을 낼 수 있었으나 돈을 어떻게 모아야 할지 아이디어가 없었을 뿐 아니라 돈 모으는 기술을 배우는 데도 흥미도 없었다"고 한 펀드매니저는 말한다.

헤지펀드 산업이 커짐에 따라 펀드를 위한 자본을 모으는 사업 역시 번성하고 있다. 헤지펀드매니저가 자신이 운용할 자산을 위해 가족이나 친구에게 전적으로 의존하는 시절은 지났다. 물론 처음에는 대부분의 펀드가 그런 식으로 출발하였으나 일단 일이 더 진행되면 매니저들은 조직 외부의 돈 많은 개인, 가족회사, 기관투자가의 세계로 눈을 돌릴 필요가 있다. 이런 사람들에게 접근하기 위해 많은 펀드매니저들은 제3자 마케팅 전문가들과 팀을 이루어 일한다. 이 기업들은 펀드를 위한 돈을 모으는 데 특화하고 있다. 그들은 대개 고객이 그 펀드에 계속 남아서 투자하는 금액에 대한 유지수수료trailing fee뿐만 아니라 그들이 모으는 자산에 대해서도 수수료를 받는다.

헤지펀드에 가입할 수 있는 잠재적인 투자자의 규모는 겉으로 보이는 것보다 더 크다. 주식시장이 랠리를 보이고 옵션이 허용되고 기업이 팔리고 경제가 강하게 유지됨에 따라 더 많은 사람들과 기관들이 SEC의 헤지펀드 투자요건을 충족시킬 만큼 충분히 부유해지고 있다. 1998년의 대재앙 때조차 헤지펀드, 특히 그해 좋은 성과를 보인 펀드는 호황이었다. 아직도 헤지펀드매니저들은 자신의 존재를 알리기 위해 도움이 필요하며, 또한 헤지펀드에 대한 데이터베이스를 가지고 있는 사람들과 투자자와의 좋은 관계가 필요하다.

이런 일을 하는 사람 중 하나가 콘라드 웨이맨Conrad Weymann이다. 말로리 캐피털 그룹Malory Capital Group이라고 불리는 그의 회사는 코네티컷의 다리엔Darien에 있고 기관투자가로부터 자본을 모으기 위해 펀드매니저와 같이 일한다. 제3자 마케팅 전문가로서 일하는 데 필요한 자격증인 시리즈 7번 면허를 가지고 있는 웨이맨은 전국증권딜러회원사National Association of Securities Dealers member firm와 제휴하여 연금펀드, 기금, 재단, 상업 및 투자은행, 그리고 가족회사 등에 대한 매우 방대한 데이터베이스를 가지고 있다. 모든 사람의 관심사는 바로 좋은 투자처를 찾는 것이다.

"일단 우리가 좋은 실적과 명성을 가진 매니저를 찾으면 우리는 그들과 돈을 모을 것을 계약하고 일을 진행시킨다. 우리는 기본적으로 여러 군데 전화해서 많은 정보를 듣고 매니저와 같이 투자할 고객이 될 생각이 있는 사람과 미팅을 주선한다."

웨이맨은 친구의 권고로 6년전 일을 시작하였다. 그는 전에는 기술회사인 콤디스코^{Comdisco}에서 '포춘 2000' 회사에게 개인 사무용품을 대여해주는 일을 하고 있었다. 그의 새로운 경력을 위한 첫 번째 일은 신탁회사 내에 있는 기관을 위해 펀드투자펀드를 설립하려고 했던 대형 헤지펀드 컨설팅 회사로부터 나왔다.

"1993년 우리가 이 프로젝트에 대한 작업을 시작했을 때 헤지펀드는 맹위를 떨치며 많은 인기를 얻고 있었다. 헤지펀드로 구성된 펀드라는 아이디어는 모든 종류의 전략에 대해 리스크를 분산시키고 균형을 잡게 만들었기 때문에 기관들은 우리가 하고 있는 일에 매우 흥미를 느끼고 있었다."

하지만 불행하게도 연방은행이 이자율을 올림에 따라 경제전망이 극적으로 변했고 그 프로젝트는 설 땅을 잃었다.

"처음에는 매우 좋은 아이디어로 각광받던 것이 순식간에 기관들이 상부에 보고하기를 꺼리는 것이 되어버렸다. 그러나 그것은 내가 헤지펀드와 처음 인연을 맺게 하였다. 줄리안 로버트슨 펀드의 투자자로서 나는 헤지펀드 업계에 친밀감을 가지고 있었고, 헤지펀드를 위해 돈을 모은다는 생각은 좋은 기회처럼 보였다."

웨이맨은 1998년의 재앙 때문에 그의 일이 더 어렵게 되었다고 생각한다.

"시장이 조정을 받고 있을 때 사람들은 헤지펀드가 자신들의 투자자를 보호할 것이라고 기대했다. 그러나 그것은 잘못된 생각이라는 것이 입증되었다. 내심 헤지펀드 쪽으로 움직이던 많은 기관들은 다른 투자처를 찾기로 결정했다. 헤지펀드 업계가 어느 정도는 투자자들을 실망시켰던 것이다."

웨이맨은 1998년의 진정한 승자는 좋은 실적을 내고 매번 확고한 수익을 올릴 수 있다는 점을 다시 한번 보여준 펀드들이라고 믿고 있다.

"종목 선택에 정통하고, 어느 정도 탄력성이 있고, 너무 크지도 않고, 레버리지를 약간 사용하고, 움직일 수 있는 자유를 가진 좋은 매니저들은 계속적으로 시장을 능가하는 수익률을 내고 자본을 모을 수 있다. 1998년에 실망했던 투자자들은 다른 매니저로 옮겨갈 뿐, 헤지펀드를 완전히 포기하지는 않을 것이다."

웨이맨은 한 번에 하나의 펀드와 일하는 것을 원칙으로 삼고 있다. 왜냐하면 그는 싸움이 일어나거나 투자자를 두 번 만나기를 원하지 않기 때문이고 자신이 하는 일에 대해 확실한 보상을 받기 위해서이다.

"다른 방식으로 일하는 것은 우리 방식에 맞지 않다. 만약 그렇게 했다면 우리는 고객에게 많은 시간과 노력을 들이지 않았을 것이고, 결국에는 생존할 수 없었을 것이다."

웨이맨은 전형적으로 매니저의 관리보수와 성과보수 모두에서 일정액을 수수료로 받는다. 만약 그가 천만 달러를 가져오면 그는 그해 말에 성과보수의 일정 부분을 받을 뿐 아니라 매니저가 받는 1%의 관리보수에서 1만 달러를 넘겨 받는다. 수수료 조정은 1년에서 영구적인 것까지 있는데 대개 첫해보다는 줄여나가는 방식을 택한다. 예를 들어 첫해에 성과보수의 20%를 받았다면 다음 5년간은 10%, 마지막 해에는 5%를 받는 형식이다. "수수료 체계는 매니저별로 상황이 다 다르기 때문에 천차만별이다"라고 웨이맨은 말했다.

웨이맨은 주소록과 데이터베이스를 통해 기관투자가를 찾는다. 그는 통화하는 사람들을 잘 아는 경우도 있지만 냉담한 반응을 예상하고 전화를 걸기도 한다. 웨이맨만의 독특한 방법은 투자에 대한 아이디어는 투자자들에게서 배우고 자신은 그 아이디어에 걸맞는 펀드를 제안한다는 것이다.

"몇 가지 투자 프로그램을 가지고 있는 기관투자가들의 명단을 얻는 것은 쉽다. 그보다는 아주 긴밀하게 접촉할 만한 가치가 있는 개인과 가족회사를 찾기가 더 어렵다. 소개나 추천을 통하는 방법을 쓰는 수밖에 없다. 그래서 한 사람이 다른 사람에 대해 이야기를 하고 다른 사람은 또 다른 사람에 대해 이야기하면서 서서히 당신은 영업을 위해서 인물 명단을 작성할 수 있다."

개인투자자

기관들이 헤지펀드에 엄청난 규모의 돈을 투자하고 오늘날 헤지펀드 업계에서 커다란 부분을 차지하고 있지만 개인투자자들도 상당한 규모로 자라났다. 대부분의 대형 펀드는 기관과 개인의 돈이 혼합되어 있지만, 그보다 작은, 자산이 3억 달러 이내에 있는 펀드는 대개 아주 가까운 투자자와 가족기업으로 구성되어 있다.

"당신이 사업을 시작할 때 맨 먼저 찾아가는 사람들은 친구와 가족, 그리고 그들의 친구이다. 기관투자가의 관심을 끌기는 매우 어려운데, 완전히 새로운 펀드는 물론이고 과거 운용실적이 있는 펀드에 투자하게 할 때조차도 힘들다."

한 매니저는 나에게 그가 펀드를 처음 시작할 때 이용한 돈의 대부분은 그가 리만 브라더스의 주식 브로커일 당시 고객으로부터 나왔다고 말했다. 그는 "이런 사람들은 나를 알고 신뢰할 뿐 아니라 종목을 선택하고 돈을 버는 나의 능력을 믿는 사람들이었다" 하고 말했다.

작은 가족기업을 통해 헤지펀드에 투자하는 개인 중 한 명은 캘리포니아 뉴포트 비치에 있는 의사이다. 익명을 요구한 그 의사는 나에게 그의 아버지가 몇 년 전에 가족이 부를 유지할 최선의 방법은 가족기업에 모든 재산을 집중하는 것이라고 결정하였다고 말했다.

"가족기업은 우리에게 효율적 시장이론을 적용할 수 있게 해준다. 우리는 같은 리스크하에서 더 높은 수익률을 내는 다양한 투자처에 눈을 돌릴 필요가 있다고 믿는다."

가족기업은 가족들이 모두 다 동의하는 핵심 펀드에 투자하면서 개별적으로는 다른 펀드에 투자하는 것을 허용한다. 그러한 아이디어는 리스크를 감수할 수 있는 사람들과 리스크를 감수할 수 없는 사람들 모두에게 투자 기회를 주자는 의도인 것이다. 예를 들면 82세된 그의 어머니는 모든 가족이 투자하고 있는 핵심 펀드에 투자하는 동시에 다른 가족은 아무도 투자하지 않은 채권 펀드에 투자하고 있다. 4명의 가족이 전체 직원이 9명인 가족회사를 맡고 있다.

"이런 투자 방식이 늘 성공한 것은 아니었다. 주식이나 뮤추얼펀드와 마찬가지로 우리가 선택한 매니저가 실패하는 경우도 가끔 있다."

그 중의 하나가 가족기업이 투자하는 핵심 펀드 중 하나에서 나타났다. 예상하지 못한 수익증대가 있는 기업 투자에 전문화하고 있는 그 펀드는 수익을 전혀 내지 못하였다. 그래서 가족기업은 1999년 초에 그 펀드를 떠나기로 결정했다. 그 의사는 유명한 주식 차익거래 펀드로 대체하려고 계획하였다.

"나는 그들이 달성해야만 하는 실적을 올리지 못할 것이라고 느끼고 수익을 위해 다른 펀드를 찾는 게 낫다고 결정했다."

남아 있는 핵심 투자 펀드는 두 개이다. 하나는 중형주에 특화하고 있는 것이고 다른 것은 석유서비스 부문에 투자하는 것이다.

"우리의 중형주 매니저는 경험은 그다지 많지 않지만 나이는 좀 있는 친구인데, 워렌 버펫과 비슷하게 투자한다. 그 펀드는 일관성 있게 매년 꾸준한 수익을 냈다. 그것은 정말 우리에게 도움을 주는 펀드이다."

그 의사는 이제 수익을 위해 은행에서 벗어나 어떤 다른 것을 찾아야 할 때라고 결단을 내린 이후 그 중형주 매니저를 발견했다. "나는 국내 주식 매니저에 대한 실적을 나타낸 도표를 보면서 그 펀드가 시장상황에 상관없이 어떤 다른 사람보다 더 좋은 성과를 낸다는 사실을 발견하였다. 우리는 사외이사 한 사람을 통해 나머지 다른 펀드도 추천을 받았다."

석유서비스 펀드는 매우 성공적이었다. 그 펀드는 비록 1998년에는 약 15%가 하락하였지만 1997년에 60%, 1996년에는 90%의 수익을 냈다. "우리는 석유산업을 신뢰하였고 전체시장에 대한 헤지의 의미로 석유서비스 펀드에 투자하였다. 비록 1998년에는 마이너스를 보였지만 다른 부문만큼 크게 하락하지도 않았고 과거에 우리에게 좋은 성과를 내주었기 때문에 매니저가 제대로 일을 한다는 것을 알 수 있었다."

보수 없이 운용파트너로서 일하는 그 의사는 좋은 펀드매니저를 찾아내는 데 연구의 대부분을 할애한다. 그는 얻을 수 있는 모든 자료를 구해서 읽고 그 지방에 있는 브로커, 조언자, 투자자들과 이야기를 나눈다.

"헤지펀드매니저를 발굴하는 것은 일종의 정보망을 구성하는 것과 같은 일이다. 내가 어떤 글을 읽다가 한 매니저를 발견하고 그에게 전화를 해서 그와 함께 이것저것 이야기하다 보니 친구가 되었다."

그 의사는 또한 펀드의 돈을 모아주고 수수료를 받는 제3자 마케팅 전문가와 브로커로부터 걸려오는 전화도 점검한다. 그 의사는 그런 사람들도 가끔 유용한 정보를 제공하기 때문에 전화할 때도 귀찮지 않다고 말한다. "모든 일은 자신의 관점에서 평가해야 하며 그들의 말을 전부 다 받아들일 필요는 없다. 그들과 이야기하는 것은 하나도 손해볼 것이 없다. 오히려 이 사람들은 나와 거래하면서 돈을 벌지 못한다."

그 의사는 자신이 직접 매니저에 대한 적격성 심사를 한 이후 가족에게 펀드를 추천한다. 그러나 가족 구성원 각자는 자신의 판단에 따라 의사결정을 한다. 예를 들면 그의 여동생은 새로운 핵심 펀드에 가입하지 않기로 했다. 대신 매년 월등한 성과보다는 안정적인 현금흐름을 주는 투자처를 찾고 있다.

운용파트너로서 그는 과거실적과 이전의 경력부터 샤프비율*, 위험-보상 비율 그리고 표준편차에 이르는 모든 것을 평가한다. 그는 집에 2미터도 넘게 쌓여 있는 재무 관련 서적을 탐독하며 그가 아는 거의 모든 재무지식을 독학으로 익혔다. 어떤 경우에는 몇 명의 컨설턴트와 같이 작업하면서 그들에게 투자자문에 대한 대가로 수수료를 지불하기도 한다.

샤프비율
받아들일 수 있는 최소한의 수익을 표준편차로 나눈 비율. 리스크한 단위당 수익의 정보를 제공한다.

"나는 지금 우리가 투자하고 있는 펀드와 미래에 우리가 투자할 가능성이 있는 펀드에 대한 방대한 정보와 자료를 가지고 있다. 나는 그 펀드들을 검토하는 데 일주일에 채 4시간도 쓰지 않는다. 사실 나는 그 펀드보다는 내가 직접 매매하는 개별 주식에 더 많이 신경을 쓴다."

의사와 그의 부인은 부실증권에 특화하고 있는 펀드에 투자해왔으나 다른 가족들은 그것에 투자하지 않기로 결정하였다. 그는 "우리는 부실증권들이 완전히 망해버리는 경우가 있기 때문에 개별적인 투자보다는 펀드에 투자하는 것이 더 현명하다고 보고 부실증권펀드에 투자하기로 하였다. 펀드에 투자함으로써 우리는 여러 개의 포지션을 가질 수 있고 하락에 대해서도 방어할 수 있다"라고 말했다.

그 의사는 자신이 포트폴리오라고 부르는 것을 운영하기 위해 휴대용 컴퓨터를 이용하여 가족회사를 경영한다. 이 포트폴리오는 유한책임법인이거나 유한파트너십이다. 그 가족회사가 가지고 있는 3개의 포트폴리오 각각은 가족의 구성원들이 특정 펀드에 접근할 수 있게 도와준다.

"지금까지 투자가 성공하지 못했다고 해서 화를 내는 사람은 없었다. 그들은 성과가 얼마나 되는지를 빨리 그들에게 알려주지 않을 때 화를 낸다."

그 의사는 헤지펀드 업계에서 명성을 날리는 펀드보다는 매니저와 더불어 성장할 수 있는 펀드를 찾고 있다.

"가족기업을 통해 우리는 부를 지키고 유지하는 동시에 절세하면서 투자를 할 수 있으며, 세후로 좋은 수익을 주는 매니저를 발견할 수 있다. 우리는 탈세를 하려고 투자를 하는 것이 아니라 장기적으로 우월한 수익을 내기 위해 투자하고 있는 것이다."

컨설팅 회사

월스트리트에서 최고의 투자은행이 어디인지를 물어보면 대답은 항상 골드만 삭스 그룹이다. 골드만 삭스 그룹은 전세계에서 최고의 회사이고 그것을 인정하든 하지 않든 간에 다른 회사들도 그 회사처럼 되기를 원한다. 헤지펀드 컨설턴트의 경우에도 상황이 이와 매우 유사하다. 한 기업이 지위나 힘에서 독보적인 위치에 있는데, 바로 보스턴에 있는 캠브리지 어소시에이트 Boston-based Cambridge Associates 이다. 1975년에 설립된 이 회사는 기금과 비수익단체의 투자와 리서치에 대한 컨설팅 및 자문서비스를 제공하는 데 특화하고 있다.

캠브리지 어소시에이트는 완전히 독립적인 조직으로 전적으로 고객의 이해에 따라 일하는 회사라는 점에 대단한 자부심을 가진다. 캠브리지 어소시에이트는 금융기관이나 단기금융시장 매니저에게는 수수료를 받지도 않고 돈을 운용하지도 않는다.

"우리는 진정한 의미에서 컨설턴트이다. 우리는 어떤 돈도 운용하지 않으며 펀드투자펀드에도 가입하지 않는다. 우리는 투자자문만 확실하게 하고 그것이 객관성을 유지하도록 한다. 우리는 특정한 상품을 추천할 어떠한 경제적인 인센티브도 없다"고 캠브리지 어소시에이트의 대변인은 말한다.

캠브리지 어소시에이트는 고객에 대해 말하려고 하지 않지만 가장 큰 50개의 대학기금 중 48개와 많은 대형 재단이 포함되어 있다고 추측된다. 한 전문가는 그 회사에 500개 이상의 헤지펀드에 투자하는 700명 이상의 고객이 있을 것이라고 말한다. 투자 금액은 백만 달러에서 5천만 달러에 걸쳐 있고 대부분의 경우 5개에서 10개의 펀드에 분산되어 있다. 캠브리지 어소시에이트는 대학에 직접 마케팅을 하지는 않지만 다른 대학이 무엇을 하려 하는지를 아는 데 도움을 줄 수 있는 방대한 데이터베이스 사용을 통해 서비스를 제공한다.

"우리는 고객에게 투자조언을 하고 자산 배분과 매니저 선택을 돕는다. 우리의 가장 큰 부가가치는 개인주식과 부동산같이 정통적인 투자세계에서 시장화할 수 없는 투자와 헤지펀드같이 시장화할 수 있는 투자 모두에 대한 연구능력이 있다는 점이다."

캠브리지 어소시에이트는 좋은 투자회사를 찾기 위해 관심 있는 헤지펀드의 명단을 잘 관리하고 일주일에 약 10명의 헤지펀드매니저와 만난다. 또한 기관투자가 시장의 틈을 비집고 들어가려는 헤지펀드로부터 하루에 30~40통의 전화를 받는다.

"어떤 헤지펀드가 우리의 고객에게 전화를 하면 그 고객은 대개 우리들에게 그 헤지펀드에 대해 물어본다. 공식적으로는 아무 일도 하지 않는다 하더라도 우리는 선발기관으로서 행동하는 것이다."

매니저가 캠브리지 어소시에이트에 전화를 할 때 제일 먼저 요구받는 사항은 그 매니저의 펀드가 무엇을 어떻게 하는지 자세한 자료를 보내라는 것이다. 캠브리지 어소시에이트는 여러 펀드들 가운데서 선별하여 적합한 펀드를 찾는다. 만약 자세히 검토해보아 그 헤지펀드가 정말 적합하다고 판단되면 인터뷰를 위해 담당 매니저를 사무실로 초청한다. 고객을 받고 싶다고 신청을 한 펀드 10개 중 한 펀드가 초청되고, 초청된 펀드 10개 중 하나가 다시 최종적으로 낙점을 받는 것이다.

"그들이 우리 회사를 방문할 때 준비자료를 나누어주는데, 우리는 그들을 모두 비디오로 촬영한다. 검토 결과 적합하다고 판정되면 우리는 더 깊이 들어간다. 우리는 그들을 최소한 두세 번 방문할 것이고 현재 및 과거 포트폴리오를 입수해서 세밀하게 분석하기 시작할 것이다."

SEC가 검토하는 것처럼 캠브리지 어소시에이트는 고객에게 헤지펀드를 추천하기 전에 펀드에 관한 자료를 아주 면밀하고 꼼꼼하게 검토한다.

"우리는 어떠한 외부 압력 없이 독립적으로 어느 펀드가 고객에게 적합한가를 검토한다. 대개 고객은 우리에게 자신이 투자할 펀드가 충족시켜야 할 조건들을 미리 말해준다"라고 대변인은 말한다.

"헤지펀드는 전혀 레버리지를 쓰지 않는 전환사채 차익거래펀드부터 전세계를 대상으로 하는 국제펀드 및 이 둘 사이의 여러 변종에 이르기까지 그 종류가 매우 다양하다. 그래서 우리는 우리가 추천하는 펀드가 고객의 투자목표와 잘 부합되며 하고자 하는 것을 할 수 있는지 확인하려고 노력한다."

캠브리지 어소시에이트는 재단과 기금이 정말 풍요로운 투자자이기 때문에 많은 매니저가 그들에게 더 잘 보이려고 한다는 것을 발견했다. 업계에서는 이런 기관으로부터 나온 돈은 비교적 빨리 움직이는 경향이 있는 펀드투자펀드와 역외펀드의 돈보다 더 오래 머문다고 믿는 편이다. 그 논리에 따르면 기관투자가의 돈은 모으기는 훨씬 힘들지 모르나 일단 모이기만 하면 매우 양질의 자금이라는 것이다.

"우리는 초기시점을 중요시한다. 만약 어떤 매니저가 뛰어난 경력과 경험이 있고 보다 더 중요한 좋은 전략을 가지고 있다면 우리는 그에게 눈을 돌릴 것이다. 좋은 전략이란 똑똑한 것이 아니라 시장의 비효율적인 부문에 파고든다는 의미이다. GE를 사는 데 1+20의 보수를 지불하는 것은 합당하지 않다. 그래서 우리는 매니저가 투자기회를 이용하여 수익을 창출할 수 있고 롱-숏을 할 수 있는 시장의 비효율적인 부문을 찾으려고 노력한다. 결국 어떤 매니저가 1+20 수수료를 받을 가치가 있다는 말은 대부분의 매니저는 그 수수료를 받을 자격이 없다는 말이 된다. 그것은 투자자들이 감수해야 할 커다란 모험이다."

고객은 그들의 투자계획 전체에 대한 조언을 받기 위해 캠브리지 어소시에이트로 간다. 그 회사는 투자위원회를 가진 심판관의 역할에서 포트폴리오가 서로 상충되지 않게 유지·발전시키고 투자 프로그램을 체계화하는 역할에 이르기까지 거의 모든 임무를 수행한다.

"많은 고객들이 단기금융시장펀드, 채권헤지펀드, 주식헤지펀드, 개인주식펀드 등 30개의 펀드에 투자하고 있는 상황에서 우리에게 체계를 잡아줄 것을 주문한다. 우리는 작년에 100명의 새로운 고객을 받아들였는데, 그 중의 절반은 헤지펀드를 가지고 있었고 또 그들 중 절반은 왜 헤지펀드에 투자하는지 알지 못하였다. 우리는 이런 헤지펀드를 '절대수익률' 또는 '시장중립형' 회사라고 부르는데, 사실 진정한 의미에서 그런 것은 없기 때문에 그들이 하는 배팅이 무엇인지 이해하려고 노력한다"라고 캠브리지 어소시에이트의 대변인은 말했다.

캠브리지 어소시에이트는 헤지펀드의 99%는 직접적으로 시장에 대해 배팅을 하거나 간접적으로 배팅을 한다고 믿는다. 예를 들면 어떤 펀드가 유동성 차이를 이용하여 투자하고 있었는데, 그것은 유동성이 낮은 것은 롱포지션을 취하고 유동성이 높은 것은 숏포지션을 취하는 일종의 스프레드 거래였다. 그 펀드는 시장상황에 관계없이 다른 펀드들을 능가할 수 있는 것처럼 광고했지만, 1998년 8월에 이르러 유동성만이 고려되는 상황에 이르자 이런 타입의 거래는 망해버렸다. 대변인은 "각 경우에 우리는 전략을 요약하여 그들이 하는 배팅이 무엇인지, 어디서 부가가치가 창출되는지에 대해 알고자 한다"라고 덧붙였다.

캠브리지 어소시에이트에는 알프레드 존스와 마이클 스타인하트의 최초 펀드 시절부터 헤지펀드에 투자했던 고객이 몇 명 있다. 그들 중 어떤 사람은 매우 노련하게 투자를 하는데, 그들은 자신의 헤지펀드를 운용하는 이사회 멤버이거나 자금을 전문적으로 운용해온 사람들이다. 다른 사람들은 돈 관리 경험이 없는 사람들이다.

"가끔 그 이사회에서 우리를 사외이사로 이용하거나 아이디어를 가지고 오면 우리는 그들을 위해 그 아이디어를 정밀조사한다. 고객마다 우리에게 원하는 것과 우리가 해줄 수 있는 일은 정말로 다양하다."

캠브리지 어소시에이트는 또한 가족회사, 특히 자산이 10억 달러를 넘는 회사를 대상으로 고객의 저변을 구성하려고 노력하고 있다. 그들 중 상당수는 많은 도움을 필요로 하는데, 그들은 기본에 충실하고 완전히 독창적인 투자조언을 듣기 위해 그 회사에 온다.

캠브리지 어소시에이트는 시간당 또는 자산의 일정 비율로 수수료를 받는다. 하지만 펀드매니저로부터는 어떠한 소개료도 받지 않는다.

"우리는 어떠한 돈에 대해서도 재량권이 없다. 그래서 우리의 고객들은 모두 상충되지 않고 완전히 객관적인 투자조언을 듣겠다는 목적 때문에 우리에게 온다."

펀드매니저 관리자

대부분의 사람들은 성장한 다음에는 결국 자란 곳을 떠나지만, 헤지펀드 세계의 어떤 사람들은 업계에 계속 남아 펀드매니저 관리자[MOM: Manager of Managers]라는 역할을 하고 싶어한다.

펀드매니저 관리자는 자금관리자를 찾는 투자자에게 조언자의 역할을 하는 사람이지만 매일매일 투자자금을 운용하는 책임을 지기를 원하지 않는다. 또 개별적인 헤지펀드나 펀드투자펀드로 들어가기도 원하지 않는다.

펀드매니저 관리자는 기관이나 고부가가치의 투자자를 위해서 여러 매니저에 의해 수행되는 다양한 투자전략을 투자자의 요구에 맞춘다. 이러한 전략에는 헤지펀드, 관리되는 선물 트레이드$^{managed\ future\ trade}$, 외환거래 등이 포함된다. 펀드매니저 관리자가 시장상황을 정확히 파악하고 있음에도 불구하고 그들은 마켓타이밍을 맞추려고 하지는 않는다. 펀드매니저 관리자를 이용하는 가장 큰 장점은 투자자들에게 투자에 대한 자유와 통제 모두를 제공한다는 점이다. 이 두 가지 모두를 충족시키는 것은 오늘날의 투자업계에서 쉬운 일이 아니다.

펀드매니저 관리자 회사는 같이 투자하는 매니저에 대해 광범위한 통제력을 행사한다. 펀드매니저 관리자는 대개 매니저가 할 일을 상세하게 기술하고 만약 매니저가 계약을 위반했을 경우 즉각 환매한다는 내용이 적힌 계약서에 서명할 것을 요구한다. 이 회사는 그들의 고객을 위해 개별적인 자금 관리자를 선별한다. 매니저는 각 투자자를 위한 독립된 계정을 관리하며 대부분의 경우 투자자는 모든 투자요구사항을 충족시키기 위해 여러 매니저로 구성된 포트폴리오를 짠다.

그런 펀드매니저 관리자 회사 중 하나가 파커 글로벌 전략회사$^{Parker\ Global\ Strategies\ LLC}$이다. 1995년 버지니아 파커가 설립한 이 회사는 코네티컷 스탬포드에 있는 본사에 14명, 일본에 2명의 직원을 두고 있고 관리자금은 5억 달러 이상이다.

"우리는 항상 매니저와 돈에 대한 통제력을 가지고 있다는 점에서 펀드투자펀드와 차이가 난다. 우리는 고객의 돈으로 해야 할 일의 성격에 따라 매니저와 계약을 한다. 이것은 우리가 정해진 방식에 따라 항상 똑같은 방식으로 전략을 수행하는 매니저를 고용한다는 것을 의미한다. 우리는 자신의 임무를 벗어나 정상적으로 일하지 않거나 기대하는 성과에 반대 방향으로 영향을 주는 일을 하는 매니저를 원하지 않는다."

파커가 매니저들과 서명한 계약은 정말 빈틈이 없다. 그 계약은 트레이딩 전략을 세부적으로 기술하고 있을 뿐 아니라 레버리지의 한계, VAR$^{Value\ at\ Risks}$ 한계, 그리고 매니저가 트레이드할 수 있는 투자수단과 매니저가 자전거래로서 이용할 수 있는 것의 종류 등을 포괄하고 있다. 파커는 "예를 들어 옵션이 어떤 사람의 전략에 없어서는 안 될 부분이라면 어떤 매니저에게는 적합한 일이지만, 우리가 자금을 준 다른 매니저에게는 그렇지 않을 수 있다"라고 말한다.

모든 매니저가 파커나 다른 펀드매니저 관리자가 가하는 통제에 굴복하지는 않는다. 그렇게 하는 사람들은 자기에게 도움이 되기 때문이다.

"밖에는 정말 좋은 매니저가 많이 있고, 그것은 우리가 우리의 고객에게 진정한 부가가치를 줄 수 있다는 것을 의미한다. 매니저가 이러한 일을 기꺼이 하는 이유는 고객을 위해 우리가 하고 있는 일을 존중할 뿐 아니라 우리 회사를 많은 다른 펀드에 접근할 수 있게 해주는 자본 모집의 출발점으로 인식하기 때문이다."

일단 매니저가 선택되면 파커의 회사는 트레이딩 활동을 매일 감시한다. 유동성이 매우 떨어지는 자산일 경우에는 일주일 단위로 시가평가를 하고 그렇지 않으면 독립적으로 매일 시가평가를 한다. 파커는 또한 리스크 감시 시스템을 통하여 포지션을 관리하고 있고 계약서에 명시된 거래규칙을 준수하는지 알아보기 위해 매니저의 행동을 감시한다.

어떤 경우에는 펀드매니저 관리자가 매니저보다 포트폴리오에 대해서 더 많이 안다. VAR을 사용하지 않거나 스트레스 테스트를 이용하지 않는 매니저는 파커의 회사에서 배울 게 많이 있을 것이다.

"우리 회사가 계량적인 측면에서 매니저보다 더 많이 안다는 것은 이상한 일이 아니다. 만약 매니저가 이런 정보를 알지 못한다고 해서 그가 좋은 트레이더가 아니라는 뜻은 결코 아니다. 그것은 단지 매니저가 은행사이드에서 일하지 않았으며 적어도 그러한 수단이 일상적인 일로 습관화되지 않았다는 것을 의미한다."

파커는 매니저가 어떤 상태이고 업무는 어떻게 진행되고 있는지 항상 알고 싶어한다. 그 회사가 항상 새로운 매니저를 찾고 있음에도 불구하고 실제 자금운용은 핵심적인 몇몇 트레이더에 집중된다. 일단 마음에 드는 매니저를 발견하면 파커는 즉시 방문하여 매우 세밀한 질문표를 작성할 것을 요청한다. 만약 파커가 그 질문표를 읽고 만족하면 그 회사는 팀을 보내 그 매니저에 대해 운용과 리스크 관리에 대한 적격성 심사를 거친다. 그 팀은 매니저의 회계 관행, 시스템 및 모델 등을 살펴보고 참고자료를 검토한다. 파커는 "그 모든 일이 끝나고 나면 우리는 그 매니저와 계약조건을 협의한다"라고 말한다.

1998년 말에 그 회사는 각각 5백만 달러에서 2천2백만 달러까지 자산을 나누어준 22명의 매니저를 이용하고 있었다. 파커와 스태프들이 고객 및 매니저와 매일매일 대화를 나누는 것은 드문 일이 아니다.

"우리는 대부분 매니저와 매우 편안한 관계를 유지하고 있다. 우리의 철학은 일단 능력이 있는 좋은 매니저를 발견하면 다른 매니저를 찾으러 돌아다니기보다는 우리가 그 능력을 사용할 사람이 되고자 한다는 것이다."

대부분의 경우 파커는 트레이더가 독립적인 계정으로 고객돈을 운용하도록 하지만 때때로 제3자 마케팅 펀드에 들어가기도 한다. 그때 그 매니저는 완전한 투명성과 신속한 환매능력 등을 보장해야 한다. 파커는 자신이 요구하는 정보의 양과 통제가 많기 때문에 상호 신뢰가 전제되어야 할 뿐 아니라 같이 일하고자 하는 사람도 많아야 한다고 말한다.

"이것은 인간관계 사업이다. 그래서 우리는 좋은 인간관계를 유지하려고 노력한다."

1998년 후반에 파커는 5억 달러를 관리하고 있었는데 그 중 상당부분이 매니저와 관련 있는 돈이었다. 파커의 회사는 관리하는 보장성 상품에 투자하기 위해 상당한 현금 포지션을 유지했다. 대부분의 경우 파커의 고객은 은행이나 은행의 고객들이다. 파커의 회사는 은행의 고유재산을 운용하기도 하고 동시에 자신의 고객들을 위해 기관투자가나 법인에 직접 판매된 사모상품을 만들기도 한다. 그리고 관리보수와 성과보수 모두를 받는다.

파커는 또한 일본에서 가장 먼저 공개 등록된 가장 큰 헤지펀드를 운용한다. IBJ 증권사를 통해 폐쇄형으로 판매된 이 펀드는 1998년에 시작되었으며 최소 투자금액이 1,000달러이다. 그 펀드의 주식은 공개시장에서는 거래되지 않는다.

같이 일할 매니저를 선발하는 문제에 있어서 파커는 입소문과 그녀의 경험에 의존한다. 그녀는 많은 돈을 맡긴 고객들에게 그들이 누구를 알고 있는가, 원하는 매니저가 있는가, 또 가장 중요한 것은 그들이 좋아하는 매니저가 누구인지를 물어본다.

"나는 결코 데이터베이스에서 좋은 매니저를 찾을 수는 없었다. 내 경험으로는 데이터베이스는 좋은 매니저를 선별하기 위한 가장 초보적인 정보에 불과하다."

파커는 매니저에 대한 정보를 얻기 위해 오랫동안 업계에 있었던 사람들뿐 아니라 대형은행과 보험회사의 정보망까지도 사용한다.

"업계에는 많은 동지가 있는데, 일반적으로 사람들은 다른 사람에 대해 말하는 것을 좋아한다. 그래서 업계에는 쉽게 얻을 수 없는 좋은 정보들이 많이 있다."

만약 매니저가 계약과 어긋나는 행동을 하게 되면 파커는 매니저와의 관계를 끝낸다. 대부분의 매니저는 자신의 리스크 관리에 문제가 있다는 것을 통보받으면 스스로 문제를 해결했기 때문에 관계를 끝내는 극단적인 일은 없었지만, 그러한 점이 변화무쌍한 투자업계에서 그 회사를 독보적으로 만드는 한 요인이다.

고객이 받는 수익은 사용되는 전략에 따라 다른데 대개 10~30% 사이이다. 1998년 후반에 파커는 글로벌투자와 전환사채 차익거래에서부터 미국과 유럽 주식 롱-숏과 선물전용펀드 managed futures에 이르기까지 다양한 전략에 전문화하고 있는 여러 펀드매니저들을 이용했다. 파커는 회사가 고수익, 이머징 시장, 저당채권 전략 등을 채택하는 매니저를 고용하는 이유에 대해 설명하면서 그녀의 회사는 지금은 리스크가 크다고 보고 그런 전략들로부터 한 발 물러나 있다고 말한다.

"우리에게는 고수익을 내는 좋은 매니저가 많이 있으나 1998년 시장에서 일어나고 있는 일 때문에 이번 여름에는 자산을 배분하지 않기로 결정했다. 우리는 이런 전략을 당장 사용하지는 않지만 앞으로 이 전략들을 사용할 계획이다."

파커는 펀드매니저 관리자가 펀드투자펀드 운영자보다 더 많은 통제력을 가지고 있다고 믿고 있다. 그녀는 최근 많은 훌륭한 펀드투자펀드 매니저들이 시장이 정상궤도를 벗어났다고 생각하여 환매를 원하고 있다는 것을 알고 있다. 그러나 펀드투자펀드 매니저들은 환매통지를 하고 기다리는 동안 자산이 완전히 날아가서 모든 것을 다 잃게 된다.

"당신이 펀드투자펀드를 운용하고 있다면 당신은 펀드에 대해 어떠한 통제도 할 수 없다. 설사 100% 투명성을 지닌 펀드투자펀드라 할지라도 당신이 마음대로 나갈 수 없다면 무슨 소용이 있겠는가?

　우리의 투자 방식은 일반 매니저와 똑같이 투자하면서도 우리만의 기준을 세워 투자한다는 것이다. 지금은 우리의 방식대로 돈을 벌려고 하는 좋은 매니저가 많이 있으며 그래서 우리는 정말 좋은 수익모델을 가지고 있는 것이다."

　대부분의 경우 파커와 그의 스태프는 시장흐름을 따라가려고 하고 시장이 어떻게 돌아가고 있는지 정확하게 이해하려고 한다. 또한 그들은 마켓타이밍을 정확히 맞추기보다는 시장이 어려울 때는 잠시 빠져나와 있으려고 노력한다.

　"시장에 대한 우리의 생각은 자산 배분을 조금 변화시킨다. 그것은 크지는 않으나 극적인 변화가 된다. 궁극적으로 자산 배분은 나의 권한이지만 같이 일하고 이야기하고 생각을 교환한다는 회사의 원칙 때문에 대개는 합의에 의해서 결정을 내린다."

　파커는 1998년의 재앙 때문에 사람들은 지금 VAR 관리를 훨씬 더 잘 이해하게 되었다고 말한다.

　"8월, 9월, 10월에 우리는 우리 방식대로 투자하여 좋은 실적을 거두게 되었다. 그것은 우리가 통제력을 가지고 있었기 때문인데, 이는 어떤 부문에는 자산을 배분하지 않고 그 당시 좋은 실적을 내는 몇 명의 매니저에게로 재빨리 자산을 옮길 수 있었다는 것을 의미한다. 우리의 통제력은 다른 회사와 정말 큰 차이를 나게 했다."

결론

헤지펀드는 1998년 여름 롱텀캐피털의 붕괴로 언론의 화제가 되었다. 책을 쓰면서 헤지펀드 업계를 전체적으로 살펴보는 것은 매우 흥미로운 일이었다. 5년 전 내가 헤지펀드에 처음 관심을 가졌을 때는 월스트리트에서 헤지펀드 업계에 대해 잡음이 정말 많았다. 매일 돈을 잃은 펀드나 퇴출당한 펀드에 대한 이야기로 전화벨이 끊임없이 울렸다. 하지만 그러한 과정에서도 일부 헤지펀드는 좋은 성과를 냈으며 헤지펀드 업계는 더 많은 자본을 모으기 시작했다. 버지니아 파커가 자신의 사업에 대해 말한 것처럼 헤지펀드 업계 사람들은 동료의식을 가지고 있다. 심지어 동일한 투자자와 하나의 투자자금을 놓고 경쟁을 하는 경우에도 어느 펀드매니저가 업계를 떠난다거나 누군가 엄청난 손해를 입었다는 이야기를 듣게 되면 매우 안타깝게 여긴다. 업계는 밀접하게 연결된 하나의 조직체여서 회계사, 법률가부터 대형 증권사와 트레이더, 펀드매니저와 투자자까지 거미줄처럼 연결되어 있다. 헤지펀드 업계는 점점 더 많은 사람이 계속해서 성공하고 있는 월스트리트의 일부분이다.

하지만 안타깝게도 헤지펀드에 대한 일반적인 이야기는 대부분 부정적인 내용이다. 부자들이 은밀히 펀드매니저와 함께 엄청난 돈을 벌기 위해 투자한다든지 전례없이 사치스럽게 살고 있다든지 하는 것이다. 흥청망청 돈 쓰는 문제와 결합되어 업무용 헬리콥터나 50대의 자동차를 한꺼번에 구매했다는 등 항상 과장된 이야기가 나돌았다. 이처럼 헤지펀드 업계와 관련해서는 긍정적인 이야기가 별로 없으므로 일반인이 직접적인 관계를 가질 만한 것이 거의 없어 보인다. 대신에 헤지펀드는 탐욕을 노출시키고 대부분의 사람들로 하여금 헤지펀드 투자자들과 헤지펀드매니저들의 부와 특권생활을 갈망하도록 만들기 때문에 헤지펀드에 대한 이야기는 일반인들의 부러움과 질시를 담고 있다.

여기에 완전히 다른 이야기가 있다.

1998년 12월 23일에 나는 전화응답기에서 코네티컷 올드 그린위치에서 에지힐 캐피털을 운용하고 있는 전설적인 트레이더인 폴웡으로부터 메시지를 받았다.

"다니엘, 나에게 전화하게. 내가 당신에게 해줄 재미있는 이야기가 하나 있네."

나는 그 이야기가 롱텀캐피털과 관련이 있는 것이라 생각했다. 그날 아침 메리웨더와 그의 파트너들이 4분기의 실적으로부터 약간의 보수를 받을 수 있는 상황이 되었다는 이야기가 나왔다. 나는 웡이 그 상황을 좀 더 자세하게 이야기하려고 한다고 생각했다. 하지만 나의 예상은 완전히 빗나갔다. 다음 날 웡과 내가 만났을 때 그는 그러나, 내가 지금까지 들은 이야기 중 가장 재미있는 헤지펀드 이야기를 했다.

5년 전에 웡은 어릴 적 친구의 형으로부터 한 통의 전화를 받았다. 그가 계산을 해보니 딸의 대학교육을 위해 저축한 돈이 필요한 돈에 비해 크게 부족하다는 것을 깨닫고 절망에 빠진 것이다. 그의 동생은 윙에게 전화를 해서 도움을 받으라고 충고하였다. 둘이 이야기를 나누면서 윙은 그 신사에게 자신이 시작하고 있는 헤지펀드에 대해서 말해주고 자신이 생각하기에는 딸의 교육자금을 거기에 넣는 것이 좋겠다고 말했다. 그 아버지는 윙이 자신의 돈을 그 펀드에 넣을 정도라면 그 역시 투자해도 좋을 것이라고 생각하여 윙의 말에 동의했다. 그는 에지힐 펀드의 초기 투자자의 한 사람이 되어 4만5천 달러를 투자했다. 에지힐 펀드는 1995년 134% 상승, 1996년 24% 상승, 1997년 7% 하락하였다. 또 1998년에 41% 상승했으며 1999년 상반기에는 10% 상승했다.

그 신사는 계속 윙의 펀드에 투자하고 있었는데 1998년 말에 윙은 그에게서 뉴햄프셔 대학에 수업료를 내기 위해 다음 해 가을에 돈이 필요할 것이라는 전화를 받았다. 윙은 지금까지 계속 성과를 내왔기 때문에 걱정하지 않았고 상당히 기분이 좋았다. 1998년 12월 24일에 4만5천 달러는 12만5천 달러로 커졌으며 딸의 대학등록금을 내고도 남을 정도로 충분하였다.

"모든 사람들은 헤지펀드가 탐욕적이라고 생각한다. 하지만 실제로 헤지펀드는 사람들에게 그들에게 중요한 일을 할 자금을 제공한다. 당신이 버는 돈이 아이들의 교육을 위해 쓰이고 있다는 것을 아는 것보다 더 기분 좋은 경우가 어디 있겠는가?"

이 이야기만 있는 것은 아니다. 펀드매니저와 투자자는 어떤 큰 일을 하기 위해 헤지펀드 투자를 이용하는 많은 경우가 있다. 세계에서 가장 큰 자선사업가는 조지 소로스와 마이클 스타인하트인데, 이들은 가난한 사람을 위해 1년에 수천만 달러를 기부한다. 헤지펀드의 시조인 알프레드 존스는 사치스런 생활을 하지 않았으며 뉴욕을 더 살기 좋은 도시로 만드는 데 일조하면서 많은 돈을 기부했다. 그들을 모범으로 삼아 좋은 일을 하는 헤지펀드매니저나 투자자가 늘어가고 있다.

헤지펀드는 시장을 파괴시키지도, 나라 경제를 붕괴시키지도 않는다. 그들은 단순히 시장의 상황과 관계없이 높은 수익을 추구하는 사적인 투자기관이다. 또 매니저는 그러한 수익을 얻는 경우 상당한 보상을 받는다. 그것은 투자자와 매니저 모두에게 이익을 주는 윈-윈 게임이다.

문제는 매니저가 한계를 넘어서고 실수를 하는 경우에 발생한다. 어떻게 그 문제를 해결하는가를 결정하는 것은 투자자와 매니저이다. 정부의 입김과 개입, 그리고 규제는 현명한 방법이 아니다. 그것은 업계와 투자자에게 해를 입힐 뿐이다. 정부개입이 많으면 많을수록 일이 더 악화될 것이다. 돈과 시장에 대해 잘 알지 못하는 상·하원의원, 정부의 감독기관은 가능한 한 업계에서 멀리 떨어져 있어야 한다.

우리는 자본주의 사회에서 교란이 발생하면 시장은 스스로 자신을 교정한다는 시장경제원리에 충실해야 한다. 만약 시장이 헤지펀드가 너무 위험하고 너무 비싸고, 더 이상 유효한 투자수단이 아니라고 판단한다면, 시장은 헤지펀드를 변화하게 할 것이다. 그날이 올 때까지 정부와 증권당국은 업계에서 한 발 떨어져서 그들이 어디에 투자하든지 내버려둘 필요가 있다. 만약 그렇게 하지 않으면 헤지펀드가 하는 많은 긍정적인 역할이 사라지게 될 것이다.

부록 · 헤지펀드 전략

다음은 헤지펀드의 여러 가지 스타일과 전략을 정의한 것이다. 내용은 테네시 내쉬빌에 있는 반 헤지펀드 어드바이저 인터내셔널$^{\text{Van Hedge Fund Advisors International, Inc.}}$에서 작성했다.

가치 Value: 매니저는 내재가치나 잠재가치에 비해 낮게 팔리는 주식, 다시 말해 저평가된 주식과 시장에서 인기가 없는 주식, 그리고 애널리스트에 의해 '덜 추적되는$^{\text{under-followed}}$' 주식에 투자한다. 매니저는 이런 주식의 주당 가격이 그 회사의 가치가 시장에 의해 인식됨에 따라 상승할 것이라고 믿는다.

거시 Macro: 전세계 경제의 주요 변화를 추적하면서 기회주의적이고 하향식 접근방법$^{\text{top-down approach}}$을 채택하는 국제 투자. 매니저는 국제이자율의 커다란 변화, 각 나라 경제정책에서의 중요한 변화 등으로부터 이익을 실현하기를 기대한다.

건강관리 Healthcare: 매니저는 포트폴리오의 50% 이상을 의약, 생체의학, 그리고 의료서비스와 같은 건강관리제품 관련 증권과 건강관리회사에 투자한다.

공격적 성장 Aggressive Growth: 주당순이익(EPS)의 성장이 가속화되리라고 예상. 종종 현재의 이익증가율이 높음. 일반적으로 매우 빠른 성장을 하리라고 예상되는 고PER, 저/무배당주, 대개 소형주 또는 극소형주임.

공매 Short Selling: 이 전략은 과대평가된 회사를 발견하여 그 회사의 주식을 판다는 데 기초를 두고 있다. 투자자는 그 주식을 소유하고 있지 않으나 그 회사의 주식 가격이 떨어질 것으로 예상하고 자신의 브로커로부터 주식을 빌린다. 이상적으로 보면 투자자는 그 주식 가격이 떨어졌을 때 신저점에서 브로커에게 빌린 것을 갚게 되면 이익을 얻는다. 이 전략은 투자자가 회사 내의 문제 및 여타 요인 때문에 주가가 떨어질 것이라고 믿는 상황에서 구사된다.

금융서비스 Financial Services: 매니저는 포트폴리오의 최소 50% 이상을 은행, 저축기관, 신용조합, 저축대부조합, 보험회사 그리고 다른 금융기관에 투자한다.

기술 Technology: 매니저는 포트폴리오의 50% 이상을 전자회사, 하드웨어와 소프트웨어 생산회사, 반도체 제조업체, 컴퓨터 서비스회사, 바이오테크놀로지, 그리고 하이테크놀로지 기술을 다루는 다른 회사의 증권에 투자한다.

기회주의적 Opportunistic: 매니저는 자신이 적절하다고 판단되는 전략을 이리저리 변경하며 사용한다. 주어진 시간 내에 하나 또는 많은 투자 스타일을 이용할 수 있다. 어떤 특정한 투자전략이나 자산집단에 제약받지 않는다.

마켓타이밍 Market Timing: 경제 및 시장 전망에 의존하는 하나 또는 두 개의 자산집단에 집중 투자하는 것. 결과적으로 포트폴리오는 주식, 채권 또는 현금등가물 중 하나에 100% 투자된다. 매니저는 시장에 언제 참여하고 언제 참여하지 않느냐 하는 타이밍을 예측한다.

복수 전략 Several Strategies: 매니저는 투자 방법을 다양화하려는 노력으로 몇 가지 사전적으로 결정된 전략을 채택한다. 예를 들면 장단기 이익을 실현하기 위하여 '가치', '공격적 성장', 그리고 '특수상황' 등의 전략을 순차적으로 사용하는 것이다.

미디어/통신 Media/Communications: 매니저는 포트폴리오의 최소 50% 이상을 통신, 미디어, 출판, 정보기술, 휴대폰 제조업체, 그리고 다른 정보서비스 관련 회사의 증권에 투자한다.

부실증권 Distressed Securities: 파산상태이거나 파산에 직면하고 있는 회사의 주식과 부채를 사는 것. 투자자는 아주 낮은 가격으로 그런 회사의 증권을 사면서 그 회사가 파산에서 벗어나고 증권가격이 상승할 것을 기대한다.

소득 income: 자본 이득과 가치상승에만 집중하기보다는 이자와 같은 특성을 지니는 수익/현재 소득에 초점을 맞춘 투자.

시장 중립형-증권 헤징 Market Neutral-Securities Hedging: 매니저는 어떤 증권은 롱포지션을 취하고 다른 증권은 숏포지션을 취한다. 롱과 숏 플레이 사이에는 어떠한 실질적인 상관관계도 없다. 만약 시장이 한 방향으로 극단적으로 움직인다면 롱포지션은 손해를 볼지 모르지만, 숏포지션에서 이익을 보게 되거나 반대되는 경우 때문에 사전적으로 시장에 대한 순익스포저$^{net\ exposure}$는 감소된다. 만약 롱포지션이 과소평가되고 숏포지션이 과대평가되었다면 거기에는 순이익이 발생하게 된다.

시장 중립형-차익거래 Market Neutral-Arbitrage: 매니저는 시장의 흐름과 관계가 없거나 별로 상관이 없는 수익을 얻는 데 집중한다. 매니저는 같은 발행자(예를 들어 보통주나 전환사채 등)의 다른 증권을 사고 그 사이의 스프레드를 얻는다. 예를 들어 매니저는 저평가되었다고 믿는 한 형태의 증권을 사면서 같은 회사의 다른 형태의 증권은 판다.

이머징 시장 Emerging Markets: 이머징 시장의 주식과 부채에 투자하는 것. 이런 나라들은 높은 인플레이션이 특징이며 급격하게 성장하는 경향이 있다. 세계은행에 따르면 이머징 시장의 정의는 1990년 기준으로 미국 달러로 국민 1인당 GNP가 7,620달러에 미치지 못하는 나라의 시장을 말한다.

특수상황 Special Situations: 대개 굵직한 사건이 생길 때 투자한다. 매니저는 여러 가지 발생 가능한 상황 중에서 현재 상황이 비정상적이기 때문에 이익을 얻을 수 있는 기회가 있는 몇몇 회사에 상당한 포지션을 취한다. 여기서의 특수 상황은 예를 들어 불경기의 주식, 곧 임박한 어떤 사건, 시장에 상당한 관심을 불러일으킬 만한 사건(예를 들어 다른 회사에 의한 M&A), 구조조정, 또는 매니저가 그 주식을 공매하도록 만드는 일시적으로 주가를 폭락시킬 나쁜 뉴스 등을 의미한다.

펀드투자펀드 Fund of Fund: 매니저는 투자자를 위한 다양한 투자펀드를 설립하여 여러 투자 스타일을 이용하기 위해 다른 자금관리자나 펀드에 투자한다. 매니저는 자신이 투자하고 있는 펀드를 투자자에게 밝히는 경우도 있고 밝히지 않는 경우도 있다.

번역을 끝내며

헤지펀드에 관심을 가지고 관련 서적을 찾던 중 우연히 이 책을 발견하였다. 책을 읽는 도중에 나는 1997년 외환위기 이후 우리가 일반적으로 가지고 있던 헤지펀드에 대한 시각이 사실은 크게 왜곡되었다는 점을 알고 적지 않게 놀랐다. 혼자 알고 있기에는 너무 아까운 내용이 많다는 생각에 번역을 결심했다. 국내에는 아직 헤지펀드를 전문적으로 다룬 서적이 없어 헤지펀드에 대한 소개서가 필요하다는 생각도 있었다. 업계에서 일한 경험은 전체적인 내용을 이해하는 데 많이 도움이 되었다.

이 책은 기본적으로 헤지펀드에 대한 입문서이다. 그래서 일반인들이 헤지펀드의 개념과 역사, 헤지펀드매니저 및 관련 업계에 이르는 내용을 비교적 쉽게 이해할 수 있도록 구성되어 있다.

오늘날 헤지펀드는 전세계적으로 번성하고 있다. 뮤추얼펀드에 대한 대안으로서 각광을 받고 있으며 투자자금이 집중되고 있다. 거기에는 오랫동안의 고객관계와 신뢰가 밑바탕에 깔려 있다고 볼 수 있다. 이 책을 번역하면서 가장 놀란 점은 대부분의 헤지펀드가 원금에 대한 보전을 가장 중요한 투자원칙으로 삼고 있다는 점이었다. 마치 자기 돈처럼 운용한다는 점은 헤지펀드의 가장 중요한 특징일 것이다. 펀드매니저가 자신의 돈을 펀드에 집어넣음으로써 대리인의 문제$^{agency\ problem}$를 해결하는 동시에 높은 성과보수를 받는 헤지펀드의 구조는 그야말로 자본주의의 꽃이라고 할 수 있으며 우리 펀드 업계에도 시사하고 있는 바가 크다.

이 책의 가장 큰 특징 중 하나는 독특한 운용스타일을 가진 10명의 헤지펀드매니저를 소개하고 있다는 점이다. 그들은 아주 유명한 사람들은 아니지만 모두 독특한 운용스타일을 가지고 펀드를 운용하는 사람들이고 각기 자기 분야에서는 최고 전문가라고 자부하는 사람들이다. 이들은 원금을 지키고 고수익을 올리는 자신만의 노하우를 가지고 있는, 그야말로 돈버는 방법을 아는 사람들이다. 이들의 이야기를 읽음으로써 헤지펀드 세계의 다양한 투자전략과 스타일을 좀더 구체적으로 살펴볼 수 있는 기회가 될 것이다.

이제 피터 린치의 말처럼 냉장고의 색깔을 고르는 데 시간을 보낼 것이 아니라 자기가 투자하는 펀드에 대하여 보다 많은 시간을 투자하여 연구하고 분석하는 태도가 필요하다. 이것은 자기의 돈이 걸린 일이기 때문이다. 이런 점에서 이 책은 일반인들도 펀드의 기본적인 운용구조와 특성을 이해할 수 있을 뿐 아니라 펀드매니저의 심리와 태도를 이해할 수 있다는 점에서 읽어볼 만한 가치가 있다.

우리 나라는 2003년 자산운용법의 개정을 앞두고 있다. 미국에서와 같은 진정한 헤지펀드가 전면적으로 허용되기는 어려워 보이지만 헤지펀드의 기본 정신을 구현할 수 있는 제도적 여건이 마련될 수 있을 것이라고 생각된다. 헤지펀드 안에 들어 있는 철저한 고객지향적인 운용과 거기에 따른 보수 체계는 우리나라 자산운용 업계를 한 단계 발전시킬 수 있는 시각을 제공할 것이다.

　이 책이 많은 업계 관계자와 일반인들이 헤지펀드에 대한 기존의 선입견을 버리고 헤지펀드에 대한 기본 정신과 정확한 개념을 이해하는 데 도움이 되기를 바란다. 내용 중 이해하기 어려운 점이 있거나 잘못된 점이 있다면 그것은 전적으로 역자의 책임이다.

　이 책을 내는 데는 많은 주위사람의 도움을 받았다. 증권업계에 있는 동료들, 항상 따뜻하게 대해 주신 학교에 계신 여러 교수님들, 또한 출판사 직원 여러분께 진심으로 감사드린다. 무엇보다 언제나 미안한 마음이 있는 가족들에게도 고마움을 전한다.

2003년 2월

박 광 수

찾아보기

AIG 136, 137, 139, 140
IMF 68, 115, 116, 117, 118
JWM 파트너 41
KPMG 94, 95
SAC 캐피털 207, 208
VAR 244, 245, 248

ㄱ

가치투자자 142, 144
가치평가 132, 165, 166
강세장 103, 106
개인투자자 138, 209, 211, 218, 233
거이 엘리어트 150~162
거이 와이저 프라테 170~180
경영권 박탈 194
계량분석 29
고수익 30, 31, 193, 247, 259
공매 15, 18, 53, 103, 133, 184, 206, 207, 210, 254, 257
관리보수 45, 46, 109, 113, 156, 195, 212, 232, 246
구조조정 94, 144, 257
근로자퇴직소득보장법(ERISA) 185
금융위기 30, 44, 67, 68, 113, 114, 115, 116, 117

기관투자자 149, 191, 224
기술주 193
기업지배구조 170, 171, 173, 176, 177, 178, 179

ㄴ

낸시 하벤스 해스티 199~207
뉴월드 파트너 185

ㄷ

다우존스 53, 68, 147, 190, 193
대형주 134, 183, 209
데일 제이콥스 162~170
독약조항 171, 172, 173, 176, 180

ㄹ

러셀 2000 지수 124, 125
러시아 위기 68, 197
레버리지 16, 17, 29, 30, 32, 33, 45, 46, 50, 53, 61, 62, 103, 105, 106, 159, 164, 182, 185, 186, 195, 205, 206, 227, 232, 240, 244
로버트 루빈 115
롱-숏 50, 69, 187, 225, 227, 240, 247
롱텀캐피털 13, 19, 27~43, 67, 68,

81, 87, 94, 110, 114, 118, 212, 218, 249, 250
롱포지션 15, 17, 26, 45, 106, 164, 169, 183, 184, 241, 256
룸페레 142, 150
리스크 차익거래 18, 170, 187, 199, 201, 202, 212
리차드 반 호네 150~162

ㅁ

마스터피더 펀드 102
마이클 스타인하트 16, 34, 62, 77, 107, 108, 111, 242, 251
마젤란 펀드 112, 133
마진콜 27, 39
마켓타이밍 53, 243, 248, 255
마틴 코에닉 180~190
매리너 투자그룹 191

ㅂ

방향 트레이더 213
밴드왜건효과 210
벤자민 그라함 42, 51
변동금리부증권 186
변동성 23, 26, 67, 164, 181, 182, 183, 184, 195, 205, 212
부실증권 141, 142, 146, 149, 237, 255
부실채권 144, 199, 201, 202, 203
분산투자 26, 182, 226
분산투자이론 181
브래디 본드 202
빌 마이클책 73, 190~198

ㅅ

사모 134, 141, 168, 246
샤프비율 236
성과보수 18, 45, 54, 91, 109, 113, 156, 195, 196, 212, 232, 233, 246, 259
소형주 80, 88, 124, 125, 126, 128, 129, 134, 183, 254
손실보전조항 111
숏포지션 15, 17, 45, 62, 69, 105, 106, 125, 131, 132, 133, 169, 183, 184, 211, 241, 256
수퍼헤지펀드 109
스타인하트 파인 베르코비츠 62
스탠리 드럭켄밀러 24
스트레스 테스트 194, 245
스티브 왓슨 124~134
스티브 코헨 207~214
스프레드 거래 202, 241
시장중립 180, 186, 194, 206, 225, 241

ㅇ

알프레드 윈슬로우 존스 16, 42, 43, 48, 50~63, 71, 82
애널리스트 15, 46, 53, 126, 127, 128, 135, 136, 149, 158, 187, 201, 203, 208, 209, 213, 219
약세장 103
업종펀드 164
역내펀드 100, 102,
역외펀드 100, 102, 170, 240
연금펀드 95, 96, 118, 224, 225, 226,

227, 228, 229, 230
연방은행　36, 37, 41, 68, 114, 118, 165, 190, 231
영구채　202
오디세이 파트너　73, 107
왓슨 인베스트먼트 파트너　124
우대회원　185
운용철학　129
원금보존　14, 15
워렌 버핏　35, 61, 191, 235
위험-보상비율　129, 236
유동성　24, 31, 161, 168, 197, 209, 221, 241, 244
유럽통화시스템　113, 119
유지수수료　230
유한책임파트너십　48, 80, 100
유한책임회사　48, 80, 100
은행산업　165
이머징 시장　134, 137, 150, 151, 152, 154, 155, 156, 157, 158, 159, 160, 161, 247, 256
인터넷 주식공모(IPO)　11, 210

ㅈ

자본구조차익거래　145
자산집단　182, 255
자산분리　94
자산운용회사　192
재무성 어음 전략　184
저당채권　137, 247
적격투자자　49, 98, 99
전국증권시장개선법　96
전환사채 차익거래　187, 240, 247

절대수익률　17, 95, 222, 225, 241
제3자 마케팅　75, 80, 89, 144, 222, 229, 230, 236, 246
제너럴 파트너　45, 96, 97, 103
제프리 비니크　112
조지 소로스　13, 15, 16, 34, 35, 49, 73, 76, 80, 91, 107, 115, 118, 119, 120,191, 251
존 메리웨더　28, 33, 35, 94
존스 모델　45, 47
주가수익비율(PER)　165
주식선택　53, 184
줄리안 로버트슨　15, 16, 25, 34, 47, 91, 93, 108, 110, 191, 231
중형주　235
증권거래위원회(SEC)　14, 15, 36, 44, 47, 48, 49, 62, 68, 76, 97, 98, 99, 104, 108, 230, 240

ㅊ

차익거래　18, 30, 31, 170, 173, 174, 177, 178, 179, 186, 187, 190, 191, 193, 194, 199, 201, 202, 206, 207, 212, 235, 240, 247, 256
초적격 투자자　49, 99
최고치 대비 손실율　182

ㅋ

캐롤 루미스　45, 69, 103
컨설팅 회사　38, 94, 96, 231, 238~242
퀀텀 펀드　24, 109
크로에서스　151, 152, 153, 154, 156, 157, 159, 161, 162

ㅌ

타이거 펀드 25, 26, 27, 110
턴어라운드 131, 146
투자설명서 99, 100, 155
투자자문 189, 219, 220, 236, 238
투자적격심사 93, 100, 217, 227
투자조언자 218, 220~224
투자철학 16, 61, 93, 147, 164
특수상황 255, 257

ㅍ

파생상품 15, 18, 224
펀드매니저 관리자(MOM) 242~248
펀드투자펀드 48, 151, 190, 191, 193, 197, 226, 227, 231, 238, 240, 243, 247, 248, 257
평균회귀 182, 187
프라임 브로커 12, 74, 75, 81, 82, 83, 84, 85, 86, 87, 88, 98
피델리티 112, 125, 217
피터 폴크너 141~150
피터 린치 125, 133, 217, 259

ㅎ

한나 김 134~141
합병회사 45, 100, 103, 179
핫머니 18, 219
헤지펀드 천국 72
헤지펀드 호텔 88
현금흐름 수익모델 147
환매금지조항 100
효율적 시장이론 234